思想觀念的帶動者

文化現象的觀察者

本土經驗的整理者

生命故事的關懷者

Psychotherapy

探訪幽微的心靈，如同潛越曲折逶迤的河流
面對無法預期的彎道或風景，時而煙波浩渺，時而萬壑爭流
留下無數廓清、洗滌或抉擇的痕跡
只為尋獲真實自我的洞天福地

心靈工坊
|PsyGarden|

LACAN et
LÉVI-STRAUSS ou le retour à
FREUD 1951-1957

Markos Zafiropoulos

Psychotherapy 26

拉岡與李維史陀
1951————1957
回歸佛洛伊德

馬可‧薩非洛普洛斯——著
李郁芬——譯　楊明敏——審閱　王浩威——策劃
財團法人華人心理治療研究發展基金會共同出版

目次

中文版編譯事項說明

1. 《拉岡與李維史陀：1951-1957回歸佛洛伊德》(*Lacan et Lévi-Strauss ou le retour à Freud 1951-1957*)，最早於2003年由法國大學出版社（Presses Universitaires de France, 簡稱PUF）出版發行。

2. 本書於內頁左外側（雙數頁）及右外側（單數頁）附上原文書之頁碼，以求更具實用及參考價值。

3. 關於註釋的編排，原書是在每頁的下方以1. 2. 3. ……依序編排。本書註釋也編排於每頁的下方。為顯現原來1. 2. 3. ……的順序，則在註釋前面加上原文頁碼，例如21-1、21-2，即原文第21頁下方的註1及註2。對於書中所出現，中文讀者可能不熟悉的人名、專有名詞及理論，另有譯者李郁芬醫師與審閱楊明敏醫師所補充的中譯註，為避免與原書註釋相混淆，編號方式則採原文頁碼後加英文字母，如23-a、23-b、30-a，亦為隨頁註的形式。希望這樣的作法，可以更方便讀者對照和參考。

4. 中文版於附錄部分，完整收錄法文版書末所附之〈參考書目〉。而為求精確，〈參考書目〉中羅列的書名與原始資料出處，一律僅附原文。

給讀者的前言與致謝

獻給李維史陀教授

　　首先，我要感謝李維史陀教授為了閱讀這篇寫給他的手稿所　7
奉獻的時間，因為當時他自己也有書要出版。這本《拉岡與李維
史陀：1951-1957回歸佛洛伊德》不單只是對拉岡思想有考古學式
的貢獻，還分析了拉岡的**回歸佛洛伊德**，企圖讓大家看到這動搖
精神分析領域的運動，有多少成分是受到李維史陀著作的影響。
我們希望藉由這觀點，理解這虧欠的債務（cette dette）是如何在
精神分析的領域當中被潛抑，又如何在精神分析遞嬗中，經由這
股**回歸**的潮流，藉著蛻變的形貌得以出現。

　　據此，辨識拉岡傳承中歸於李維史陀的，並不是要凸顯張揚
這虧欠，而是單純地想要予以辨識，同時也在這傳承演變的關係
（une filiation）加以開展，畢竟多數的分析師，在他個人或集體群
聚的時刻，對症狀的臨床態度都受限於這關係。

　　從這觀點，**想像的傳承關係**（les filiations imaginaires）——阿
圖塞（L. Althusser）這麼稱呼它們——並不適用。

　　不過辨識這債務真正的象徵效能（l'efficacité symbolique），[7-a]
必然是這位債主也欣喜接受，尤其是這位債主本來並不知道別人
虧欠他的到底有多少。

　　李維史陀在讀完這篇手稿後告訴我們，「多虧你們為數不少

7-a　中譯註：李維史陀觀察印地安部落時，發現巫醫們藉由神話、民間流傳的故事、象徵，透
　　　過儀式化的行為治療孕婦身體的不適，個體的問題不再是自身的，神話早就預見這一切，
　　　進而解決了她的病苦，使她得以生產。象徵效能指的就是藉著象徵，得到了想要且被認同
　　　的結果，如同生病／治癒，痛苦／舒服，絕望／希望。

的引述，我才又念了比以前更多的拉岡」，接著又說「我相信我對他真的有影響，因為他自己在我所忽略的文章中多次這麼宣稱，是你讓我這麼看到的。」

我們把一封私人書信中的這幾行謄錄出來，絕不是為了要洩密並詮釋那些本身就已足夠的著作，而是相對地，為了縮減並明確指出詮釋的範圍。

李維史陀的書面回答並不能證明他的著作與拉岡思想之間，終於被察見的一致性──因為根據他自己的說詞，拉岡的思想對他而言是「費解的」；但是作為我們手稿或我們訊息的接受者，他簡單的回覆等於是替他的著作在拉岡思想中，同時也在精神分析領域裡所佔據的一席之地作了背書，雖然後者對他而言並不是那麼明顯。

不過還是要再強調一次，辨認不等於贊同或不贊同。

如果因而必須區分辨認的範圍與科學評估流程的差異，就像我們將會看到的那樣，這個事件反過來很有效地呈現連接拉岡著作與李維史陀著作的公式，用的是一種拉岡熟悉的音韻，而這位人類學家聽來也不覺得陌生：發送訊號的人（l'émetteur）從接收者（récepteur）身上，以反轉的形式接收到他自己的訊息……

更多的致謝

我也要感謝得利修（M. Alain Delirue）非常用心地閱讀，甚至希望這本書能與他的作品《李維史陀，佛洛伊德的讀者》（*Lévi-Strauss lecteur de Freud*）所主張的論點，相得益彰。我也要謝謝吉東夫人（Mme Claudine Guitton）、薩法帝先生（M. René Sarfati），以及所有曾經協助我完成這文章的人。

縮寫

　　拉岡講座系列的參照在這本書都會以 L 來標示，接著是冊數，然後是阿拉伯數字的頁數，使用的是門檻出版社（Le Seuil）發行的版本；比方說（L I, 40-41）指的是講座第一冊《佛洛伊德關於技巧的文章》（*Les Écrits techniques de Freud*）的 40 與 41 頁，巴黎，門檻出版社，1975 年。

　　參照拉岡的《文集》（*Écrits*）時也是用相同的方式（*E*, 6）。

　　同樣地，李維史陀的《結構人類學》（*l'Anthropologie structurale*）也是，比方說，第一冊 40 頁將標示為（*AS* I, 40）。

序

「到底，評論有什麼好處呢？沒錯，好在哪裡？
不過，這個『好在哪裡』本身就很多餘：縱使我們認定這樣是徒勞
或危險的，仍舊無法避免重複的必要性。」
摩里斯・布朗修，《從卡夫卡到卡夫卡》

「評論一篇文章，如同在做分析。」
拉岡，《講座》，第一冊

11 年輕的拉岡

在我們的前一部著作《拉岡與社會科學：父親的衰敗》
（1938-1953）中，[11-1] 我們曾經提到：

（一）拉岡早期闡述的人類學跟佛洛伊德的人類學有所不同。

（二）最早的拉岡的人類學風格，是在涂爾幹的家庭人類學
（l'anthropologie durkheimienne de la famille）扎根汲取養分的。

（三）根據那個時期的拉岡，家庭群聚的狀態、它的組成、與社會
的接合點、一家之主、家庭裡的父親的社會價值，共同決定
了症狀的形變（avatars symptomatiques），甚至決定了主體成
熟過程的災難結構，這發展順著三個重要的情結：斷奶情結

11-1 薩非洛普洛斯（Markos Zafiropoulos），《拉岡與社會科學：父親的衰敗》（*Lacan et les sciences sociales: le déclin du père* [1938-1953], Paris, PUF, 2001）。

（complexe du sevrage）、侵入情結（complexe de l'intrusion）以及伊底帕斯情結（complexe d'Œdipe）。

讓我們很快地往下走：

一、就這觀點，斷奶情結——孩童為了生存，完全被「母親的原相」（l'imago maternelle）所吸引，這孩童當時仍無法協調動作，處在「肢體破碎」及其相關的焦慮中——在主體的前六個月最為突顯。 12

二、侵入情結（六到十八個月），被與自己相似的原相（手足的原相）所主導，提供主體一個與自己身體一致的形像（l'image）——來自於他者跟鏡子，為了建立一個屬於自己的理想形像，也就是他的理想自我（moi idéal）——並成為斷奶情結的解決方案。

這侵入情結的特徵，一部分是主體在鏡子前，為終於體認到的一致性感到狂喜，是這樣的特性，相對也是種病態，主體陷入了被自戀誘拐的險境，只有伊底帕斯情結可以讓他逃離這險境。

三、伊底帕斯情結在家庭中被父親的原相（l'imago paternelle），或陌生人（étranger）的形像所統轄，而家庭被認為最終會為主體帶來異己（l'altérité），並帶來自我理想（l'idéal du moi）以及引領主體進入社會交換。

拉岡在1938年寫到，當主體發現他來自一個不完整的家庭，也就是說，沒有了父親，在以下幾個層面，他終將成為陷入自戀區位（registre narcissique）的不二人選：

● 在**原欲結構**（structure libidinale）這層面，也就是說原欲投注在自己身體，同樣地，

● 在「……心智結構」（structure mentale）這世界賦予生命的

不足這層面，「全然納西瑟斯神話的意義；這意味著死亡；或是鏡像反射：另一個自己的形像對他而言是中心；或是幻想的形像：我們將要看到的這個世界，沒有別人（d'Autrui）。」[12-1]

這個沒有父親的世界，是個沒有別人的世界。

拉岡如是宣稱：「臨床的實際事件指出，這般不完整的群體很容易導致精神病的發作，幾乎所有的共享妄想（délires à deux）都會看到這種狀況。」[12-2]

在沒有父親的世界，這病態氛圍中，造就了許多精神病患，不過同時也產生了為數不少的病態群，比較妥當的分法是依據阻礙往前正常發展的固著（fixation）時期，而正常的發展則是將主體由斷奶情結帶到侵入情結，為伊底帕斯的解決方案做準備。

一、固著在以母親原相為主的斷奶情結，其誘惑是致命的，也就是說，根據1938年的拉岡，死亡本能（l'instinct de mort）（或者說是母親的拋棄）主宰時，這威脅表現為：

●心智的厭食症（l'anorexie），不再渴望；

●一些成癮者經由嘴巴的慢性中毒；

●胃腸官能症者的斷食；

●非暴力的自殺。

二、固著在與自己相像之原相為主的侵入情結，助長了精神病、共享妄想的發作，還有同性戀客體的選擇、戀物癖

12-1　拉岡（Jacques Lacan），《家庭情結》（*Les complexes familiaux* [1938], Paris, Navarin, 1984,. p. 44-45）。

12-2　*Op. cit.,* p. 49.

（fétichisme sexuel）或是慮病官能症（névrose hypocondriaque）。

我們可以在拉岡身上發現伊底帕斯情結的多種版本。

（一）「一帆風順的」伊底帕斯情結，也就是說，在「維也納的危機」之前，理想化的父親，被認為足以讓主體**脫離**對母親病態依附的泥沼。

（二）（十九）世紀末維也納兒童的心理危機，現代版的伊底帕斯情結發生後，按拉岡的說法，承繼了衰落父親的原相，帶來伊底帕斯的第一次墮落，轉向對母親過度的依附，無法以理想化父親形像來彌補；

從此出現「世紀末」（fin de siècle [XIXᵉ]）官能症（強迫官能症、歇斯底里等等），以及由佛洛伊德，這位「猶太父權制度下的小孩」[13-1] 所發現的，這種衰敗形式的伊底帕斯，並因而發明了精神分析；

（三）1938年版本的伊底帕斯情結，特徵是父親的失職（被羞辱的父親）更加嚴重，以及與之相關的「當代重大官能症」（grande névrose contemporaine）的出現，由拉岡以它特有的核心予以診斷，表現在失敗的官能症（les névroses d'échec）、命運的官能症（les névroses de destinée）以及某些自殺中；

（四）這個1938年的伊底帕斯版本，在拉岡的文筆下預先道出 14 1950年的版本，[14-1] 後者的特徵就更加模糊不清，因為在當中，我們看到父親形像衰敗的另一種惡化──讓伊底帕斯情結更加墮落，家庭的認同能力削弱，使得兒子身陷他們官能

13-1 *Ibid.*, p. 73.
14-1 拉岡與西奈（J. Lacan et M. Cénac），〈精神分析在犯罪學的功能引論〉（Introduction théorique aux fonctions de la psychanalyse en criminologie），收錄於《文集》（*Écrits*, p.125, Paris, Le Seuil, 1961）。

13

症的核心特徵中；更不幸的是，身陷於精神變態（psy-
chopathies）的社會臨床病態當中。

1938-1950年的理論，其中的症狀端賴著拉岡最後在1950年
清楚稱呼為「伊底帕斯主義的社會情況」，[14-2] 其論點後來成為主
體成熟理論的軸心，主要圍繞在父親原相，這原相的結構化價
值，跟家庭中的父親所具的社會價值有直接的關聯；其次，與家
庭是否整合於社會也息息相關。

與佛洛伊德的差異

上述理論的立場不是佛洛伊德的，因為對佛洛伊德而言，父
親的無意識價值不容商榷，是普世皆同的（universel）。

但是這段期間的拉岡，當時他已經是位才華洋溢的分析師，
在如下的重要論點：伊底帕斯的普同性、閹割情結（le complexe
de castration）中的父親至上，乃至於律法（lu loi）的形成，還有
佛洛伊德原初自戀的理論、超我的形成、自我理想……等等，都
不是佛洛伊德學派的。

反過來，他借用了涂爾幹（E. Durkheim）跟毛斯（Marcel
15 Mauss）的社會學、美國的人類學（馬林諾斯基[15-1]、潘乃德[15-2]、

14-2 *Op. cit.*, p.136.

15-1 馬林諾斯基（B. Malinowski 1884-1942），人類學家，功能主義奠基者之一。他對性行為
的研究讓他成為這領域的先鋒者。主要是研究超布連（Trobriand）群島的美拉尼西亞人，
特別參考《性以及它在原始社會的壓抑》（*La sexualité et sa repression dans les société primi-
tives*, Paris, Payot, 1932）。

15-2 潘乃德（Ruth Fulton Benedit 1887-1948），在深造英國文學後轉研究人類學，曾是鮑亞士
（Franz Boas）的助理。他的原創是認為不同的文化在不同的層次上體現著各自獨有的人
格。

米德[15-3]……）、一些後佛洛伊德的研究，特別是克萊恩（Melanie Klein）[15-4]的，同時也借用華倫（Henri Wallon）[15-5]或者波克（L. Bolk）的研究；在當中找尋他在佛洛伊德全集感到不足的解決方案。他在這段期間重新理解並重新思考鏡像理論，[15-6]以及從未被提起的超我理論，發明了伊底帕斯的社會情境；[15-7]許許多多的創見讓人類屈服律法的臨床化身可以被分析，同樣，更基本地，解開了從自然（la nature）到文化（la culture）的人類學之謎。[15-8]

如果拉岡從1938到1950年間刻意地與佛洛伊德理論保持距離，也不能說他完全不是佛洛伊德學派的。他的研究目標是為了解決在他看來是主體臨床的「關鍵性問題」，[16-1]這運動同時也是社會臨床的問題，一樣也可以說是「精神分析的關鍵性問題」。

這研究的進行澄清了社會的形構，甚至是歷史的出現以及無意識的形構，這些是如何被主觀地、以個人症狀透過抱怨的方式來呈現，這種認識論全然是佛洛伊德的方式。

15-3 米德（Margret Mead 1901-1978），鮑亞士跟潘乃德的學生，她成功地說服鮑亞士讓她研究薩摩亞（Samoa）的青少年。多次造訪波里尼西亞，在那裡的研究都少不了內省，尤其是對她的祖國——美國——理想的批判。

15-4 克萊恩（Melanie Klein 1882-1960），英國分析師。生於維也納，父親是波蘭裔猶太人，母親是斯洛伐克裔猶太人。當她在1919年成為精神分析學會的成員時，舉家搬到布達佩斯。先是被費倫齊（Sandor Ferenczi）分析，1921年搬到柏林，與亞伯拉罕（Karl Abraham）進行第二次分析。幾年後又搬到倫敦。她的著作對兒童精神分析有著極大的貢獻，成為佛洛伊德學派的一大支流——克萊恩學派。

15-5 華倫（Henry Wallon 1879-1962），進入高等學院準備他的哲學會考。1908年成為醫師，戰時的軍醫，神經醫學的經驗讓他可以詮釋他對兒童的觀察。後來成為高等技術學院（EPHE）的校長，接著成為法蘭西學院的教授，負責心理學跟兒童教育的講壇。

15-6 拉岡，〈鏡像作為自我功能的促成者〉（Le stade du miroir comme formateur de la fonction du Je [1936-1949]），收錄於《文集》（Écrits, Paris, Le Seuil, p.93-100）。

15-7 〈精神分析在犯罪學的功能引論〉（op. cit., p.136）。

15-8 參閱我們的《拉岡與社會科學》（Lacan et les sciences socials, p. 118）。

16-1 講座系列第XII冊的標題（1965 尚未出版）。

　　為了讓大家了解，我們再次重複，從1938年到1950年，拉岡肯定是位不折不扣的佛氏分析師，不論是在起點、思路以及來源的重要處都是，縱使他誠實承認他自己的觀點跟佛洛伊德一系列的觀點並不一致。

　　事實上，拉岡在他的「涂爾幹時期」，提倡主體結構化過程中社會歷史的相對論（un relativisme sociohistorique de la structuration subjective），與佛洛伊德的普同性相對立，他的工作，就在分析師與人類學家全然地漠視與普遍漠不關心的情況下，日後澄清了人類學最重要的謎底，也就是自然到文化的過程。

　　一些讀過我們第一本書[16-a]的評論家，認為我們提倡的是閱讀拉岡的「社會學」，另外一些人覺得覷睨，因為我們的著作認為涂爾幹時期的拉岡與佛洛伊德是截然不同的。最後，有些人則被嚇到，因為「被羞侮的父親」這個診斷，包含了社會起源和默哈素－克婁岱式的想法（maurasso-claudéliennes），而且不反對排斥與佛洛伊德倫理不見容的，對政治－宗教父親的求援召換。[16-b]

　　確切地說，在為我們對這些理論所秉持的觀點背書時，我們發展出一種對拉岡體系的考古式評論，揭示他所有的人類學以及臨床研究，虧欠的是他那個年代的社會科學，並且評估這研究有哪些現在看起來已經過氣遭淘汰的，以便就此棄置。

17　　因此必須要再次重複：

●沒錯，涂爾幹的家庭式微、縮小的理論，以及從衰落的父親原相所延伸的臨床現象，就科學性而言，已經過氣了。

16-a　中譯註：參見《拉岡與社會科學》（118頁）。

16-b　中譯註：默哈素（C. Maurass）與克婁岱（P. Claudel）都是法國的詩人，以默哈素為名的默哈素主義（maurassisme），指的是反革命與反浪漫主義，提倡愛國精神。克婁岱則提倡神統帥萬物的秩序，在下文中將出現。

● 沒錯，是該認識年輕的涂爾幹在1892年（當時他三十四歲）發明的家庭式微的律法，並了解拉岡年輕時關於父親原相衰落的理論（他當時三十七歲），伊底帕斯的貶黜、精神分析的發現、精神官能症的結構化，以及它在1938跟1950年間的歷史演進。

● 沒錯，要認同劍橋學派的研究，予以認證，並在歷史與人類學的層面加以延伸，才能擺脫所謂衰落父親的兒童理論，這讓那些自認為應該了解這一切的分析師困頓不已。[17-1]

17-1　這過氣的理論在現代版本中，是以多樣性的診斷（但經常是慘不忍睹）呈現，一些臨床家，幾近強迫地（去象徵化），採用後現代小品文章，絲毫沒有察覺到這些相同的社會，都是現代神話的產物，被所謂的神話學專家仔細分析過。從這觀點，以及就我們的周遭來說，可以參考梅赫（B.Méheust）或是杜克洛（D. Duclos）關於神話產生的著作，在仔細探究之後所有的活動看起來在美國最豐富（後現代的發源地）。關於這一點可以進一步閱讀跨學科學者們，於2002年十一月在巴黎的國家科學研究中心（CNRS）時，結合了人類學者與精神分析師在分析神話時所帶來的貢獻（特別是阿舞[P.-L. Assoun] 以及薩非洛普洛斯[M. Zafiropoulos] 的《神話與精神分析》[*Mythe et psychanalyse*, Anthropos]）。

如果了解衰落的父親這理論本身也是個神話，並非西方社會特有的，我們就不至於為那些曾經強烈活在這神話中的人（或對這神話深信不疑的人），換言之，就是那些毫無戒備地把它當一回事的人，感到絲毫訝異。因為就像大家所了解的，他們封閉在神話中，對其鮮明度就會視若無睹，他們枉顧西方社會的核心，從不停止使用任何具象徵功能的各種形式。在我們的社會中，這功能或許易變且多樣性，但不代表它背離了我們的世界，在後現代的保留區內，反而得以察見他人所嚴重缺乏的。這麼一個概念，使得有些人在分析師的診療室觀察到這種世界的去象徵化（désymbolisation），然而我們 （又或者我們的同事） 的分析經驗中卻不斷驗證了佛洛伊德發現的時下性，我們無法為主張後現代者背書（參閱本書作者的文章《衰落的父親出路》[*La solution paternelle en déclin*？]在阿舞與薩非洛普洛斯的《無意識的社會方案》[*Les solutions sociales de l'inconscient*, Anthropos, 2001]），而且我們也看不懂其他的分析師如何以他們的臨床經驗為基礎，進一步精確診斷內在精神活動，如何在無法被分析的主體當中衍生。比較具啟發性的做法會是從象徵形式的社會演化，以及從這些形式（大寫他者的形式）所造成主體化差異的效應著手，勝過不斷地重複抱怨被上天離棄，大寫他者開始背離世界，即使所指的是象徵功能不同的形式（父親功能、儀式、神話……）面臨象徵功能消逝的儀式。

如果不是這個神話太常導致錯誤的社會臨床走向，我們也不會對它有什麼特別的意見。終究，我們會在這本書裡看到，確認這神話（或是這篇過時的社會學論文）在（拉岡的）精神分析領域的成功，被認為可以釐清精神分析的起源，正是拉岡選擇在1964年以關於「父親的名字」（Noms-du-Père）的講座，針對精神分析的社群，提供他應該要做到的分析。

18

●沒錯，1950年，拉岡不再引用涂爾幹，並放棄他父親原相（以及他的衰落）的理論。

●不對，我們不能再使用這理論來理解精神分析的發現或是當代的不滿。

●沒錯，拉岡用了一系列與佛洛伊德體系保持差異的精神分析概念，直到1950年；沒錯，不想要（或沒辦法）看到這差別，就是禁止自己去了解拉岡研究的原點，禁止看到拉岡的文本與佛洛伊德文章的區別，禁止看到拉岡作為分析師的欲

19
望與佛洛伊德分析師欲望的區別，最後，也是禁止自己了解拉岡回歸精神分析之父，已逝之父的文章最強大的動力。

如果是經由移情的虔誠，人們想像一個**一直都是**佛洛伊德學派的拉岡，若是如此，要如何了解他的回歸佛洛伊德，在知識論上的束縛是什麼呢？

回歸佛洛伊德

我們曾提出拉岡與佛洛伊德文章的差異，以明確地澄清回歸佛洛伊德的途徑，並且不直接使用被拉岡所排斥的佛洛伊德文章

根據他的用詞：「……在佛洛伊德那裡，尚未被分析過的。」他又說：「正是在那裡，曾經有過這麼一個時刻，因著奇異的巧合，我必須將我自己擺在停止講座的位置上。」
「我所要說的父親的名字沒有其他的用意，事實上只是為了回到最原點，就是，佛洛伊德有什麼過人之處，讓他可以在他所謂無意識的經驗範疇中，找到欲望的入口。
如果我們想要讓分析站得穩，回到這個原點是相當基本的。」（節錄自《精神分析的四個基本概念》[Paris, Le Seuil, p. 16]）
在他被「開除會籍」的那個時候，拉岡刻意在（佛洛伊德式的）解析精神分析的原點時留下一個洞，同時也為衰落父親的神話的永恆回歸開了一扇門，在1938年，他為了理解精神分析的原點時曾提到這些。沒有辦法在1964年讓精神分析「站得穩」，乃至於我們日後偶爾發現它被頂在頭上也不足為奇。

中關於無意識觀點的段落，縱使分析乃是要我們把回歸（被潛抑的）想成是被潛抑的。是否拉岡的回歸佛洛伊德必須被分析成一種運動，由當時仍一直被佛洛伊德傳人所潛抑的來決定？

這是我們將要探討的。

不過要是單純將這回歸當成機構的手段，就會像是「社會學家」的盲目，不值得推薦，我們並不建議想要閱讀拉岡的人，停滯在對他人類學定位的無知，不管是1938-1950時期的涂爾幹，或是從1951年開始廣泛影響拉岡對佛洛伊德進行研究的李維史陀。

對那些想要知道**父親**（精神分析的中心）觀點的人，我們在之前的研究中曾經快速指出拉岡對**父親的名字**（nom du père）的發明，虧欠李維史陀甚多。現在最恰當扼要的做法，或許不是在拉岡所有的研究中，找出有哪些受到李維史陀的影響，而是，若無法理解在這個運動中，出現在人類學領域以及精神分析領域之間的知識移情，就無法了解拉岡的回歸佛洛伊德。

我們要在這裡提及移情的概念？

是的，因為在這回歸裡，一開始是拉岡面對知識時，以主觀立場所進行的匡正，而這知識是指佛洛伊德的知識。

必須仔細領會我們的研究路線。

如果這次我們想要解開拉岡（在涂爾幹時期之後）**回歸佛洛** 20 **伊德**的特殊時刻，就要指出直到那時是什麼將他與精神分析的亡父分開（特別是關於父親的問題），才能讓大家看到拉岡對佛洛伊德的移情匡正，這匡正在我們看來是回歸中最重要的事件，超越其他的面向，不過同時也顯示出，這回歸來自於拉岡對李維史陀的移情。

這份研究的主題很簡單：拉岡對佛洛伊德的回歸是經由李維

史陀。

我們不打算在這裡評估這回歸的穩固性，只需再次勾勒出理論與臨床的路線，並繪製其地圖，這就非常足夠了。

我們的研究方法

對那些想知道方法的人，我們必須馬上指出，考量到清晰度，還有對拉岡引領的運動中主要傾向的尊重，我們選擇在一開始提醒大家：在講座的開幕式，拉岡如何將自己擺在分析經驗的中心，質疑「佛洛伊德關於技巧的文章」（Les Écrits techniques de Freud），這句子後來還成為講座系列第一冊的書名；[20-1] 以此開展我們對拉岡的回歸佛洛伊德的解讀，反映他對臨床的用心。

對於那些不太了解或完全不了解精神分析的讀者，我們會在進入我們的閱讀講座之前，呈現拉岡評論佛洛伊德文章的章節；就是以拉岡所說攸關治療的方針，還有他提出來批評後佛洛伊德這兩者間，作為肇始的元素。

21　　這麼一來，讀者就可以一段一段地評論。

這點是很重要的，因為如果一開始，拉岡的回歸佛洛伊德是他自己的，同時也是屬於那些在當時還尾隨他評論佛洛伊德文章的法國分析師，甚至也屬於其他的英美分析師（如費尼契[21-1]、安

20-1　先行預告我們的讀者，我們將忠於我們在一開始所做的選擇，保留講座系列出版時的序號，如果我們知道在1953-1954年以前，就有拉岡的講座本，那我們可以確信的是，拉岡在1975年出版講座系列時，選擇使用米勒（Jacques-Alain Miller）的編排，並將第一冊命名為「佛洛伊德關於技巧的文章」。

21-1　費尼契（Otto Fenichel 1897-1948），出生於維也納，1918年進入精神分析，第一次是被費登（Paul Ferden）分析，第二次在柏林接受哈多（Sandor Rado）分析。加入佛洛伊德左派，不管納粹的興起，他企圖挽救他的馬克思與精神分析活動。最後跑到美國，在那裡，他的著作成為美國分析師最主要的參照。

娜・佛洛伊德[21-2]、 安妮・賴希[22-3]）。在當時，他們的研究集中在
阻抗的關鍵問題，自我（ego）的理論觀點，絕大部分取決於這精
神形構在移情下的操縱。

要跟自我結盟呢，還是反過來，把它當作是幻想的溫床、潛
抑的發源地？

什麼是對分析的阻抗？

誰在阻抗？

為了確保分析得以進展，最適合使用什麼技巧，或是哪種權
威？

佛洛伊德的文章中觸及這麼多的問題，佛洛伊德之後的分析
師也重提了許多問題，而拉岡想要在他的講座裡讓我們看到他們
走偏的部分。

就這觀點，拉岡與佛洛伊德立場所保持的位置，應該是一目
瞭然的。畢竟，如果是考量他與佛洛伊德的差異（這是我們所謂
的他的誠摯所依賴的基礎），讓拉岡可以分析、乃至於回歸佛洛伊 22
德的文章，就要知道，是這般的分析差異，讓拉岡理解，並指出
將佛洛伊德與其他後佛洛伊德分析者所分開的距離。一路下來，
引領他回歸佛洛伊德的評論，對佛洛伊德文章的分析，讓他的同
儕受不了，不再讓他加入佛洛伊德的大家庭（國際精神分析學會
〔l'Association internationale de psychanalyse, IPA〕），最後，在1964

21-2　安娜・佛洛伊德（Anna Freud 1895-1982），出生於維也納，佛洛伊德的第六個小孩，被自
　　　己的父親分析。她一開始致力於兒童的分析，曾任佛洛伊德著作的編輯，新維也納分析學
　　　院的主任，被認為是正統佛洛伊德的捍衛者，特別是與克萊恩針鋒相對。在1938年與佛洛
　　　伊德舉家搬到倫敦。

22-3　安妮・賴希（Annie Reich 1902-1971），誕生在維也納的猶太家庭，是位女性主義戰士的
　　　女兒。醫學院畢業後，轉向精神分析，嫁給威廉・賴希（Wilhelm Reich）。長居布拉格直
　　　到1939年，後遷到美國，終生任職於紐約精神分析學會。

年將他驅逐。

拉岡的研究並非沒有機構撐腰，也不是沒有團體的影響，要了解的是，1953年起，拉岡如何看待他對機構情境所引發的回應。

縱使拉岡在1953年離開國際精神分析學會，繼而成立精神分析法國學會（la Société française de psychanalyse, SFP），對他來說，問題並非來自發明理論的權力意志，讓他小有名氣，並掌控了法國分析界的場面、它的機構以及所有形式的收益；最重要的是要了解，依據他的「工具箱」邏輯，拉岡一直在詮釋機構所帶給他的——在這裡是與國際精神分析學會的劃清界限，使得他在分析經驗中，如同在群體中，可予以定位。

1953年是這樣，1964年也是這樣。

就這觀點，藉由對1964年的回顧，澄清1953年的局勢。

開除會籍[22-a]

讓我們跳到十年之後。

當時的講座系列著重在焦慮（1963年，尚未出版的第十冊），在父親的注視與聲音斷裂後產生，拉岡宣告他將1964年的主題定為「父親的名字」（Noms-du-père）。

他在1964年被國際精神分析學會排除在外。

他有何反應？

撇開他的被排除，難道他只是繼續肯定他作為精神分析師的正當性，以及他的教導對分析師養成過程的重要性？

22-a　L'excommunication，該字原指「逐出教會」。

不是的，他公開要求討論「精神分析之基礎」[22-1]的許可證，
並且以父親的名字這主題交換精神分析的四個基本概念，因為他　23
必須承擔被「開除會籍」，進而轉向精神分析的基本概念（無意
識、重複、移情、本能），並重新提起，畢竟他無法規避人們對他
的質疑：一個分析師因著什麼被授權教導精神分析的基礎，從事
分析師的訓練，而他的教導卻被佛洛伊德的學會（國際精神分析
學會）所排除？

　　少了團體的擔保，被禁止傳道授業，若是不尋求在團體的擔
保下去解決，就是這位精神分析師執業之條件這類細膩的問題，
拉岡很難繼續這麼做下去。

　　在這個局勢之下，拉岡不偏不倚，只提出一個好問題：和他
相同處境的人，是否能不被驅逐，或者避免被刪除？

　　「──分析師的欲望是什麼？

　　分析師的欲望必須是什麼樣子，讓他得以行得正？」（L XI,
14）。

　　這個在1964年的「第二次回歸」到基本概念，其實已成為了
一種原則，也就是說，回歸到佛洛伊德的文章，以及創始人的欲
望，這成了他回應與精神分析機構切割的方式，以及轉向創始話
語（精神分析之基本概念）的「紀念碑」，我們要質疑的是他與話
語，乃至於與佛洛伊德欲望的對話，而不只是質疑他在機構的地
位。

　　他這裡的撇清並非否認，而是明瞭發生了什麼，在公開的活
動中以佛洛伊德的概念，有如分析師的欲望，予以回應。

22-1　講座系列第十一冊，《精神分析的四個基本概念》（*Les quatre concepts fondamentaux de la psychanalyse*, Paris, Le Seuil, 1973, p. 8）。

　　讓我們進一步明示：1964年，拉岡處在被排除的位置上（他是說逐出教會〔開除會籍〕、驅逐）。他為群體體現了被扭曲的客體，這在後來被他理論化為**小a客體**（l'objet a）[23-a]。從這裡，他質問精神分析的基本概念，以及在分析經驗中（很快地）成為「客體（a）的外貌」的分析師欲望。

1953年的分裂

　　回到1953年，我們從這年劃分我們研究的第二冊：[23-b] 與1964年的知識論在邏輯上是一樣的。

24　　1953年，拉岡在治療中的臨床定位就像在團體的一樣，採用新的鏡像階段（stade du miroir）版本，稱為倒置花束（bouquet renversé）的經驗。在這個視覺的虛擬配置（montage）中，除非主體被象徵公式——在這裡稱為父親——的大寫他者（l'Autre）[24-a] 予以適當擺置或命名，不然他就無法看到自己的身體或自己的形像。

　　與國際精神分析學會在1953年的分離，並沒有引起跟1964年的分離對等的回應。事實上，拉岡在1951年就著手他的**回歸佛洛伊德**，而他自己也指出，這回歸就是讓掌控巴黎精神分析學會（Société psychanalytique de Paris, SPP）的那些人受不了的**理由**。

　　但是少了國際精神分析學會這面鏡子，他不再感受到自己的

23-a　中譯註：objet petit a（小a客體）是拉岡自創的術語，代表心理發展過程的殘存物。兒童面對父權為代表的語言法則之後，主體因被迫放棄原初的愛欲對象，經由想像區位的作用以替代品做補償，特別是經過戀母情結後的補償。因此，objet a 有作為童年玩偶的一切特質，也往往含有性徵的（例如母親的乳頭等）某些特質。

23-b　筆者的第一冊研究是《拉岡與社會科學》。

24-a　中譯註：拉岡另一個更為複雜的結構概念，第一個字用大寫的A取代法文的autre（另一個）。

形像，只好以更堅決的方式，持續他對創始父親的話語的分析以及使用，好看到他們與其他分析師的差異，匡正他的立場，並在**回歸佛洛伊德**中引領他的同輩與弟子，像是引領精神分析法國學會（在1953年創辦的新團體，SFP），他希望這團體也被納入國際精神分析學會體系。

但是在分析他與其他人的差異時，他也分析與英美世界中承襲者的差異，英美的分析師，因著他們實作與理論的多樣性，使得他們的執業也是分崩離析，與佛洛伊德的欲望不太一致。

假使我們應用倒置花束的理論，我們可以說這種連承襲者自己都不陌生的分崩離析，證明了他們自己對佛洛伊德話語的漸行漸遠（或潛抑），並解釋了為什麼——根據拉岡的觀點，並應用他的視覺裝置——這些人在他們的臨床中總是看得模模糊糊的。

法國的局勢跟海外所盛行的，並不相同。在海外，沒有任何佛洛伊德的承襲者挺身揭發：讓精神分析的實作模糊不清，呈現不同幾何形狀的，就是災難性的潛抑，維繫著這些分析師與精神分析創始人的話語及欲望之關係。

在時序的層面——且不管這些別具風格的回歸採用了不同的理論基礎，讓1953年不同於1964年的是，在1953年，拉岡還沒放棄被納入國際精神分析學會（IPA），如同他不放棄黏合所有佛洛伊德承襲者（執業者）的身體形像。

從1953年到1963年，他以講座的框架在聖安娜精神醫院（Hôpital Sainte-Anne）的教導，就他自己的說辭，是「針對分析師的」（LX, 7）。

從1964年起，在高等師範學院（ENS）及高等社科院（EHESS）組成的講座框架，不再只是針對分析師，就好像當時他

放棄了認為國際精神分析學會是一個同質性的團體一樣。

拉岡與李維史陀

1964年一月十五日，拉岡以被開除會籍的身分，不過同時也是以他在哲學課程（高等師範學院）以及社會科學課程（高等社科院）的十字路口上剛找著的庇護，從**四個基本概念**開始他的講座。

李維史陀參與了第一堂課。

可以把這當成是講座「地盤」的擴展，還有這兩個人在1949年起聯盟的延續嗎？

肯定是如此的。

整體而言，雖說這位人類學家那次的出席是唯一的一次，他從1949年起研究的場域，對這位分析師來說卻是最重要的；如果不藉由他所讀過的李維史陀那些重要文章，就無法了解拉岡第一次的**回歸佛洛伊德**（1950年），在閱讀佛洛伊德文章時藉此而有自己的風格，也就是他回歸佛洛伊德的風格，或許也將是佛洛伊德的欲望回返的風格；在精神分析領域（理論的與機構的）最動盪不安的危機點，拉岡開始了蛻變（métamorphose）。

在本書的第二章我們將看到，1953年的第一場講座，在伴隨拉岡講座的文章或論文（〈論移情的處置〉[25-1]、〈官能症患者的個人神話〉[25-2, 25-a]、〈羅馬論述〉[26-1]等等）的陰影下，李維史陀

25-1 拉岡，〈論移情的處置〉（Intervention sur le transfert），1951年在羅曼語系精神分析大會上報告，刊載於《法國精神分析會刊》（*La Revue français de psychanalyse*, t. XVI, nᵒ 1-2, janvier-juin 1952），後收錄於《文集》（*Écrits, op. cit.*, p. 215-216）。

25-2 拉岡，〈官能症患者的個人神話〉（*Le mythe indivuduel du névrosé*），收錄在《歐尼卡》（*Ornicar?* nᵒ 17/18, Paris, Lyse, 1979）。

的著作滲透到拉岡的研究中，特別是關於無意識主體的理論，還　26
有他對佛洛伊德臨床個案的重新閱讀（朵拉、鼠人……等）。

　　在第三章，我們將看到拉岡如何對他的造訪佛洛伊德個案作
結論，為精神病（L III）以及畏懼症（L IV）帶來結構性的觀點，
若不是經常接觸李維史陀的文章，並且大部分因著人類學而發明
了**父親的名字**這理論，就無法想到這些觀點。在我們看來，這部
分的人類學是我們必須回歸的，才能反映出臨床的廣度。

　　第三章的結尾，我們將完成我們「拉岡與社會科學」（Lacan
et les sciences sociales）這研究的一部分。在拉岡的體系中，也在這
體系的來源當中做研究，而這些來源，我們在前面說過，拉岡本
人並不常提到。

　　為了讓我們的讀者可以理解，我們有必要報告拉岡的研究的
行進方向，他採用的精神分析手法，並且指出這研究發展對社會
科學的虧欠。

我們的研究情境

　　在我們研究拉岡著作之情境的這一層面，概略來說，因為有
過涂爾幹時期的陰影，許多作者無法舉出證明在邏輯上，拉岡的
回歸佛洛伊德是必要的，特別是關於父親這個關鍵問題。

　　因而，許多對拉岡的**回歸佛洛伊德**所做的評論，只考量1950
年之後，也就是回歸佛洛伊德時期的那些文章。

25-a　中譯註：《歐尼卡》於1975年元月由米勒發行，拉岡以此期刊為介面刊登他的講座內容，
　　　以與巴黎佛洛伊德學派中的保守勢力相抗衡。

26-1　拉岡，〈精神分析中話語以及語言的功能與範疇〉（Fonction et champ de la parole et du
　　　langage en psychanalyse），簡稱〈羅馬論述〉，1953年九月二十六～二十七日在羅馬大學心
　　　理系舉行的大會中發表，收錄於《文集》（*op. cit.*, p. 237-322）。

同樣地，如果忽略了涂爾幹對拉岡的影響，研究者將無法領
27 會，撤棄法國社會學之父而從李維史陀那裡受益，又意味著什
麼。

這兩點不足是一體的。直到今日，社會科學對精神分析體系
的影響仍舊被大量忽視；無獨有偶，在佛洛伊德以及拉岡的計畫
中，精神分析作為社會科學的地位也同樣被忽視。

如果我們的工作是為了揭露這個知識論上的潛抑，那就得將
造就這些結果的文章，從它們形成的象徵網絡中淬取被遺忘的部
分，攤在陽光下；少了這部分，就無法被解讀，就像拉岡的分析
師欲望以及他的理由，在佛洛伊德事物（la chose freudienne）[27-a]
中無法被「再次找著」。

如果想要真的了解回歸佛洛伊德，就必須要為拉岡在1957年
所提出的背書，也就是我們這本書研究期間（1951-1957）的最後
一年：

「……全然孤立我們的領域，不願看到不僅相似而且息息相
關，讓我們可以跟現實連接上的領域或是人文科學，是相當不明
智的做法。要定位我們的範疇，或只是在當中尋找並建立這些關
聯，在我看來是不可或缺的。」（L IV, 252）

在本書的結論，追隨阿圖塞，我們要詮釋拉岡文本（或是他
的**觀點**〔*doxa*〕）的讀者對李維史陀地位的潛抑，過度理想化這位
分析師所引用的哲學參照，導致最負面的影響就是「棄置一旁」，
潛抑（Verdrängung）拉岡教導中，以社會科學為象徵的傳承關係
所帶來的貢獻，還有拉岡的話語，他的欲望。

27-a　中譯註：佛洛伊德事物（la chose freudienne）是拉岡1955年在維也納的講演題目，文章的
　　　副標題則是「精神分析中回歸佛洛伊德的意義」。

【第一章】藉由象徵區位而超越想像區位：
以人類學家的象徵功能重新閱讀鏡像階段

　　我們跟拉岡都同意，他的**回歸佛洛伊德**運動正式公開亮相是　29
在1951年舉行的羅曼語系分析師大會，藉由發表〈論移情的處置〉
做為開幕式。這說明了他當時還是與國際分析學會連結的巴黎精
神分析學會（SPP）中受到矚目的一員。[29-1]

　　拉岡以少女朵拉開始了他在1951-1957年間對佛洛伊德重要個
案所做的「造訪」，在這一篇文章當中，講到一個十八歲的維也納
個案，被她自己想像的知覺（la perception imaginaire）中偏向男性
的那一面，與她的女性位置（她所屬的圈子自行運轉的象徵功能）
所分裂。

　　針對這個案，拉岡一開始把重點擺在他回歸佛洛伊德所圍繞
的知識論軸心，企圖說明主體（le sujet）如何被想像區位中自己原
初認同（premières identification）的第一人——鏡像階段的認同
——以及伊底帕斯情結認同的象徵區位所分裂。他在這裡所指的伊
底帕斯情結，較普遍的說法為象徵功能（fonction symbolique），這
概念是借用同樣將伊底帕斯情結納入象徵功能的法國人類學家。

　　這個認識論的軸心：**想像→象徵**，幾乎涵蓋了曾經主導他
「涂爾幹」時期之研究的認識論，在這些研究當中，他提升了父親　30
身為一家之主的尊嚴，認為只有他有能力解救陷入（斷奶情結
〔complexe de sevrage〕之）母親原相（l'imago maternelle）以及

29-1 〈論移情的處置〉（Intervention sur le transfert），收錄於《文集》（*Écrits, op. cit.*）。

（侵入情結〔complexe d'intrusion〕之）[30-a]手足原相的孩童，讓他們可以脫離被想像攫取、欺騙而無法自拔的險境。

但是，超越主體結構的想像區位並賦予這結構制度的，正是回歸佛洛伊德的拉岡觀點：象徵功能（la fonction symbolique）的規則本身，不過它不再是帶來豐富社會臨床（socioclinique）的一家之主。

顧及無意識主體的結構（la structuration du sujet de l'inconscient）──以及它的症狀，拉岡不再使用涂爾幹的家庭律法，他結合了話語（la parole）跟語言（le langage）的法則，社會以及家庭組織的象徵形式都有賴這結合，不過這次他使用的是李維史陀全面修改過的結構版本。後者回到美國後的研究，加上1947年《親屬制度的基本結構》[30-1]這篇論文，震撼了整個巴黎的人文科學領域。

依循這個邏輯，我們可以把拉岡的回歸佛洛伊德時期看作是轉變的時刻，或是一種隱喻，在他的臨床當中，用李維史陀版本的象徵功能規則取代涂爾幹的家庭生活版本。

這是回歸佛洛伊德的理論考量，也可以是此回歸所帶來的結果。我們這個研究的第二章所要探討的，是拉岡在精神分析，以及面對精神分析所產生的體系蛻變。

這些我們在後半段會看到，但這裡要先說的是：拉岡把他對佛洛伊德的回歸當成是一段痛苦經驗的理由，像是怪罪般地，這回歸讓他在1953年的六月從巴黎精神分析學會會長的位置被革

30-a　中譯註：參照拉岡的《家庭情結》（*Les complexes familiaux* 1938）。

30-1　李維史陀（Claude Lévi-Strauss），《親屬制度的基本結構》（*Les structures élémentaires de la parenté* [1947], La Haye, Mouton, 1967）。

職。他認為是他從1951年開始構思「由他的嘴說出佛洛伊德的話」，嚇壞了實行精神分析的那些人：

「如果佛洛伊德曾負起責任，向我們顯示有些疾病會說話——不同於赫西俄德（Hésiode），他讓宙斯放置到世間的疾病，默默地在人群中傳播——讓我們聽到這些疾病所道出的真實，顯然這真實在某個歷史片段、在一些機構所經歷的危機中，更是清晰，在研磨技巧的那些人當中點燃了恐懼的火苗。」[31-1] 31

暫且不管這個讓團體無法忍受「只有他存在」的斷言，拉岡在巴黎分析學會的框架下，繼續進行他對佛洛伊德文章的閱讀，直到1953年被革職。

在那之後，他在好友尚・德雷（Jean Delay）[31-2]服務的聖安娜精神醫院工作，本著佛洛伊德這位維也納大師關於技巧的文章中相當迂迴的方法，努力不懈，孤軍為回歸佛洛伊德奮戰。

我們選擇這時期交鋒，是因為從1953-1954年間的課堂在1975年被集結成《佛洛伊德關於技巧的文章》（*Les Écrits techniques de Freud*）一書，成為講座系列的第一冊（Livre I du Séminaire）。

我們的研究將會尊重他所期待的，讓這本書作為講座系列二十四冊的第一本，縱使我們說過，他的回歸佛洛伊德應該是1951年開始的。

藉由閱讀拉岡在1953年的秋天被巴黎精神分析學會革職後，在聖安娜精神醫院所提出的講座第一冊，我們將進入我們研究的

31-1　〈論移情的處置〉，收錄於《文集》（*op. cit.*, p. 217）。

31-2　尚・德雷（Jean Delay 1908-1987），法國精神科醫師，惹內（Pierre Janet）的門生，接受比瓊（Éduard Pichon）的分析，是拉岡的朋友，在1959年成為法蘭西學院的院士，是戰後法國生物精神醫學學派的傑出代表，曾經發表〈紀德的青年歲月〉（Jeunesse d'André Gide），拉岡曾在《文集》（*op. cit.*, p. 739-764）當中評論這篇文章。

第二部分之第一段落。還有，根據他自己的說詞，在經歷這個讓他成為具有「這般信心」之分析師，以及在藉由「讓他在唯有從自己的本質當中發覺真正的大師」的「最後幾年的經驗」，他愈來愈明白他可以說什麼，最後成為一個「清楚知道自己職責與命運的人」。[31-3]

　　就是以這股篤定的態度，拉岡開始重新閱讀佛洛伊德的文章。

32　　他精確且持續地評論佛洛伊德關於技巧的文章，將之導向精神分析的臨床核心，這做法被那些把他逐出「佛氏家族」的人所詬病，成為他被指控的「犯罪」，以及不良動機的現場。

　　我們接下來將看到，拉岡在思考無意識主體結構如何在想像區位與象徵區位之接合處自我實踐時，對他自己所「發現」的鏡像階段（1936）提出一連串新的提問，這些都將成為他日後對佛洛伊德關於技巧的文章的閱讀。

　　如果這問題對拉岡來說並非新的，這是因為，誠如我們剛剛所說，他使用象徵功能，讓他的回答有了蛻變；這象徵功能是他在被李維史陀戰後的研究所革新的法國人類學中看到的。

　　回到佛洛伊德關於技巧的文章，拉岡指出，佛洛伊德的技巧是靠著操縱治療經驗中語言（langage）與話語（parole）的規則，像是在閱讀無意識形構（夢、口誤、症狀……）。

　　就這觀點，他同時也指出了佛氏弟子所放棄的，依他的說法，這將導致治療傾向停滯在想像區位進行兩人的對決，這種停

31-3　〈給魯文斯坦的書信〉（Lettre à Rudolph Loewestein du juillet 1953），《歐尼卡》（*Ornicar?* n° 7）刊載《1953年的決裂》（*La scission de 1953*）一文的補充部分，這些文章我們會在本書的第二章提到。

滯阻礙了對阻抗的分析，也就阻礙了阻抗的消弭，進而讓這個問題成為當時精神分析內部論戰的一個重要議題。

　　我們從1953年講座中阻抗的終點著手，回到佛洛伊德的文章，除了看到他對這個問題的觀點，更重要的是，他指出佛洛伊德關於技巧的文章合集中具決定性的要件。佛洛伊德關於技巧的這些文章（由安娜‧貝嫚〔Anne Berman〕翻譯），恰巧也在1953年由法國大學出版社（les Presses Universitaires de France, PUF）以書名「精神分析的技巧」出版。[32-1]在拉岡講座系列的第一年，[33-1]按時間的編排，是從1953年的十月到1954年的七月，讀者不難驗證他的講座系列反應的正是他作為知識分子、作者編輯等人士的問題、討論。

　　現在讓我們先看拉岡在開始講座那一年所評論的佛洛伊德的文章。

I. 佛洛伊德的技巧、拉岡對佛洛伊德的移情以及後佛洛伊德學派的阻抗

佛洛伊德的技巧

佛洛伊德與阻抗

　　1904年十二月十二日，在維也納醫學院舉行，名為關於心理治療（De la psychothérapie）的會議當中，佛洛伊德提出精神分析

32-1　佛洛伊德，《精神分析的技巧》（*La technique psychanalytique* Paris, PUF, 1953），1975年第二不重新出版，原德文標題為《精神官能症小札》（*Kleine Neurosen Schrifte*）。

33-1　拉岡，講座第一冊（Livre I du Séminaire [1953-1954]），《佛洛伊德關於技巧的文章》（*Les Écirte technique de Freud*, Paris, Le Seuil, 1975.）

的技巧跟使用暗示的催眠之間常有的混淆，把這差異的焦點擺在阻抗的概念。暗示「……禁止了人們認識內在心靈力量（forces psychiques）所進行的遊戲，舉例來說，暗示使人們無法辨認讓他們牢牢勾住疾病的阻抗，而無法恢復健康；然而，唯有阻抗的現象可以讓我們理解病患的作為（comportement）。」[33-2]

佛洛伊德之所以放棄催眠暗示，不完全像是波赫－雅伯遜（Mikkel Borch-Jacobsen）在名為《佛洛伊德的主體》（*Le sujet freudien*）[33-3] 書中所說的那樣，把暗示當作是「解放情感或是自由」的產物；真正的動機是，他看到暗示避開了對「唯一可以讓我們理解病患作為」的阻抗的察覺。

34　並不是因為（或完全因為）無法忍受催眠的倫理問題，佛洛伊德才採取對立的立場，而是基於催眠對待「病患」的技巧跟探究阻抗的不相容，進而採取科學的手段，並反對催眠暗示。

在紐倫堡舉辦的第二次精神分析大會前夕，這回的聽眾不同以往，是由跟隨佛洛伊德的那群人聚集起來，對佛洛伊德1910年《分析治療的未來展望》（*Perspectives d'avenir de la thérapeutique analytique*）一書進行的討論。根據佛洛伊德的說法，分析師們對病患無意識的了解已大為進展，可以直接迎戰病人的阻抗。

這麼一來，分析情境不再是病患須獨自面對的考驗，因為分析師們同時也必須為他們帶來「……得以解除意識與無意識間阻抗的知識助力。」[34-1]

發現無意識後，藉由臨床經驗所得到的知識，治療病人變得

33-2　參考拉普朗西（Laplanche）與彭達里斯（Pontalis）的《精神分析辭彙》（*Vocabulaire de la psychanalyse*, PUF, 1967, p. 420 et sq.）中關於「阻抗」（Résistance）的部分。

33-3　雅伯遜，《佛洛伊德的主體》（*Le sujet freudien* , Paris, Flammarion, 1982）。

34-1　佛洛伊德，《精神分析的技巧》（*op. cit.,* p. 24）。

更順利。此時佛洛伊德更致力於完成「官能症的結構」，有了這方面的知識可以更明確地卸下病患的阻抗。

對佛洛伊德而言，移除阻抗不單只是面對各個個案所採取的策略；也因著移情而對官能症結構的認識，使得阻礙分析前進的部分得以被削弱，縱使看起來是靠著分別戰勝各個個案的阻抗，而非減弱官能症的一般結構（以及它們的型態）。換句話說，就佛洛伊德而言，從不同個案身上得到一個日後可以回過頭來成就個別分析之一般結構（或是情結）的認識：「我們目前致力於找著並克服『阻抗』，並理所當然地認為，一旦阻抗被發現、被排除，就能輕易地揭發這些情結。」[34-2]

阻抗的屏障一旦被排除掉，就可分離出晶透的情結。只是，佛洛伊德指出阻抗並非都是相同的本質，並要求他的同伴們予以分類，找出哪些是人類特有的：「……治療中最主要的阻抗好像是出自父親情結，被解讀為因著對他的不尊重以及挑釁的態度而產生的恐懼。」[35-1]

在這裡拋出如何看待父親情結的議題。

父親情結：阻抗的主謀者

讓父親情結成為分析中阻抗的主謀者之一，佛洛伊德碰觸到要克服這障礙所面臨的權威問題。

換個說法，佛洛伊德自問，面對父親情結相關的阻抗，分析師們的權威必須擁有怎樣的本質，才能克服這些阻抗，特別是當這個權威跟暗示的權威不同之時？

34-2　*Ibid.*, p. 26-27.
35-1　*Op. cit.*, p. 27.

回答這個問題之前，佛洛伊德將必須克服的範圍擴大：

「極少數文明人可以完全自主地存活著，或是有真正的個人的判斷。你們無法全然取代人類對權威的渴望以及內在的軟弱。」[35-2]

這樣的斷言，讓錯覺無所遁形，令人難以接受。

根據佛洛伊德的說法，這種對權威的渴望一直尋求著被滿足，是它造成了阻抗，如同父親的後代所尋求的潛抑，這說明了社會權威的強力暗示使得精神分析的努力受到阻礙。

這幾句話昭示了父親情結以及對權威的渴望是阻抗的首要主謀者，自然也宣告了幾年後佛洛伊德人類學時期的到來，像是《一個錯覺的未來》（*L'avenir d'une illusion*）[35-3]，或是《文明及其不滿》（*Malaise dans la civilisation*）[35-4]，特別是在後面這篇文章，他提出對父親的懷念（nostalgie du père）是依賴以及幻象（或多或少的宗教色彩）的背後推手，成為通往真理國度的絆腳石。

渴望權威、真理的力量、選擇分析師

36　　佛洛伊德在1910年就說過，對立這個父親情結，在個案的層次上餵養了他們對精神分析的阻抗，如同在社會的層次上，他們需要更有力的權威。

這個範疇指涉什麼？

在漫長的蟄伏之後，他先是預言了因著社會權威的緣故，分析師們被兩面夾攻：

（一）他們被控訴摧毀了幻象，粉碎理想。

35-2　*Op. cit.*, p. 28.
35-3　佛洛伊德，《一個錯覺的未來》（*L'avenir d'une illusion* [1927], Paris, PUF, 1973）。
35-4　佛洛伊德，《文明及其不滿》（*Malaise dans la civilisation* [1930], Paris, PUF, 1971）。

（二）在指出社會要為官能症負責的同時，與社會建制樹敵。

　　與社會權威的同盟是另外一回事。

　　不過，佛洛伊德確信：「當真理對好奇的傷害以及所引起的情緒這些毒性耗盡時，最殘酷的真理在被領悟或被接受的同時就結束了。」[36-1]

　　「所以懂得如何等待」，治療者的權威比較不會受到社會的抨擊，個案的治療就更流暢，阻抗更少建立在集體的幻象上，真理的道路於是被找到。

　　我們要強調佛洛伊德這裡的預言超越了個人治療，因為他指出：個案的治療在反精神分析的社會權威之毒性耗盡後才能更流暢；反過來說，社會真理的進步就能消弭官能症病態的肇因跟溫床。

　　佛洛伊德在他的同伴面前勾勒出他分析計畫，以及在集體內部揭發無意識真理後所得到的廣泛效應，說到：「……精神分析在個人身上得到的勝利也應當在群眾中得到。病患不容許讓他們自己不同的官能症被看到：像是用來掩飾恨意而過於不安的慈愛，揭露受挫意圖的懼曠症（agoraphobie），代表自責不良企圖並對其小心翼翼的強迫行為。因為知道所有想隱藏的想法或是情感，不管是息息相關或陌生的，都可以用來辨認這些症狀的意義；同樣地，一些類似的個案，在知道他們所有的病態表現是可以馬上被他人所詮釋的同時，也會予以掩飾，只是，無法一手遮天，還是會露了餡。將祕密攤開來，會傷及造成官能症的『成因方程式』（l'équation étiologique）……」[37-1]

36-1　*Op. cit.*, p. 30.

37-1　S. Freud, *op. cit.*, p. 31-32.

毋需再次舉證，我們重新看到，佛洛伊德的野心決不僅止於臨床個案，還涉及群眾，如同他在第二次大會的前幾天對學徒所聲明的，是以一種讓他們無法忘懷之集體歷險的方式。

佛洛伊德的野心告訴了我們什麼？

一開始，為了直達所謂的官能症各種成因的靶心，他並不那麼汲汲營營於使精神分析建制更具權威，也不寄望更多的社會認同，而是投注在揭發造成官能症的祕密，在錯覺幻象的破滅，還有降低伴隨而來的阻抗，特別是有著父親情結的那些人。

要知道1910年的佛洛伊德為了解決個人以及群體的官能症，所仰賴的不是建制，而是真理。處理集體的議題，對他而言不再是他臨床實作的延續，而是，集體議題不只在官能症的**成因**中，也在分析室裡，在其他藉由錯覺、權力的暗示，以及病患長期欲求的權威現象等等⋯⋯所匯聚的社會層面當中，在在扮演重要角色。

這些都是著手集體－現象的佛洛伊德親口道出的，如是，1910年對精神分析運動而言是關鍵的一年。同年的三月三十日，
38　佛洛伊德與費倫齊[37-2]一起創辦了第一個國際性的佛洛伊德的學會（*l'Internationale psychoanalytische Vereinigung*，國際精神分析聯合會）。這個國際性組織一直沿用這個名稱，直到1936年成為國際精神分析學會（IPA）。

如果必須在真理的權威與由分析師組成的機構中擇其一，以

37-2　費倫齊（Sandor Ferenczi 1873-1933），來自移民波蘭的猶太家庭，出生於匈牙利，被佛洛伊德分析，終身致力佛洛伊德事業，1910年與佛洛伊德一同創辦國際精神分析學會（IPA），並在1912年建立了布達佩斯精神分析學會（la Société psychanalytique de Budapest）。1913年成為祕密會議的成員，參與佛洛伊德運動的所有活動。1919年起，開始投入精神分析技巧的革新，在結合創傷理論之前，發明了「主動技巧」（technique active），算是佛洛伊德最偏愛的門生。

佛洛伊德的觀點看來，將重心擺在無意識真理的象徵能力比較好，這是唯一能夠減輕集體的官能症及其不滿的有效路徑。

在這些文章當中，組成學會的分析師們，比起分析的效力，僅佔次要的位置。

佛洛伊德取向的真正推手是無意識內文以及症狀中的真理：

「……不要忘記分析的關係是建立在對真理的熱愛上，也就是察覺真實、排除假象、不中計。」佛洛伊德在1937年寫到。[38-1]

講這麼多，無非是為了理解以佛洛伊德關於技巧的文章著手講座的拉岡（1953-1954），為何以阻抗作為回歸佛洛伊德的開頭，讓治療者為了進步所調度的選擇上，無後路可退。

是自我（moi）的權威？還是真理的權威？

兩種管道，兩條路線：根據拉岡，那些依循自我區位（registre moïque）來克服阻抗的治療者，與佛洛伊德所說的欲望劃清界限，因為他們再次進到經驗的死胡同，在想像區位中停滯不前。或者，正是拆解了症狀的象徵外膜，佛洛伊德所說的欲望才得以自行運作。

對1953年的拉岡，佛洛伊德又是誰呢？

拉岡對佛洛伊德的移情

接下來我們將看到，「回歸佛洛伊德」的創立，湊巧跟最後讓拉岡在1953年六月十六日離開佛洛伊德在1910年成立的精神分析學會屬於同一時間。

所以必須檢視他在這個時期，關於他跟佛洛伊德的關係，以

38-1　佛洛伊德，《有盡的分析與無盡的分析》（*L'analyse avec fin et l'analyse sans fin* [1937], *op. cit.*, p. 31-32）。

及對於佛洛伊德以他自己的文章成為權威，他說了些什麼，並要

39　詢問：從佛洛伊德發現的觀點，權威意味著什麼？

在佛洛伊德的領域（le champ freudien）裡，權威的其中一個名稱是「超我」（super-ego）。或許我們可以強調，打從講座系列的第一場（1953年十一月十八日），[39-1]拉岡修改精神分析超我概念的理論，就像在他研究的第一階段（1938-1950）那樣，讓這個心理形式的結構不那麼緊密地與鏡像階段[21]中原初認同的想像區位連結，反倒成為一種語言的結構。

於是他在最早期的幾場講座上這麼說：

「超我是個不具意義的律法，但它卻只依賴語言。如果我說『你向右轉』，這是讓他者將他的語言跟我的配合。我想到當我跟他這麼說的同時，他會怎麼想，這種想要得到一致的努力構成了語言本身的溝通。這裡的『你』非常重要，在意識之前就介入。比方說，心理的審查機制是有意向的，但在意識之先以警戒來運作。『你』並不是一個訊號，而是與他者做參照，成為命令與愛。」[39-3]

修改超我的理論，讓它在意識之先，成為命令與愛的操作者，使其效力發生在語言的區位中。我們不意外在第二場講座中看到分析師拉岡對佛洛伊德文章的崇拜，無可爭議地，他已經準

39-1　講座的第一年是從1953年十一月十八日一直到1954年七月七日。

39-2　關於最初的形像、美好的形體，以及拉岡有關超我的理論，請參考《拉岡與社會科學》（*Lacan et les sciences sociales, op. cit.*）。

39-3　從這裡可以找到拉岡在「官能症的個人神話」（Le mythe individuel du névrosé, *op. cit.*）的會議中，提出的父親功能這個邏輯：「佛洛伊德理論以父親的存在，將重點擺在一種功能，這種功能同時是言說功能也是愛的功能」，又加上「要相信佛洛伊德」，重新引入了死亡跟死去的父親，像是分析經驗中最重要的運作，少了它，分析的經驗將停滯在兩者對立的想像區位。

備好讓他的語言與佛洛伊德的同調。他在1954年一月十三日這麼說：「如果我們認為在這裡可以讓我們去崇拜（我們特別強調）佛洛伊德的文章，並對它們感到驚嘆，很明顯地，我們肯定會得到全然的滿足。」（L. I, 15）。40

對文章或是父親的言說（la parole du père）的崇拜與驚嘆——他在「官能症的個人神話」的會議之後再次重複：「要相信他」，佛洛伊德提到的權威被拉岡以及相關人士擺在從超我到自我理想（l'idéal du moi）之間的灰色地帶。

為了一次把話說得更明白、更淺顯易懂，我們會說，拉岡在著手佛洛伊德關於技巧的文章時質疑，更確切說，是謹慎地分析他對佛洛伊德的移情。他在此突然檢視他的移情，不單對他的學生指出佛洛伊德理論中的權威（超我）對他而言是什麼，同時也提及他自己與佛洛伊德權威的關係為何。崇拜、驚嘆、信心、命令、愛。

拉岡接著投入分析後佛洛伊德學派對技巧的選擇，當中我們將看到，他揭露了後佛洛伊德學派跟佛洛伊德的關係。

從這觀點，我們會說，拉岡在講座系列的前幾年落實了他的「回歸佛洛伊德」在精神分析圈的地位，並依這做法，定位他與他們（精神分析界弟兄們）的關係。

他的回歸佛洛伊德成為一個觀點，讓他奠定了一個雙重的檢視：

（一）他評論佛洛伊德的創始文章（父親的言說）；
（二）他以佛洛伊德的量尺，更是創始者欲望的量尺，評價那些後佛洛伊德學派（他那年代）的工作。

　　我們說過，在這個背景，拉岡明確地提出他對作者佛洛伊德的崇拜，不過我們要附註，他對佛洛伊德在精神分析運動中，以他的權威對機構的所作所為有所保留：

　　「是他悲情的人格特質，他需要權威的個人情感，在他傳授或教導一些事情時，成為那些聽從或跟隨他的人對他最根本的抨擊，在那些看起來像是正確布局的理解與應用上有著根深蒂固的誤會。你們將看到，我也如是相信，對於今日世界提供給他的人類素材，我們或多或少可以在他身上瞥見他對這些素材的輕蔑。正是這樣，**不同於文章當中所呈現的面貌**，我們隱約可以理解為何他要鞏固並實行他的權威，因著相信這樣必能穩住精神分析的未來。面對各種形式呈現的偏離──相當實際的偏離──他可以是唯我獨尊的，對他所組織、以他為中心的傳授教導，近乎強制。」（L 1, 16）

　　拉岡指出，雖說佛洛伊德的文章沒有沉甸甸的權威，但在分析學會當中，他個人對身邊的人可也是極權、強勢和貶抑別人的，大半是因為他對其他人對他文章的閱讀與應用有所提防，或是說，對他的教導最後會被他的門徒如何使用感到不信任。

　　研究的期間不應該與理論傳播的時間混為一談；畢竟他使用權威來達到理論傳播開來的效果。

　　在藉由閱讀佛洛伊德文章的回歸運動當中，拉岡本著他加諸在佛洛伊德對身旁學生的不信任，認定他們並不是那麼純正的佛式主義。拉岡讓他被國際精神分析學會否決的論斷與他所謂佛洛伊德的「不信任」同調，並堅稱要回到文本。這就是拉岡所做的。

　　為了更清楚些，就這個觀點，我們會說拉岡是依著、並藉由佛洛伊德關於技巧的文章開始他的講座系列，迅速釐清佛洛伊德

41

跟權威的關係，以及其他分析師跟佛洛伊德的文集所保持的關係，並表示要謹慎地領會他與佛洛伊德權威之關係的固有狀態。

他以**移情閱讀**，並在整個講座系列中「迂迴地」分析他對佛洛伊德的這種移情，就像我們接下來會看到的那樣。

如果我們想要給自己一些機會了解拉岡講座系列的演進，從他所寫的《佛洛伊德關於技巧的文章》著手（第一年的作品），就一定要去體會他對佛洛伊德的移情，這個在當時支持著他的話語。

要求（以佛洛伊德的認識論）理解拉岡對佛洛伊德移情的這 42 個命令，是為了更加了解他的作品，看起來有點不合理，因為這就像是認為拉岡的回歸佛洛伊德，還有他為講座系列所做的搭建，都是處在被佛洛伊德分析的位置上；更誇張的說法是：他的講座系列不過就是他被佛洛伊德分析的文本。

不過這可是拉岡自己把評論文章跟分析的經驗放在比鄰的位置上，讓當下不懂的可以變得淺顯易懂：

「這就是為什麼評論方法可以是多產的，**評論文章，就像在做分析一樣**（我們特別強調）。這就是為什麼當有人跟我說：『我相信我知道他想要說的是什麼』時，我不是再三耳提面命，要他們注意到我們必須很謹慎防備的事情，就是對主體的論述過多、甚至過頭的了解。詮釋跟想像了解（s'imaginer comprendre）是兩碼子的事，是完全相反的事。我會說本著不想了解的根本，我們才推開分析式理解的大門。」（L 1, 87-88）

拉岡本人在講座系列中也致力於詮釋的關鍵點，從此，人們可以將他的講座系列當成是他被佛洛伊德分析的文本，雖然這麼說有點過火。要注意，我們的研究有待拉岡自己選擇的認識論邏輯，而不是建基在或多或少浪漫的個人歷史，也不是藉由心理學的

基礎，來理解拉岡跟佛洛伊德的關係，並藉此再進一步分析文本。

「評論文章，就像在做分析一樣。」

如果我們的研究計畫包括研讀那些跟拉岡研究相關的當代社會科學，以及他的研究進程，甚或是他的分析，其中涵蓋了這些學科的真理，我們將提出：講座系列是藉由評論的取向——或根本就是跟佛洛伊德所作的分析——見證了拉岡的回歸佛洛伊德。

43　　如果我們也認同拉岡的講座系列（以及相關的文章）是他跟佛洛伊德分析的結果，也就是說，是跟佛洛伊德分析當中「對談」的文本，我們會說，這些在精神分析領域當中作為教導的文章，跟他日後所預期的相吻合：對那些已經結束個人分析的人，在教導的位置上重新找到分析理論的要點，成為他所創辦之學派的分析師。換個說法，以他的專門用語說得明白些，他的講座系列正是他合格制度（passe）的文本。[43-1]如果我們還記得他1967年那篇關於精神分析師養成的文章（〈1967年十月九日對學會內分析師的提議〉），當中他建議去除對分析師想像的權威（根據我們的說法，是催眠或「一個小孩被打」[43-a]的幻想形式）所遭受的挫敗，就不會訝異他從1953年起就一直對分析師的權威以及對分析的阻

43-1　參考〈1967年十月九日對學會內分析師的提議〉，收錄於《其他文集》（*Autres écrits*, Paris, Le Seuil, 2002, p. 243-259）以及〈1956年間，分析師的現況與養成〉，收錄於《文集》（*Écrits*, Paris, Le Seuil, 1966, p. 459-486）當中提到關於合格制度的敏感議題。

如果真的如他所說「評論文章，就像在做分析一樣」，那我們無法不正視，評論拉岡的文章，無非也是將自己擺在被拉岡分析的位置上，這需要仔細解釋，但從這個觀點，我們似乎感受到與其他讀者成為經驗共同體，像是波西（Erike Porge）在《拉岡的以父之名》（*Les Noms-du-Père chez Jacques Lacan*, Toulouse, Érès, p. 22）對讀者所做的告白：「追尋拉岡，彷彿在講『一則故事，而這則故事被講述的方式，就如同在故事的發生地點一般』，這才算是分析。」接著寫到，他是依據拉岡在講座系列〈欲望與它的詮釋〉1959年七月一日那一場對分析所下的定義。

43-a　中譯註：佛洛伊德一篇關於被虐狂的文章，參見《佛洛伊德全集》卷七（*S.E.* VII p. 177-204）。

抗提出質問，畢竟當時拉岡在佛洛伊德的權威下，適逢兩種關係，一是機構的建制（國際精神分析學會）：其次是，他追隨精神分析的文獻（**死去父親的話語**）猶如追隨著「分析師般」。

　　為了簡介我們的目的以及（身為讀者的）立場，我們認為要理解拉岡對佛洛伊德的閱讀——講座系列所傳達的，有必要花時間重新整理拉岡如何說明他自己對佛洛伊德的移情，在講座系列的文本當中，他寫到他作為分析師的欲望，提出他同行選擇使用的　　44技巧與理論，還有他們跟佛洛伊德之學說以及教導的關係，對這些他所做的評論（或是詮釋）。

　　在「回歸佛洛伊德」講座系列中，拉岡當眾表明他是依照佛洛伊德的標準去評量他自己，還有其他後佛洛伊德學派的分析師欲望。

後佛洛伊德學派對佛洛伊德的阻抗

來自自我的防禦與阻抗

　　1950那個年代，在分析領域中似乎有個沒有明言的共識，可以這麼說：假使分析經驗中的阻抗（résistance）不一定等同自我的防衛系統（指潛抑），這兩種概念之間也會有某種選擇性的相似度，畢竟，對分析的阻抗或是自我的防衛系統（la défense du moi）使用的都是相同的機制；[44-1]佛洛伊德的文章與技巧中阻抗概念的重要性，以及對於他發現阻抗機制所給予的高度肯定都起源於自我的防衛機轉。

　　這個問題在拉岡日後的講座系列也出現過，根據一些參加過

44-1　參照《精神分析辭彙》的「阻抗」（Résistance）與「防衛機轉」（Mécanismes de défense）。

的人——其中有位叫M.Z.的人……（我們不知為何他在講座系列問世時卻沒有記載），皆認為是佛洛伊德的專制性格促使他發現阻抗的概念，因為他受不了他的病人不接受他的悉心照顧。

有別於波赫－雅伯遜認為是佛洛伊德的情感的釋放讓他發現了阻抗，按M.Z.的看法是，佛洛伊德的專制適足以說明這個發現。

拉岡不同意M.Z.的看法，認為佛洛伊德可沒他的老師們來得更專制——比方說夏考（Charcot）[44-a]，而且正是因為他放棄了暗示與催眠，才發現阻礙分析工作的阻抗，但它也是通往潛抑世界的康莊大道。

另一個說法是，拉岡認為當阻抗不再運作——又或是減弱（dégradé）時，這麼說是為了忠於拉岡的知識邏輯，[45-1]才能呈現在佛洛伊德面前。要了解到這是拉岡的說法，佛洛伊德可不像他的一些傳人，把阻抗的劇碼擺在治療當下分析師與被分析者的自我之間。

拉岡因而評論賴希（Annie Reich）關於反移情（contre-transfert）的文章。

「……分析師。他要怎樣反應？他所做的又帶來些什麼？

對這些作者、對賴希而言，如果不是主體在當下（hic et nunc）識破自己論述的意圖，一切都是徒勞。而這些意圖如果不是在當下的對話中達到目的，就不具任何價值。主體可以描述他如何與店家或是理髮師討價還價——事實上，他正在跟眼前的那個人，就

44-a　中譯註：夏考（Jean Martin Charcot 1825-1893），法國著名的腦神經學家，被譽為「當代腦神經學之父」。他的研究大大影響了腦神經學與心理學的發展，亦被稱為「精神官能症的拿破崙」。

45-1　有關拉岡所說藉由阻抗減弱才得以的發現，請參照我們的《拉岡與社會科學》這本書。

是分析師鬥嘴。

有些事不會變……

分析師認為自己被授權，在治療裡進行我所謂的自我與自我（d'ego à ego）之間，或是對等與對等（d'égal à égal）之間的詮釋——容許我做的文字遊戲；換個說法，如果沒有投射，詮釋的根本與機制就無法被辨識出來……

對防衛機轉的詮釋，我會說這是自我對自我的詮釋，且不管它真正的價值，最好有所節制。在防衛的詮釋當中，至少都必須要有第三個詞謂。」（L I, 40, 42, 43）[45-1]

分析阻抗被推往極端了，不過，按拉岡的說法，是以差勁的方式，英美的分析師對會談當中的時事，被分析者—分析師的雙人關係去詮釋被分析者所說的話。

對他們（安妮‧賴希、安娜‧佛洛伊德、費尼契等人）而言，自我（l'ego）被想成是個體的決策者，是分析師的唯一對話者，同時也是對抗（阻抗）詮釋的那一位，挾制著意識覺醒的過程。其中有安娜‧佛洛伊德對自我防衛機轉的解釋，比方說她的《自我以及防衛機轉》（*le moi et les mécanismes de défense*）一書。[46-1]

佛洛伊德對減弱阻抗的要求，將英美的分析師導向過度強調自我在治癒當中的位置，因而也就強調個人的影響力，讓這樣的經驗成為想像的場域，只需兩個月就能搞定。[46-2]

46

45-2　參考《國際精神分析期刊》（*International Journal of Psychoanalysis*, n° 1, 1951）賴希的文章。

46-1　安娜‧佛洛伊德，《自我以及防衛機轉》（*Le moi et les mécanismes de défense* [1946], Paris, PUF, 2001）。

46-2　自我的阻抗是分析障礙必須要有的邏輯，安娜‧佛洛伊德是這麼說的：「病患……觸犯分析最基本的規則並告訴我們他出現了『阻抗』，這意思是說原我在自我的推波助瀾下反而踢到了鐵板；在當下，觀察者的注意力由阻抗取代了聯想，也就是說，原我的內容轉而成為自我的活動」。（p. 16, *op. cit.*）

　　安娜佛洛伊德把自我與那位跟分析師達成共識的「好」病人擺一邊，區分了自我對分析師的兩種態度：

　　「自我在治療的自我觀察中，有一部分表現得極不信任，與分析師對立……（或是）……因著自我循著無意識不斷地進行防衛活動，最後自我自身就成了被分析的對象〔……〕精神分析的目的在確保代表被潛抑欲望的念頭進到意識〔……〕，接著自我所使用的防衛方式對付這些念頭的出現就自然而然有了主動對抗分析的特質。在另一邊，分析師藉助個人的影響（我們特別強調），要病患遵照分析的基本原則，以利這些念頭在自由聯想的過程中出現，自我對衝動的防衛就轉而成為與治療者的對立。」[46-3]

　　與治療者的關係導向這個邏輯，對驅力（la pulsion）的防衛以及治療的要旨，在兩人的移情中找到劇碼，這當中分析師必須使用個人的影響力。

47　　拉岡提醒我們，依著佛洛伊德從《歇斯底里研究》[47-1]（翁日耳〔D. Anzieu〕[47-2] 在拉岡1954年一月二十日與二十七日的講座中報告這篇文章），到《後設心理學》（*Métapsychologie*）[47-3] 這篇文章，從而指出：「……阻抗的力量與到達潛抑核心的距離成反比

46-3　P. 30-31 *op. cit.*

47-1　佛洛伊德與布魯爾（S. Freud et J. Breure），《歇斯底里研究》（*Études sur l'hystérie* [1895], Paris, PUF, 1956）。

47-2　翁日耳（Dider Anzieu 1923-1999），1948年通過法國的哲學認證，朝心理學發展，在1951年成為索邦大學的教學助理。瑪格莉特・翁日耳（Marguerite Anzieu）的兒子，她是拉岡1932年醫師論文〈妄想精神病與人格間的關連性〉（De la psychose paranoïaque dans ses rapports avec la personnalité）中化名「艾美」（Aimée）的個案，她與拉岡第一次進行的分析在1953年結束。翁日耳加入精神分析之法國學會（Société française de psychanalyse），工作到1963年，也就是他參與創辦法國精神分析學會（l'Association de psychanalyse de France, APF）那一年，與拉岡分道揚鑣。專長在團體治療的理論，出版了許多關於文學創作（巴斯卡、貝克特 [Pascal, Becket]）與藝術創作（培根 [Bacon]）的書籍。

47-3　佛洛伊德，《後設心理學》（*Métapsychologie* [1915], Paris, Gallimard, 1977）。

例增長。」（L I, 30）

　　對他來說，阻抗如此地強大，「……當主體更接近對他來說是最終也是最佳的論述時，反而悍然予以拒絕。」；終究是被拒絕的「一連串的音素」（succession de phonèmes）所構成的論述（L I, 31），這威脅著被分析者，因為他最不想知道的無意識真實，那個「玫瑰花瓶」，將被揭發。

　　不僅是兩人移情裡的對立當中，阻抗更在語言中找到了自己的位置，因為病患的論述開始宣告一種真實的話語，而阻抗在此被顯現。

　　在《歇斯底里研究》一書中，佛洛伊德據此發揮，依據一個創傷記憶的核心由另一層記憶包裹著的這個邏輯，或是以主題分類構成核心，把官能症患者的精神材料當成一種結構物，以症狀的形式成為結構。

　　我們聽聽他怎麼說：

　　「就像是審查排列完好的卷宗〔……〕我曾經指出這類記憶匯聚成堆的區位，呈線性排列，就好像是文件櫃、包裹等等，有了某個**主題**的特性。這些主題又另行匯聚，而我只能用**圍繞病理核心**的排列來描述。要說這類的層層堆疊代表著什麼，或是它們以什麼樣的比例增長或削弱並不難，都是關於圍繞著核心增殖的阻抗〔……〕。一旦人們更深入底層，要辨識浮現的記憶就更加困難，當碰到核心點的時候，病患更加否認當中出現之記憶的存在。」[48-1]

　　拉岡的實踐毫無疑問，是緊隨著佛洛伊德的發現。

48-1　佛洛伊德，〈歇斯底里的心理治療〉（Psychothérapie de l'hystérie [1895], 收錄於《歇斯底里研究》（Études sur l'hystérie [1895], *op. cit.*, p. 233-234）。

阻抗與論述

「想要知道它（ça）在哪裡做些什麼，那裡又是個怎樣的物質與生物結構，佛洛伊德直截了當地把論述當成是實事求是的現實，可用來抽絲剝繭的證據⋯⋯當時他還未將物質結構與話語的概念分門別類。在今日，他或許會把暗喻（métaphore）這元素當成是構成一部分主體論述的連續現象，也可能會說，當主體愈接近最底層也是最佳的論述時，因為全然地排斥，就會遇到極大的阻抗」。（L I, 30-31）

這裡指的是，根據1896年的佛洛伊德，無意識與潛抑都是**翻譯錯誤**（défaut de traduction），拉岡以閱讀為對象，延伸到語言上的隱喻，對佛洛伊德的閱讀深入到理解論述本身。[48-2] 也就是這般直搗涵義（signification）的病理核心，才得以遇見阻抗，自此，論述的分析必須要在分析的經驗當中找到原本的位置，超拔出純然的生理學語彙，並超越美國自我心理學對自我的分析。

49

拉岡堅持的是，分析師必須親自影響的，並非病患的內在自我（moi），而是必須更加貼近無意識的話語所宣告的。

這麼一來，無意識以及它的形構都被當成是現象的總和，而這些現象需要藉助被分析者的話語的活動才能被找著，這也是為什麼使用話語的治療是有效的，畢竟它跟潛抑的材料（現象）有著相同的性質。根據拉岡的說法，潛抑的主體，或是無意識的主體，是從話語的產道出生的，這需要把無意識「想成」是符徵

48-2 從1896年十二月六日寫給弗利斯（Fliess）的信件起，佛洛伊德總算擺脫了（至少一部分）腦神經生理的用語—這書信集的譯者如是註解，視語言上層結構（superstructure）以對應作為下層結構（infrastrucure）的官能症的器質基礎。在信中，佛洛伊德將潛抑定義為翻譯錯誤，他這麼寫：「翻譯錯誤，在臨床上，我們稱為潛抑（refoulement）。」（節錄自〈與弗利斯書信集〉（Lettre à Wilhelm Fliess, n° 52, du 16 décembre, 1896），收錄於《精神分析的誕生》（*La naissance de la psychanalyse*, p. 156, Paris, PUF, 1973）。

（signifiants）的總和，所以得循著錯綜複雜的思緒（而不是此時此刻的自我）來到被潛抑的符徵（signifiants refoulés）這個核心。如是進行的分析經驗超越了自我的蠱惑，調動了主體及其社群的歷史，霎時，是主體的無意識狀態成了他所創造的象徵情境，而非被自我給限制的個體。

我們正一腳踩進分析邏輯，也就是主體「一直以來」所處的語言、論述、社會交流之象徵系統，並見證了主體的症狀（無意識真實以及所造就的歷史情境之最終論述）。

主體「……**在他的獨到之處被找到**（le prendre dans sa singularité），指的是什麼呢？簡單地說，對佛洛伊德而言，分析有趣的、實質的、基本的、本質的，就是主體嘔心瀝血將自己的歷史重新內化，**大大超越個體的限制**……（我們特別強調）這個層面說明了佛洛伊德將技巧所要征服的重點放在各個個案的基準點，就是我所說的歷史情境。」（L I, 18-19）

精神分析的工作對象不是此時此刻（hic et nunc）的移情，而是「逝去的時光」，也不是所謂的歷史學家的挖掘，分析的工作乃是主體在**歷史情境**（situations de l'histoire）下重建歷史。

「當我們回到佛洛伊德經驗的原點──當我說原點（l'origine）時，指的並非歷史的原點，而是源點（point de source）〔……〕。真正的意義是被重建的歷史〔……〕。

讓我們回到佛洛伊德的論點，以熟練的、經驗豐富的翻譯來閱讀代表主體當下意識的密碼文（cryptogramme）[50-1]〔……〕──是主體的，也是全部的，指的是它體系的總合。」（L I, 19-20） 50

順著話語的思路，閱讀並翻譯代表主體支配自己體系（檔案）

[50-1] 根據利氏（Littré）字典的解釋；使用祕密符號的書寫。

的密碼文，分析就是這麼進行著。身為佛洛伊德讀者的拉岡將（無意識的）主體描述為是本需要懂得閱讀並翻譯的古埃及文。

如是閱讀，愈接近構成核心的「無意識寶藏」，阻抗就愈是強烈。

我們想要強調的是，閱讀與翻譯這些名詞都是受到語言學研究的啟發，為佛洛伊德本人的用詞。

同時，我們也看到，「無意識」這對象就在被重建之過去歷史前景中，這就是主體重新書寫的體系。被重新書寫的不但是主體，同時也是重寫它被找著的情境。（參見佛洛伊德〈主體的過往時光〉〔Les temps du sujet, lettre 52〕）[50-2]

不同於美國學派的精神分析給自我（ego）舉足輕重的地位，拉岡鼓吹的是重新書寫歷史情境的這個創見，在當中主體被找著了，還有在當中對所有音位學（phonématiques）的辨認進行的解密，同時，拉岡也在閱讀佛洛伊德時，「重新發明」分析師的立場，是眾多語言學交織當中的閱讀者與翻譯者，能夠推理演繹出無意識的主體以及他的困擾：

「我們可不可以說，在我們的論述當下，自我（l'ego）是把話藏起來的始作甬者？

象徵系統是個神通廣大的密謀者，有著交錯糾纏（Verschlungenheit）的特性，讓翻譯關於技巧的文章更加複雜；啊！也非常脆弱，交錯糾纏指的是語言的交織……」（L I, 65）

對拉岡而言，分析師帶來的影響並不是為了消弭病患的敵意，乃至於在分析經驗當中必須動用到權威，而是這個治療者具備語言的能力，能對症狀這（現象的）符徵進行熟練的閱讀與翻譯。

50-2　收錄於《精神分析的誕生》（*op.cit.*, p. 153-160）。

別忘了，從《羅馬論述》（*Le Rapport de Rome*, 1953年九月）開始（下文中我們將更詳細地討論），拉岡就已經明確地把症狀的符徵制度給公式化了，在閱讀佛洛伊德中提到這些名詞：

「症狀在此做為被主體意識潛抑之符旨（signifié refoulé）的符徵。〔……〕在為這些話語解密的同時，佛洛伊德找到了象徵最初的語言，這語言依舊存在文明人的痛苦當中：歇斯底里的古埃及**象形文字**（Hiéroglyphes）、畏懼症的徽幟、強迫症的迷宮……」[51-1]

要知道這不是以讓人眼睛為之一亮、誘人的、或是導致自我的認同的方式來減低阻抗，而是閱讀並翻譯主體所說的，因為無意識謎題或密碼文的解答不在病患自我的意志中，只有被字義的多重性搞到焦頭爛額，最終才能直搗密碼文的中心。

拉岡提醒我們，是佛洛伊德把主體理解為被建構的象徵系統，尤有甚之，要把歷史情境的主體當成是涵蓋所有語音（phonème）的密碼文，予以解碼，因為這些密碼文構成了被潛抑欲望的真實核心，在揭去其面紗時勢必會遇到最為強烈的阻抗。

阻抗起源於這語音核心，只有「讓它說」才有那麼丁點的機會讓它出現在意識的層面。

在這情形下，在分析師陣營裡，以權威或暗示讓病患的自我（le moi）得以運作，其實是無法使語音的整體得以展現的。

第二時間

拉岡在另一個契機下，重提佛洛伊德對暗示的排斥，這是

51-1 參照拉岡，《精神分析中話語以及語言的功能與範疇》（*Fonction et champ de la parole et du langage en psychanalyse*），1953年在羅馬大學心理系舉行的羅馬會議所做的報告（Rapport du Congrès de Rome tenu à l'Instituto Di Psicologica Della Università Di Roma les 26 et 27 septembre 1953，後收錄於《文集》（*op. cit.*, p. 200-201）。

1954年二月十日的講座，當時他請希波利特（Jean Hypolite）[51-2]

報告佛洛伊德《否定》（*Die Verneinung*）[52-1] 這篇文章，以其探究
對主體而言，語言肇始的神話，當時這位哲學家將這篇文章的題
目翻譯為雙重否定（dénégation）[52-a]，在開始討論這文章之前，除
了希波利特所提供的協助，拉岡提起在先前幾次講座中，某位與
會者（M.Z.先生）說過，是佛洛伊德權威的個性才讓他發現阻
抗。

拉岡回想到「……如果你們還記得，這是關於佛洛伊德面對
病患時的根本態度，以為分析中的話語能取代暗示或催眠，以征
服所產生的阻抗。

對這個議題我持保留的態度，到底他是不是出於競爭的心
態，不同於他年輕時的企圖心，只想掌控大局。」（L I, 67）

兩次談到這點，這才提到這件事對他有多麼地重要。

希波利特在此與M.Z.有所區別……

接著便是哲學家希波利特對於語言在主體身上的起源所做的
報告，事後理所當然地成為講座系列的其中一篇，名為〈論述的
分析與自我的分析〉（Analyse du discours et analyse du moi）。

某種程度上，拉岡是要他的聽眾以及他的讀者，在嚴謹地拆
解文法與自我的分析兩者之間選邊站。這選擇也連帶影響在團體
或治療中，與他者的關係。

51-2　希波利特（Jean Hypolite 1907-1968），哲學家，專精黑格爾，譯有《精神現象學》，曾經是
　　　拉普朗西（Jean Laplanche）以及傅柯（Michel Foucault）的教授。

52-1　佛洛伊德，《否定》（*Die Verneinung*, 1925），在法文版的《佛洛伊德全集》（*Œuvres
　　　complètes*, t .17, Paris, PUF, 1992）中以「La negation」為篇名。

52-a　中譯註：négation為法文的否定，dénégation則有不承認有否定之實的意思。

安娜的錯

要證實講座是經由批評安娜‧佛洛伊德而往前邁進的，是有那麼點辛辣；攸關一個讓治療停滯的臨床片段，因為她犯了「……一下子將所有的事物，都擺在她與病患的兩人關係中看待。」

就拉岡的說法：「她應該懂得區分治療師的自我與病患的自我互相敵對的詮釋，跟對主體象徵結構之意義所做的詮釋兩者之間的差異，後者遠遠超越兩者實際的自我結構。」（L I, 78）　53

事實上，安娜‧佛洛伊德在文章裡「承認」，在那樣的配置裡，她也被弄糊塗了，直到她允許病患的回憶浮現出她謂稱的「摯愛的亡父」。

如果我們認同安娜‧佛洛伊德，藉著被分析者在敘述自己的歷史當中重新歸納父親，這樣的混亂就可以被平息，我們同樣會認為，在移情當中，或是說在分析的情境中，也出現了兩個女兒之間的競爭（安娜與他的病患）。

重新喚回亡父在佛洛伊德的經驗中是理所當然的，我們說過不只一次，拉岡的回歸佛洛伊德的計畫不也如此，甚至去強調佛洛伊德女兒在分析實作裡所犯的錯。

我們的假設是，拉岡在佛洛伊德女兒的實作當中，揪出她在亡父這議題上的失誤，除了讓讀者覺得理論著眼點的重要性這個細節之外，更能讓讀者明白，根據佛洛伊德的知識體系，在這個時空，這案例將分析師放在「事物本身」（chose même）的軌跡上；如果我們回溯拉岡對佛洛伊德的移情，只需翻開講座系列就能看到，拉岡批評佛洛伊德女兒的錯誤，就是這個移情的最佳寫照。

重新歸納亡父，並非重新歸納父親這個人，而是他的象徵價

值、他的話語、還有他的欲望。也就是作為分析師的佛洛伊德的
欲望。

召喚亡父

在講座，拉岡不僅讀、也聽安娜・佛洛伊德：

「從歷史的角度（她這麼寫），藉由取笑跟諷刺的防衛程序就
能解釋，我們的病患認同她死去的父親為了教育她學會自制，每
當她表現得很情緒化時就會嘲弄她一番，對摯愛亡父的回憶就固
著在情感的防衛方式。」（L I, 77）[53-1]

54　　拉岡又說，安娜・佛洛伊德將病患對她的攻擊詮釋為移情現
象，重新製造過去的生活情境，並非全然錯誤，只是把構成「無
意識中發生的」歷史情境那部分置之不理。

根據拉岡的看法，提到對已故父親的認同讓治療有所進展，
因為這認同賦予主體的無意識結構，以及象徵組織一個新的觀
點，也因而為陷入另一個自我（alter ego）以及想像區位（l'imagi-
naire）這兩造對立的停滯經驗找到出路。[54-1]

拉岡說這裡的關鍵點就是去了解，是怎麼樣的共識，讓分析
的協議與進展得以開始。打從第一次的會面，阻抗就是分析師的
職責，畢竟是他讓病患進到兩人的對立關係，使得潛抑繼續有
效。這個情境就不是佛洛伊德式的協議，反倒是，如果分析師為
佛洛伊德的欲望背書，那他勢必會置身於無意識材料的閱讀，這

53-1　拉岡引用安娜・佛洛伊德的這段文章，是從《自我以及防衛機轉》（*Le moi et les mécanismes de défense*, Anna Freud [1946], PUF, 2001, p. 37）中摘錄來的。

54-1　安娜・佛洛伊德寫到：「……深層的分析證實，嘲笑與諷刺本身並非移情的反應，跟分析
本身的情境也毫無關聯。」（p. 36, *op. cit.*）。接著，她指出了在移情中兩造對立這種概念的
侷限，這是她也知道，發生在她的實作之上的，這使得拉岡得以在其中釐清技巧所帶來的
「啟發」。

些材料他完全不解，「⋯⋯就像對寄宿在主體無意識的象徵排列組合那樣一無所知。」（L I, 79）

這裡的象徵排列組合構成了分析的首要挑戰，也可以這麼說，在這些「⋯⋯具結構、有組織的複雜情境，佛洛伊德用伊底帕斯情結給了我們最原初的模式與標準量尺。」（L I, 79）拉岡下了這個結論。

安娜・佛洛伊德在治療方針上忘了亡父的位置，就這個角度來看，像是一個雙重失誤（事實上並不僅一個）：

（一）錯在因為無法提供伊底帕斯整體的結構外殼，使得她病患的
　　　分析無法前進；

（二）錯在對立她自己的父親，因為同時身為分析師與女兒，有時
　　　會忘了「讓自己的話語跟他的同調」，這是根據拉岡之前曾
　　　經提到的超我邏輯，而根據這邏輯，（從父親口中說出的）55
　　　你「並不是一個信號（signal），只是對他者的參照，他者是
　　　命令，也是愛。」（L I, 9）

　　安娜忘了參照佛洛伊德的這個欲望，這個欲望對所有分析師指出無意識象徵結構的通路。

　　逮住佛洛伊德女兒在技巧中忘記亡父，拉岡並不是要為欠缺孝道（病人跟安娜都忘了亡父）而重申紀律，而是對冒犯精神分析之父以及他的話請命，他幾個月之前才說過「要對他（中譯註：指佛洛伊德）有信心」。[55-1]

　　要對佛洛伊德有信心，正因為他知道要把父親的死亡以及他的象徵功能擺在治療經驗的核心，而這就是「話語和愛」的功

55-1　拉岡，《官能症患者的個人神話》（*Le mythe individuel du névrosé*, 1953, *op. cit.*）；請同時參
　　　閱筆者的另一本書《拉岡與社會科學》（*op. cit.*）。

能。[55-2]

　　忘了被分析者的父親跟自己已故的父親，從那一刻開始，安娜‧佛洛伊德就把治療導向了敵對的競爭關係，這關係堵住通往由象徵組構而成的無意識路徑，其中排名第一的就是伊底帕斯情結。

　　藉由批評佛洛伊德女兒的臨床實作，拉岡重新喚起亡父的命令，作為分析師欲望的命令、他的整體理論、技巧以及所發現的，這麼一來，他讓自己成為最忠實的「兒子」；既沒有忘記亡父，也沒有忘記伊底帕斯，好像在說他並沒有忘記父親的欲望，縱使拉岡並不認同——像先前提過的那樣——佛洛伊德堅稱伊底帕斯是放諸四海皆然的觀點。

　　在1953年，拉岡視伊底帕斯情結為象徵圖示的「模型、標準量尺」，這圖示雖然尚未發展成熟，但仍舊是「主體、它（ça）與無意識的象徵的完成——就是自己本身，而非一系列未成形的衝動」的基礎。（L I, 79）

56　　拉岡重申另一種說法，無意識是由象徵形式組成的，伊底帕斯神話的結構能力是值得注意的——在對克萊恩個案的臨床報告所做的評論中有提到；[56-1]但是，對他而言，重要的是讓伊底帕斯神話具體成形的象徵功能，其重要性遠超過於這個神話仍具有的當下性。

　　從這個觀點看來，拉岡對佛洛伊德提倡伊底帕斯的普同性是有所保留的。

55-2　《官能症患者的個人神話》（*op. cit.*, p. 306-307）。

56-1　（L I, 81）在1954年二月十七日舉行的講座，莒莉倪（Gélinier）小姐報告由克萊恩分析的小狄克（Petit Dick）這個個案，見《精神分析文集》（*Essais de psychanalyse*, 1921-1945, Paris, Payot, 1968）。

從伊底帕斯情結到三位一體的想像、象徵與真實

拉岡認為主體主要是以象徵做統合，伊底帕斯情結不過是把鑰匙。

「確實是把鑰匙——是個過於簡化的鑰匙。我曾經提過，那裡很有可能是一整串鑰匙。或許有一天我會對你們舉辦一場會議，攸關原始部落的神話對我們揭示的——我不會說不夠原始的神話，因為它們絕不會不夠，甚至比我們知道的還更多。當我們讀到一則神話故事，比方說一則關於蘇丹民族的神話，我們會發現伊底帕斯情結對他們而言不過就是一則微不足道的笑話，是浩瀚神話裡的一個小細節。神話讓我們可以核對主體間一系列的關係是如何地豐富與繁複，這讓伊底帕斯看起來像是個極為簡略的版本，並不是在任何情況下都適用。

不過那又怎樣？身為分析師的我們，到目前為止都還算滿意。沒錯，人們不就是試著去進行一些編造，但會猶豫不決，不時覺得有夠彆扭，這都是因為總是搞不清楚想像、象徵以及真實這三個區位所造成的。」（L I, 101）

在講座系列第一冊中，拉岡重新提及對亡父的話語以及對象徵的需求，指出佛洛伊德所描繪的結構（伊底帕斯情結），只是一個更為龐大系統中的一個形態，與其確認這形式是不是普同性的情結，還不如看到它的象徵功能與規則。

我們會注意到拉岡在此講到象徵的情境並論及三個區位的變換，這裡清楚指出是想像的、象徵的還有真實的區位。

假使拉岡因而認同亡父，把亡父的話語與位置視為佛洛伊德知識之塔的鑰匙，在精神分析的領域裡推舉為象徵的功能，因此伊底帕斯的形態並非舉世皆然，而是它被賦予的象徵功能才具有

57

普同性。

對拉岡來說，伊底帕斯只是個象徵的情境。

從拉岡1938到1950年間的家庭情境這個議題，可以說是「伊底帕斯式的社會地位」，直到此時，為了精神分析的進步，提出一定要辨識主體在象徵區位中所佔的位置，這中間確實有個裂縫，以至於需要再次強調：

「精神分析所賭注的正是：在涵蓋所有人類關係領域的象徵關係規則裡，辨識出主體賦予自己什麼功能；在這人類關係領域裡，伊底帕斯情結是最根本的，替『性』的這一假定做了定奪。」（L I, 80）

伊底帕斯：象徵的殘餘

先行停留在人類學的邏輯，看到主體建構的進程當中有著社會進程的功能，我們會說，1953-1954年的拉岡觀點，伊底帕斯的主體或者現代的主體比較不具家庭遺留下來的影響（1938年的拉岡式的涂爾幹理論），神話殘根的影響相對於其他的象徵系統顯然弱多了，像是分析師所提到的蘇丹神話。[57-1] 對這個時期的拉岡而言，伊底帕斯的功能在現代僅能代表「單純的」象徵情境，這功

58

57-1　這個不明確的人類學參照引到一年後葛西歐（M. Griaule）的研究，1955年三月十五日的夜晚，拉岡參加了這場演講，隔天，在他的第二年講座系列談論這些名詞：「葛西歐昨晚的演講為你們帶來了什麼？……
　　　葛西歐直接暗指蘇丹民族有很重要的一部分接受了伊斯蘭教化，至今仍舊保有跟體系完全不一樣的宗教信仰，他們在這一方面的要求相當明確，比方說，要求別人教他們阿拉伯語，因為可蘭經用的是阿拉伯語。有個來自非常遙遠的習俗，依舊鮮明……不要以為蘇丹民族不值得一提……這些人的生活條件乍看之下相當艱苦，就文明與好壞的角度來說，相當地不穩定，但似乎在這個如此孤立的象徵功能中，他們找到了強大的依靠。人們花了相當的時間才能進到他們中間，跟他們溝通。當我們自己的位置跟主體面對面時，也是相似的情形。」（L 2, 193）。

能既不普遍，也不及神話來得豐富。

　　對他來說，無意識的主體比起伊底帕斯的主體，更像是神話系統的主體；無意識主體整體而言就是象徵系統，這說明了為什麼他以李維史陀社會科學的研究回歸佛洛伊德。

　　假使拉岡在公開場合以講座回歸佛洛伊德，並提醒所有的分析師要認同精神分析創始人的欲望——不是從他所認識的佛洛伊德這個人，而是從其著作辨識出的欲望——如我們先前提到的，他也同時測量由其他分析師提出的論點跟佛洛伊德理論之間的差異，但是我們也注意到1953-1954年間，在伊底帕斯這最重要的點上，他並沒有一直維持正統佛洛伊德的姿態，為了推崇象徵功能，他一直否定最關鍵的伊底帕斯普同性，仰賴無意識主體的結構。　59

　　這個象徵功能的概念是從法國人類學家的研究當中擷取出來的，如我們之前所說，先是他在1950年〈精神分析在犯罪學的功能〉（Fonction de la psychanalyse en criminologie）[59-1]一文中，曾提到毛斯（M. Mauss）的著作與概念。

　　在這篇文章當中，拉岡以毛斯提出的部分象徵（symbolisme parcellaire）與整體象徵（symbolisme complet）[59-a]之概念，重新檢

拉岡說，人類學家的研究將重點擺在被學者孤立的象徵功能所具有的能力，只不過這個功能似乎也將蘇丹民族與其他由人類學家製造的社會構造孤立出來，在群體的區位，像是一個文明的奇特密碼文，高興地期待著它的分析師。人類學者進行這方面的分析時，必須將他自己的西方認同擺在一旁，才能辨識出象徵功能在蘇丹文明核心的作用為何，就好像精神分析師須將自我擺在一旁，才有辦法將緊密連結的象徵解開，近一步理解被分析者的主體結構。

葛西歐（Marcel Griaule 1898-1956）在法國可說是位先驅者，以分析「原住民」種種活動奠定了人類學長期系統觀察的研究方法。任職法國索邦大學（la Sorbonne）人類學所長，也是法國聯盟（l'Union française）自1946年創辦以來的榮譽顧問，他最重要的研究領域為非洲尼日河河彎（la boucle du Niger）的多貢人（Dogons）。

59-1　拉岡與西奈的文章，〈精神分析在犯罪學的功能引論〉（1950年五月二十九日），收錄於《文集》（op. cit., p. 125-149）。

視精神病態（psychopathes）的臨床，不過他比較偏重象徵功能；主要影響他的是李維史陀為毛斯死後出版的《社會學與人類學》（*Sociologie et anthropologie*）所寫的導論。說主要，是因為我們認為拉岡在那裡找到了可以運用的理論，就在我們提及的父親的名字這區塊當中，重新使用這理論；同樣地，在這篇文章當中，這位人類學家對毛斯的問題論述帶來令人眼花撩亂的顛覆，認為毛斯要找到象徵的社會學理論是白費力氣，李維史陀對此做了個結論：「真正要找的是社會中象徵的起源。」[59-2]

李維史陀認定社會最重要的就是象徵功能，開啟了人類學的新氣象，「也就是說，一個可以同時理解所有行為之物理、生理以及精神層面的詮釋系統……」[59-3]

就這點，必須要強調的是，根據這位人類學家的看法，只有人類的心智活動，才能夠證明詮釋。

「確實，就意義而言，所有的心理現象都是一種社會現象，心智認同了社會，不過，另一層意義就完全相反：社會所顯示的，都是心智的；也就是說，如果我們不是以個體的意識活在機構的影響裡，我們就永遠無法確信是否曾經被它的意義與功能感染過。」[60-1]

59-a 中譯註：譯者在毛斯的書以及李維史陀的序言中，並未找到這種表達法。毛斯所謂的象徵，乃是針對涂爾幹將象徵的再現（la répresentation），作為外在客觀，代表社會事實，與個人意識的對立看法的深化與更正。毛斯則認為集體的心智與個人的意識，同樣都是象徵的，並沒有強弱與種類的不同，從而將象徵作為貫穿社會與個人的內在組成。
請參考《社會學與人類學》295頁，若有興趣可進一步參考卡聖提（Bruno Karsenti），《整體的人：毛斯的社會學、人類學與哲學》（*L'homme total. Sociologie, anthropologie et philosophie chez Marcel Mauss,* PUF, 1997）。

59-2 參照毛斯的《社會學與人類學》（*Sociologie et anthropologie*, Paris, PUF, 1950, p. XXII）這本書的前言。

59-3 *Ibid.*, p. XXV.

60-1 *Ibid.*, p. XXVI.

「心智與社會相混淆」會怎樣？[60-2]

不過就是兩者的象徵起源，或者，更貼切的說法，是李維史陀在他1949年文章當中所展開的**象徵效能**（l'efficacité symbolique）[60-3]所具備的歸納能力，而拉岡很快地就發現它的重要性。

我們現在要報告的就是這篇文章，因為我們在其中找到了阻抗、移情以及治療的理論，簡單說，必須牢牢記住「有關技巧的書寫」，以便了解拉岡在回歸佛洛伊德時對關於分析技巧的文章所做的閱讀。

II. 象徵效能：從安娜佛洛伊德到李維史陀

象徵效能是參酌李維史陀的概念，在拉岡的著作中被當成開場白，因為這位分析師在1949年七月十七日舉行的第十六屆國際精神分析大會中發表的文章——**如同精神分析的經驗所揭示，鏡像階段造就了「自我」這個功能**（Le stade du miroir comme formateur de la fonction du Je telle qu'elle nous est révélée dans l'expérience psychanalytique）——第一次引用這位人類學家的研究。[60-4]

比拉岡著手鏡像階段早先幾個月，李維史陀在蘇黎世歸納了象徵效能這概念，而拉岡在講授鏡像階段經驗中使用了一些帶點神祕色彩的說詞：「就原相（imago）而言，在我們日常生活經驗以及**象徵效能的陰影下**（la pénombre de l'éfficacité symbolique）（我們特別強調），我們有幸看到面紗底下之容貌的輪廓浮現，這視覺影

60-2　*Ibid.*, p. XXII.

60-3　李維史陀，〈象徵效能〉（L'efficacité symbolique），收錄於《宗教史期刊》（*Revue d'histoire des religions* [janvier-mars 1949]），t.135, n°1, p. 5-27），之後重新刊載於《結構人類學》（*Anthropologie structurale*, I, p. 205-226, Paris, Plon, 1958 et 1947）。

60-4　拉岡，〈鏡像階段〉（Le stade du moiroir 1949），收錄於《文集》（*op. cit.*, p.93-100）。

61　像（l'image spéculaire）猶如可見世界的唯一出口；如果我們能相信幻覺以及夢中出現之**本體原相**（l'imago du corps propre）在鏡中的配置，是這原形的個別輪廓，甚至是它的缺陷或是具體的投影；又或者，我們也注意到鏡子裝置在分身的出現（apparitions du double）所扮演的角色，呈現了原本是異質的內在真實（réalités psychiques）。」[61-1]

　　這般重新使用「**象徵效能**」，更確切地說，它的「**陰影**」，將原相擺在可見世界的出口，有一部分成了1953-1954年講座的拉岡式見解，他提出鏡像階段的新版本，與佛洛伊德在《夢的解析》提出的視覺配置（dispositif optique）[61-2]——稍後我們將提到——還有李維史陀提議對象徵功能的使用相呼應。

　　讓我們先看（在提到佛洛伊德之前）李維史陀在他的〈象徵效能〉這文章當中展開的理論，完全圍繞象徵的軸心，藉以區分巫醫（la cure chamanique）與醫療，並用前者比較佛洛伊德的經驗。

李維史陀對治療的看法

　　一開始，李維史陀突顯西方的醫療將疾病客觀因子（比方說細菌）的大環境跟病患的主觀世界切割開來，接著，反過來提出巫醫沒有類似的分割，按這位人類學家的看法，是這點使得巫醫成功，因為在讓神靈附身進行醫療的作法當中，疾病的起因（妖魔）跟病患主觀再現的世界都是相同的象徵材料。

　　這麼一來，就能使用象徵的作法解決病因。

61-1　*Op. cit.*, p. 95.

61-2　佛洛伊德，《夢的解析》（*L'interprétation des rêves*, Paris, PUF, 1967）。

疾病：符徵與符旨的關係

我們聽聽李維史陀是怎麼說的：

「……意識的或無意識的，妖魔與疾病的關係就是這精神的核心：是象徵與被象徵化之事物（chose symbolisée）的關係，或者，用語言學家的辭彙，是**符徵與符旨**（signifiant à signifié）（我們特別強調）的關係。巫師給他的病患一種語言，藉此病患可以馬上表達無可言喻也無從著手的狀態。藉由口語化的表達〔……〕讓生理程序得以解除，也就是說，以比較有利的意思，重組病患感到混亂的次序。」（*AS* I, 218）[62-1]

這位人類學家完美地呈現：巫醫詮釋的邏輯就是操控主體的象徵世界。而他在1949年期間（拉岡稍後才提到）就引用語言學家的研究來定位這個說法的範疇，那就是這裡所說的符徵。[62-2]

如果李維史陀是以科學的方式區別巫醫與西方的醫療，反過來說，他其實是以補充的方式讓這些名詞趨進精神分析的經驗：

「巫醫與精神分析都把仍隸屬無意識的衝突與阻抗帶到意識層面，這些可以是因著其他心理力量，或是——以分娩為例——因著自身本質，非關心理的、器質性的，或單純機械動力所造成的潛抑。這兩者都化解了衝突與阻抗，不是因為病患真正或以為慢慢得到的知識，而是因為這個知識讓一特定經驗被活化，在某個次序，以及某個層面，衝突被實踐，可以自由地開展，因而得以被解套。精神分析稱這經歷的經驗為**宣洩**（abréation）。我們都知道這需要分析師不具煽動的介入，在病患的衝突中藉由**移情**（我們特別強調）的雙重作用達到宣洩，是有血有肉的主角，在一對一的情

62

62-1 《結構人類學》（*Anthropologie structurale*, I, *op. cit.*, p. 218）。

62 2 「症狀是……被潛抑之符徵的符旨……」拉岡在1953年的《羅馬論述》（*Le Rapport de Rome, op. cit.*, p. 280）如是宣告。

境下，得以重新建構並闡明一個無法明確表達的起始狀態。

人們也可以在巫醫的治療中找到這些特性。」（*AS* I, 219）

根據李維史陀的說法，藉由詮釋帶來的符徵，並重組病患的象徵世界，得以讓阻抗在移情當中被移除。

63　　在閱讀佛洛伊德以及李維史陀後，拉岡如何在他的回歸佛洛伊德當中，給分析的概念一個簡潔有力的定義？

語言、阻抗、移情還有符徵詮釋這些概念的重要性在這位人類學家的著作中展露無遺，對拉岡的研究有也有舉足輕重的影響。

不過，李維史陀並沒有因而將巫醫與精神分析混而一談。

我們再次回到：「人們也可以在巫醫身上找到這些特性。

巫醫不也是喚起一段經驗，這經驗在主體可以控制的機制之外自己形成，自動自發地運行，以達到井然有序的功能。巫師也有著分析師的雙重角色；第一個角色——分析師像聽眾，巫師像演說者——馬上與意識（藉由無意識）建立關係〔……〕。患有官能症的病人面對真實的分析師，清償掉一段個人神話；印地安產婦認同了神祕調位的巫師，克服了真正的器質病變。這樣的對照並不能排除掉原本的差異〔……〕。事實上，巫醫治療可以說是精神分析治療的翻版，只是將所有的名詞對調。兩者都挑起一段經驗；兩者都成功地再造一個病患應當活在其中或重新活過的神話。只是，其中一方是病患藉由過往建構的個人神話，另一方則無關個人過往，是外來的社會神話……」（*AS* I, 220）

官能症患者的個人神話這概念（拉岡在1953年提出[63-1]）從1949年就開始出現在李維史陀的文章，被視為象徵形態，相對於

63-1 《官能症患者的個人神話》（*Le mythe individuel du névrosé, op. cit.*）。

以巫術治療時病患所領受的社會神話，它在分析經驗的立場當中
是反過來的。

這是因為這兩種治療的詮釋相對於症狀，都隸屬於相同的象
徵組織，在兩種情形下，都具有各自的有效性。

接下來是李維史陀閱讀的一篇文章，由瑟希海[64-1]女士講述一　64
位精神分裂患者的治療。

這位人類學家確信：「象徵效能擔保神話與操作兩條平行線
之間的協調〔……〕。在精神分析的治療當中，醫師完成操作，病
患製造神話；在巫術治療當中，巫醫提供神話，病患完成操作。」
（*AS* I, 222）根據李維史陀，巫醫療法如同精神分析的經驗，操作
（詮釋、修改）與神話的形成以交響樂般的和諧運作著，但是在醫
師與病人間依據不同的操作形式，這兩者是以相反的方式分布。
在精神分裂病患的分析裡，我們注意到，神話的產生是依據這個
邏輯來到病患身上，所以對李維史陀來說，神話的產生看起來像
是主體最重要的進步。我們也注意到，這程式比拉岡後來所展開
的更早，我們將會在第三章看到，拉岡圍繞著象徵的建構，對於
父親功能不足而強化的恐慌結構以及妄想的形成，有著補足的價
值。[64-2]

這位人類學家補充說明，操作象徵也可以改變器官。象徵效
能正是在他筆下找到它的特異性，是一種讓生命不同的物質與階
段可以互通的歸納特質（propriété inductrice）：

64-1　瑟希海（Marguerite Sechehaye 1887-1964），專門治療精神分裂的瑞士專家，創立「象徵的
　　　實現」（la réalisation symbolique）這方法。曾經出版《一個精神分裂病患的日記》（*Le
　　　journal d'une schizophrène*, Paris, PUF, 1950），述說一位由她分析並收養，後來也成為分析師
　　　的年輕女性。
64-2　參考本書第二章。

「（不管是巫醫或是精神分析的治療）每次都會誘發器質性的轉變，主要是關於結構的重組，讓病患強烈地活在一個神話，時而接收、時而製造；我們想要在無意識精神狀態裡找出與這結構類同的身體層級構造。象徵效能擁有的正是這種『歸納特質』，讓形式上65 相似的結構，用不同的物質，在生物不同的階段可以被建造：器質性的活動、無意識的內在精神、深思熟慮的想法。」（AS I, 223）。

根據李維史陀，象徵效能是由構成生物體結構的對應物，以及接合兩者的歸納原則（principe d'induction），從中推演而來的。

在此，根據這位人類學家，象徵性詮釋的效能，甚至是所有象徵的改寫或是發明帶來的力量，還有科學的支撐，都成了他賦予韓波理想（l'idéal rimbaldien）[65-a]的驚人手法：「詩的隱喻給這歸納程序一個家喻戶曉的例子；但是它的慣用的手法只能侷限在內在心靈。我們也見識到韓波式直覺的重要性，它可以改變世界。」（AS I, 223）。

這歸納價值給了象徵效能它的效力與地位，讓精神分析詮釋的價值可以自然而然地被思考，改寫的不只是用來推論主體跟他的症狀的象徵結構，這歸納價值成了可以將象徵事件推演為器質性改變，或者相反（由器質到象徵）的模式。李維史陀再次確認理解對象（器質或象徵）以及實作（巫醫或精神分析）之詮釋方式的啟發價值，一心期盼精神分析帶來有辯證價值的嶄新顛覆，切入重點，因為它不折不扣地切入「無意識」的基本觀念：「與精神分析的比較讓我們可以澄清巫醫的某些面向，說不定反過

65-a　中譯註：韓波（Arthur Rimbaud 1854-1891）法國文豪，雨果眼中的「嬰兒莎士比亞」，他對當代文學、音樂與藝術有著深遠而廣泛的影響，他認為詩人像是個通靈者，藉由語言的象徵操作，達到「不可知」的無意識。

來，對巫醫進行的研究也會在某一天澄清了佛洛伊德那些晦澀難懂的理論，特別是神話以及無意識的概念。

在官能症的生理基質被發現後，這兩種方式間倖存的唯一差別就是神話的起源，在一方是被找到的個人**寶藏**，在另一方則是集體傳統（tradition collective）的承繼。」（*AS* I, 223）

李維史陀處理的是真正的無意識理論，是無意識以及無意識 66 如何在個體內形成的理論，像是官能症患者的個人神話，找到了神話（或者症狀）的起源，像是找到了寶藏。什麼樣的寶藏？說清楚些，就是擺在大寫他者（l'Autre）結構裡的寶藏，被官能症患者找到，也就是符徵（signifiant）的寶藏，由拉岡將它發揚光大。[66-1]

李維史陀這篇文章到底是寫給誰看的？

當然是給人類學家啊，不過肯定也是寫給分析師們看的，順著他下筆的思緒，分別指出分析師們對他無意識理論的阻抗，並以病患真正遇到的創傷歷史來爭辯。

「比較合理的問法為：是回想起之情境的真實性帶來了治療中的療癒價值，還是說這些情境只有在出現的時刻才會造成創傷，而主體只是以過去的神話作為當下的表達。這裡我們理解到，任一個情境的創傷潛能不是情境的本質造成的，而是某些事件在歷史與社會都適合的心理背景下發生，誘使情感在一存在的結構模型中結晶。這些結構跟事件或軼事的關係──更確切地說，結構的法則，都只是暫時的〔……〕這些結構的總合就構成了我們所說的無意識。」（*AS* I, 223-224）

66-1 「……這個他者基本上就是象徵的位置，大寫他者（l'Autre）不過就是儲藏寶藏的地方，也可說是接收句子，乃至保有固有想法，若沒有這些位置，心靈符號就失去其價值與作用……大寫他者，正是作為符徵位置的人壽心者。」（J. Lacan, *in* L V, 116-117）

　　拉岡很確切地在1961年五月二十四日引用這論點，說明他對此堅信不已，也就是說，在十年之後，信服於這位人類學家，把無意識理論依據的神話與創傷接合。

　　拉岡在1961年說了些什麼？

　　「神話是被創造出來的形像（figure），可被講述，但不是用語言，而是被語言左右的主體——在文字遊戲中——所隱含的，更顯複雜。主體與任一符徵的關聯中，自行產生形像，驗證重複交錯的點，比方說我試著要畫出來的圖像……這圖像、這形狀、這些定位點，還有對事實的關注，讓我們可以跟我們的成長經驗，也就是**創傷的真正功能**（我們特別強調）言歸於好。創傷並非單單只是一個將想像的完好結構破壞或是使之斷裂的始作俑者，這只能被用在一些自戀的論點；創傷，是處於這結構一定位置的某些事件，在佔據這位置的同時，這些事件有了符徵的重要性，與被界定的主體相扣，就這樣，讓事件有了創傷的本質，在此，回到神話的經驗是有意思的。」（L VIII, 380）

　　這讓拉岡可以在1961年審視這些被歷史塵封的神話，就他的說法，這些神話指向西方人類的無意識命運，甚至提供他們症狀象徵式的座標：伊底帕斯、哈姆雷特以及克婁岱（Paul Claudel）的神話，拉岡識破孤風庭三部曲（la trilogie des Coûfontaine）之第三部**羞辱的父親**（père humilié）中被推向極致的面容，這些我們讀者都不陌生，因為在前面我們已經廣泛地討論過，像是拉岡在1938年別具個人風采的診斷：父親功能衰落的形像造成了**現代的巨大官能症**。

　　從1949年「象徵效能」這篇文章，我們不得不接受，無意識的結構學定義已經為李維史陀和拉岡而誕生了，並超越了所有無

67

意識的心理學定義以及難以表述的內容。

我們將舉出，為了這個無意識的定義，李維史陀在接受大師佛洛伊德文章的教導後，不斷地提問，因而有了激進的評論。[67-1]

我們真正看到了拉岡藉由李維史陀重讀佛洛伊德的方式，或是說，重新盤點李維史陀著作提供的方法學、知識錦囊或百寶 68 箱，在關鍵時刻，讓拉岡跟這位人類學家的關係，在他的回歸佛洛伊德中，因著無意識的理論，在李維史陀評論佛洛伊德的當下，必須替自己定位。

這才是我們研究引人入勝的地方。

李維史陀以及佛洛伊德的無意識：
社會的以及個人的

要把李維史陀無意識的理論想成是拉岡閱讀佛洛伊德的工具，就必須領悟到，李維史陀拋開他自以為對佛洛伊德無意識理論的理解，揭露一段難以明白闡述的過程，用象徵功能的規則取代製造無意識的操作。

我們先聽聽李維史陀在1949年對無意識的新定義：

「無意識不再是個體特質見不得人的避難所，一特定故事的收納櫃，讓每一個人都無可被取代。它化約成一個名詞，被我們指派一個功能：象徵功能，毫無疑問是人類特有的，如果所有的人類都遵循這個法則運作；到底是什麼讓這個法則不斷運行？」（*AS* I, 223）。

四年後拉岡證實：

67-1　這部分請參閱德里歐（Alain Delrieu）的著作《李維史陀作為佛洛伊德的讀者：權力、亂倫、父親以及女性的交換》（*Lévi-Strauss lecteur de Freud: le droit, l'inceste,le père et l'échange des femmes*, Paris, Anthropos, 1999）。

（一）「精神分析所賭注的正是：在涵蓋所有人類關係領域的象徵
　　　關係規則裡，辨識出主體賦予自己什麼功能」（L I, 80），以及
（二）這個主體「**在它的獨特性當中被找著**，指的是什麼？這裡的
　　　重點是，對主體而言，精神分析的旨趣、精髓、根基、它的
　　　本質就是主體重新內化自己的歷史，直到感官的最後極限，
　　　也就是說，遠遠超過個體層面的限制〔……〕。這個層面所
　　　揭示的，正是佛洛伊德在每個個案中強調以技巧克服的重
　　　點，也就是我所說的歷史情境。」（L I, 18-19）

69　　　　讀過1953-1954的拉岡跟1949年的李維史陀，我們很自然地
在這兩位作者的身上發現，無意識的形成遠遠超過個人的歷史。
不論是李維史陀或是拉岡，都認同是象徵的結構組成了無意識，
必要的時候給予主體的歷史情境應有的創傷特性。

　　　所以，李維史陀指出，面對每則登錄於生命中的銘文（以及
對銘文的辨識），勢必要找出事件存放的地點，雖然這些事件以某
種辭彙（lexique）儲存，雖然並非無意識但卻與無意識維持著一種
關係，就像語詞（vocabulaire）跟論述法則（lois du discours）的關
係那樣。

　　　「……看起來有必要界定無意識與前意識的差異，且要比當今
心理學慣用的手法更加明確。因為前意識承載各個生命的回憶與
收集的影像，成為記憶的單純面向；在證實記憶永久性的當下，
遇見自己的限制，因為前意識這名詞跟事件的回憶有關，雖然被
保存了下來，卻無法任意使用。反之，無意識一直都是空空的；
更貼切的形容，無意識對影像就跟胃腸對經過的食物一樣陌生。
它是一個有著特殊功能的器官，耗盡自己的真實性，只會對來自
其他地方的不明元素執行結構法則：驅力、情感、再現、回憶。

因此，我們可以說前意識是個人的辭彙庫（lexique），累積著我們自己歷史的語詞（vocabulaire），只是這些名詞對我們或對他人並不具意義，端賴無意識如何依著它的法則組織這些語詞，將它們轉換成論述。」（*AS* I, 224-225）

李維史陀在這點上相當明確，要求以無意識法則去分析主體症狀的特異性，看到無意識是如何將主體的生活事件轉為論述，或將這些事件變為症狀。

「因為這些法則不論在什麼狀態下，對任一個體，其作用都是不變的，讓上一段落提到的問題得以迎刃而解。名詞不及結構重要，不管是被主體重新創造或是跟傳統借用的，神話就只會從個人或集體的源頭（在這些當中不間斷地自行產生詮釋與交流）擷取要使用的影像材料；但是結構不變，象徵功能因而得以實踐。70

補充說明，這結構對所有的人、對實行時所使用的素材都是一樣的，只是這些素材的量算是龐大，乃至於我們可以體認到為什麼象徵世界的內容可以如此地千變萬化，但都侷限於這些結構法則。就好像這世上有許多的語言，但通用的語音法則卻寥寥可數一樣。耳熟能詳的故事書或神話文集堆積如山，但我們卻可以將它們簡化成幾種型態，在不同的角色背後，讓一些基本的功能浮出檯面；至於那些情結、個人神話，也可以導向幾種型態，成為千百種個案的模型。

有鑒於巫醫不分析他病患的事實，我們的結論是，被某些人當成精神分析治療的尋找失落時光之鑰，不過是一種方法的基本形式（其價值與效果不容小覷），其定義無需追溯個人或集體神話，因為神話的**模式**（forme）更勝於講述的內容，至少分析民間故事是這麼教導我們的，但，我們都知道，就另一層意義來看，

所有的神話都在找尋遺失的時光。當機械文明（la civilisation mécanique），同樣地，人類自身，都不再給神話位置時，巫醫技巧的當代形式——精神分析，在此取得它的特殊性。精神分析的有效性在這驗證中被確立，並以這些廣為使用的操作（巫醫與魔法）質疑自己的方法，期待理論更深化，更加了解自己之所以有效的機制。（*AS* I, 225-226）

依循這邏輯，官能症可以被詮釋為一種神話建構。

71　　　換個說法，主體因著社會共享之象徵組合的普遍性，在自身獨特歷史或在神話（或象徵）銘文中尋求定位形式時遭遇困難阻礙，為了有所反應，因而製造出症狀、情結，讓官能症患者有了自己的神話結構，這就是主體在造就他的象徵情境（他的主觀世界）陷入窘境的個人版本。

這裡，李維史陀的論點辨識出官能症患者身上，個人神話與社會共享之神話建構相當嚴謹的互補關係。

拉岡在1953年為這觀點背書，將強迫官能症（névrose obsessionnelle）描述為**官能症患者的個人神話**。

我們有必要強調，李維史陀這些重要文章可以在拉岡重新閱讀佛洛伊德的書寫中被找著？

現在我們以非常概略的方式指出，在他的回歸佛洛伊德，拉岡使用李維史陀象徵功能這理論的不同角度來解決他那時期所面臨的問題，就是如何銜接想像、象徵、以及真實這三個次序。這問題確實令他相當困擾，想像區位轉向象徵區位的重要時刻令他全神貫注。

如先前所說，1949年會議發表的「鏡像階段」（Stade du miroir）就指出，有個神祕的「象徵效能的陰影」，在可見世界的

入口，包覆視覺影像。此時拉岡要提出的就是這個陰影，用以明白呈現主體結構正是鏡像階段中的想像（看到的）與象徵功能——更確切的說法，李維史陀所謂的象徵效能——之間的縫合（capi-tonnage）。

1953年，不再滿足於用鏡像階段的理論理解主體的原初認同（identifications originaires），拉岡以李維史陀的象徵效能做基礎，進行理論的修改。如果說他的回歸佛洛伊德一開始是矯正對佛洛伊德欲望的移情，那麼修改過的理論，意謂著鏡像階段的新版本，這版本並不排除精神分析的亡父或他的話語，是圖騰或是象徵的父親，讓鏡像階段的經驗擺盪到他在這時提出的倒置花束（bouquet renversé）。 72

要清楚知道從鏡像階段擺盪到倒置花束，是對理論進行的修正。拉岡在提出李維史陀的象徵效能時找到根基，後者的研究滲透到拉岡的移情匡正。也正是重拾象徵功能的概念，這位分析師區分了他與佛洛伊德對伊底帕斯的操作，從此壁壘分明。

最後要強調的是，先前的工作讓我們看到，倒置花束經驗是鏡像階段的新版本，其手法不過只是重新思考主體結構的起源以及從自然進展到文化的歷程。這回歸所顯示的，是拉岡追尋與李維史陀對話，像是追尋著謎中之謎般地。

III.從鏡像階段到倒置花束

從鏡像階段到花束：拉岡、佛洛伊德以及李維史陀

一開始，拉岡的回歸佛洛伊德是藉由、並經由伊底帕斯進行。只是現在他要用連貫想像、象徵、真實這三個區位的結，來

研讀伊底帕斯神話的結構功能。也就是說，拉岡並不認為只靠達成伊底帕斯任務就能帶來主體的成熟，而是，在這個結構當中，伊底帕斯神話實踐了一個可能性。

「少了這三個系統作為參考，根本無法理解佛洛伊德的技巧跟經驗。」（L I, 87）

73　　「自此，所有的問題就成了象徵與想像的接合，從而構成真實。」（L I, 88）

拉岡解釋，為了找到這個接合點，他「策劃了一個小小的模型，取代鏡像階段」（L I, 88），讀過拉岡的人都知道，這個裝置就是「倒置花束」。

拉岡認為佛洛伊德的原初認同（premières identifications）的理論是不足的，從1936年開始，就試圖以「鏡像階段」來解決，而新的模型則嘗試要更精準。[73-1]

這麼一來，拉岡有了個使命，要讓原始認同（l'identification souche）的理論更完善，包括他的超我（比自我更早成形）、更廣義的鏡像階段，還有我們上一段所說，他所謂的從自然到文化這歷程的人類學之謎。

據拉岡的說法，無意識主體的建構不能只用鏡像階段或伊底帕斯，而是要用以李維史陀之象徵功能「重讀」的鏡像階段，還有新的視覺配置來理解。後者的科學性來自佛洛伊德的《夢的解析》。

我們研讀過李維史陀的〈象徵效能〉，現在讓我們來研讀拉岡藉由李維史陀弄懂臨床精神分析的方式，以及經由《夢的解析》時期的佛洛伊德的方法，好讓我們可以進展到當時對鏡像階段的重新編彙以及對視覺裝置的衍生。

別忘了，在《夢的解析》中，佛洛伊德將製造內在心理的器具跟複雜的顯微鏡、光學器材做比較。

在1954年二月二十四日的課堂中，拉岡指出：

「為了讓你們更清楚些，我為你們裝置了一個小小模型，取代鏡像階段〔……〕。讓視覺也有話可說。關於這點，我對大師的傳統沒有異議——在《夢的解析》〈夢程心理學〉（Psychologie des processus du rêve）這章，你們當中不只一個人注意到佛洛伊德的知名圖示，他在圖中放入所有無意識程序〔……〕。我就照著《夢的解析》裡所說的唸給你們聽。」（L I, 88-89）

拉岡順著佛洛伊德的文章接下去：

「……**臨到我們的想法來自於一個內在精神處所——**」他所說的正是內在現實的範疇，也就是說，發生在感知（perception）與自我察覺動作（la conscience motrice du moi）之間所有的事。就此和解剖位置的概念區分開，讓我們停留在心理學的面向，嘗試把製造內在心理的器具當作照相器材的複雜顯微鏡。內在心理處所對應到的，是儀器形成影像的那一點。」[73-2]（L I, 89）

在繼續評論伊底帕斯的普同性時，拉岡根據邏輯提出解決方案，將伊底帕斯的結構能力（即想像、真實、象徵）納入其中，拉岡以《夢的解析》期間的佛洛伊德的權威性著手，修繕倒置花束這個新圖示，他認為這個新圖示比較能夠代表無意識的主體性（L I, 90, 91, 92）。

關於視覺，他確切地說：

「為了產生視覺，在真實空間的所有點中，必須要有一點，唯

73-1　請參照《拉岡與社會科學》。

73-2　這裡拉岡重讀《夢的解析》中的佛洛伊德，參見該書455頁。

一的一點，能與另一個空間（也就是想像空間）相對應。這是最基本的結構性假設〔……〕。沒有這個假設，任何公式都無法成立，沒有事物可被象徵化。」（L I, 90）

想像、象徵、真實這三個區位接合在一起。

「為了產生視覺」，是沒錯，不過是為了有個主體？讓我們看看這個圖示：

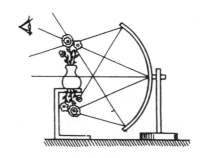

75　　在「倒置花束」[75-1]這個新裝置，花瓶的影像等同於「鏡像階段」中鏡子裡的身體影像。

在區分（花瓶的）影像與（花束的）真實之際，這個視覺模型同時體現了自我如何臨到想像區位，即便在鏡子，客體與身體影像是一體的，然而真實跟想像的欲望客體是不一樣的。

也就是說，這個裝置讓我們可以定位「哪些是屬於自我的，哪些不是。好，就把身體影像當成這圖示中裝有真實花束的想像花瓶，這裡我們可以再現自我誕生以前（我們特別強調）的主體，以及自我是如何出現的。」（L I, 94）

拉岡重申，主體在自我之先──毅然而然地與發展心理學劃分

75-1　倒置的花束在這視覺模型中，有關人的典型、理想，請參照米勒（J.-A. Miller）的文章，收錄於《文集》，904和905頁。

界線——因著這個新的裝置，他不僅再次提到最初首要的認同（l'identification primordiale），也就是（我們在前一本書所研讀的）原始影像（l'image souche）的問題，在此，自我這層包覆的出現，辯證地納入真實；不過他也指出，這辯證得要雙眼處在適當位置下才能運作。

依照這個邏輯，想像與真實裡裡外外相互象徵化，催促或要求象徵的辨別功能繼續維持下去。

在這個裝置，眼睛是主體的表徵，不過要注意，為了要讓這個結可以正確地運作，據拉岡的說法，眼睛必須要擺在適當的位置。眼睛或主體的「……情境〔……〕主要藉由它們在象徵世界、或話語的世界的位置，有了特性。」（L I, 95）

在這個邏輯下，「主體只有融入象徵系統，藉由真實的話語，身體力行，方才得以好好發展。」（L I, 101）

如果這些是拉岡（在佛洛伊德之後）以視覺法則提出內在心理結構的新模型，無法避免地，這三個區位的結（IRS）必然受限 76 於裝置中眼睛的位置；就如同決定主體在象徵的位置，必定受限於這位置是否能將想像連結至真實（身體影像對真實的欲望或衝動）的內外論證。

如果對視覺法則的參照是承襲佛洛伊德，那麼象徵功能的效力則是來自李維史陀，這我們提過，且跟「臨床」有絕對的關係，因為一旦這論證失效，主體就無法分辨哪些是他自己的，哪些不是。

我們可以說自我的出現之所以不會毫無瑕疵，都是因為主體在象徵的位置出了差錯。

因而，所有的臨床重點都應該導向分析當中主體的位置，特

別是主體只能用有限的字，像是拉岡講座中由列芙（Rosine Lefort）女士報告的個案小羅伯特。

羅伯特像是只能用他「能說」的「女士！狼！」（Madame! Le loup!）與話語連結。

在看到列芙如何使用這個視覺理論模型之前，我們注意到，拉岡先是小心翼翼地用這個模型，分析他與他弟子在分析運動中所處的位置。

與鏡子、佛洛伊德保持的適度距離

我們還記得，拉岡利用佛洛伊德的權威，由華倫（Wallon）的鏡像經驗過渡到倒置花束，[76-1]並特別指出原始形像能夠出現的前提是，眼睛與鏡子要有適當的距離，這形像才能好好運作。

眼睛還是主體的隱喻。

拉岡對他的聽眾表明他評論的野心：

「藉由我們的對話，你們或許終能悉知主控我們評論（例如我們的分析的）企圖的，就是我們想要重新思考關於精神分析經驗之重要文章的野心。我們深究的精神就是以下的理念——看得最清楚的經驗，一向都有最佳的距離。為了理解精神分析的經驗，我們並不訝異就是此時此地，這裡（我們特別強調），我們再次被引領到這個出發點，精神分析最當下的主題，就是象徵效能，又或者跟我們日常用語一樣的東西——話語的功能。

分析經驗最中心的地帶，在佛洛伊德的文章中比比皆是，雖不曾予以命名，卻總是耳提面命。我不想強辯，說佛洛伊德的任

76-1　參考波瑟（H. Bouasse）的經驗，見多爾（J. Dor）所著的《閱讀拉岡的引論》（*Introduction à la lecture de Lacan*, Paris, Denoël, 1992, p. 49 et sq.）。

一篇文章都可以用幾近代數的方式，進行及時翻譯，並且這樣的翻譯解決了許多悖論。畢竟佛洛伊德自己也勇於承認，一篇文章不可能像是一個封閉的系統那樣地完整。」（L I, 105）

　　拉岡自以為得到佛洛伊德的授權，輪到他發展一個視覺經驗作為主體結構的「隱喻」；為了做臨床報告將它傳授給他的學生是一回事，但是拉岡做的顯然不只這些，因為他向他的聽眾詳細說明他們在花束經驗的位置；更絕的是，他也使用這個花束經驗說明他自己在精神分析運動的位置。

　　根據他的說法，他跟佛洛伊德的位置保持著適度的距離，正因如此（不同於英美的信徒），他可以翻譯佛洛伊德的文章，並解決那些悖論，不像父親那樣，只是誠摯地用勇於承認錯誤來擺脫，卻又擺脫不掉。

　　依據他對移情位置的分析，這是因為他與佛洛伊德保持著適度距離，而後者相當誠實，留下未有定論、尚未封閉思考的文章——對這文章他必須做分析師該做的（也就是翻譯）。拉岡可以舉出佛洛伊德的悖論；同樣地，佛洛伊德本人的症狀也跟著精神分析一起被傳染出去，在分析師的臨床行為可能還持續作用著。

　　分析本末倒置；拉岡的評論變成了拉岡對佛洛伊德的分析。在提出欲望歸屬（l'imputation du désir）的問題之前，人們可以說這一點都不重要，因為拉岡要說的是被佛洛伊德附身後分析師的 78 欲望，超越佛洛伊德或拉岡的欲望，是關於分析師的欲望。拉岡想要把它弄明白。

　　如果拉岡想要翻譯佛洛伊德那些如同症狀的悖論，先決條件是他跟佛洛伊德的距離要剛剛好，並且把這位創始人的誠實視為全面性的，才能在當中找到解釋症狀的系統。這個完整的系統不

是別的，正是象徵系統。這系統讓他終於可以說佛洛伊德悖論的關鍵就是象徵功能，也是話語的功能（跟它的法則）。拉岡在這裡既是佛洛伊德主義，同時也是李維史陀主義。

錯誤的距離並停滯在想像區位

為何拉岡認為他跟佛洛伊德有適度距離？

特別的是，他並沒有做錯，也就是說，並不像安娜一樣「忘了」：

（一）亡父，甚至自己的父親，以及

（二）佛洛伊德作為分析師的欲望，跟由佛洛伊德發現並指出亡父如同象徵功能的關鍵點。

忘記這個，就是忘記佛洛伊德，並且忘記分析經驗中的象徵功能。

在經驗中重新歸納死亡跟亡父的功能，拉岡證實了他與佛洛伊德有著適度距離，可以拆解佛洛伊德話語的悖論，找出——象徵功能的——關鍵，並提醒分析師們，在分析經驗中，合宜操作話語功能的義務。

這同時喚起亡父欲望的命令，指的是佛洛伊德的話語，極為簡短的話語，像是精神分析的理想或是超我的規範，甚至是對這些要有正確的「佛洛伊德式」用法。

拉岡指出，為了要能實行這正確用法，還要有對於話語功能「一模一樣之象徵功能」的正確概念（L I, 105）。

如果他可以將讓他走在正統佛洛伊德路線的功勞歸功於這功能，那還多虧了李維史陀，以及更廣義的，整個法國人類學的著

79

作。

就像我們看到的，縱使是最臨床的狀態，拉岡都知道如何在一象徵系統內調動字詞的位置，全然拋棄與他漸行漸遠的、以家庭領域所作的詮釋。

當時他說，要將佛洛伊德經驗的概念重新擺在做法上，才能理解，同時也必須要，根據他自己的說詞，「從象徵功能」或「話語功能」出發。

讓我們看看這是怎麼來的：

（一）從羅伯特的臨床經驗；
（二）從鏡像階段過渡到倒置花束；這純粹理論的擺盪起始於不具話語的、全然中的影像，想像（1936-1942年的鏡像階段）到主體成熟的每個關鍵時刻，想像與象徵建立連結的理論（鏡像理論加上李維史陀象徵功能的理論）。

先從羅伯特出發，當象徵功能主體擺在他無法看到自己影像的位置，也就是說，當主體處在象徵功能幾乎不能執行的位置時，我們看到了什麼。

狼：是母親還是圖騰？女士！狼！

在拉岡對他跟佛洛伊德所做的定位，也就是他對佛洛伊德的移情之後（我們剛剛指出過），列芙女士接著發言，依據拉岡「倒置花束」經驗的邏輯，展開對羅伯特的分析，尤其是針對孩童苦苦承受之「自我的匱乏」（carence moïque），進行理論的接合。

接著插入一段列芙與希波利特的對話，問及狼這個字的意義。

83

列芙自然是分析狼的形像，當它是吞噬的母親原相（l'imago maternelle dévorante）的承襲者。

拉岡在此介入，並不是要大家信服這個想法，只是要在象徵系統中為狼重新找到位置，並從這裡重整個案的閱讀：

「狼自然帶來種種象徵問題：這並不是一種可以被界定的功能，但我們卻被迫在一個普遍被接受的象徵中，找出這功能的源頭。」（L I, 118）

拉岡跳脫「家庭式」的詮釋，不把狼視為「吞噬的母親」形像，將重點放在狼在廣義象徵系統的位置：圖騰的人類學位置。

聽聽看拉岡怎麼說：

「為什麼會是狼？在我們的地域裡，狼並不是眾所悉知的故事人物。牠在這裡被選上，並造成影響的事實，在神話、民間故事，或宗教，或原始的層次，將我們直接連結到更深層的功能。狼被繫在一親屬關係上，這關係讓我們有了祕密社群，這社群的入社儀式就是選定一個圖騰（我們特別強調），也就是認同一重要人物。」（L I, 118）

從「吞噬的母親」到圖騰的問題，我們看到拉岡對狼這形像進行精神分析詮釋的開場白中，有他對亡父（圖騰）的關注，就好像他對社會連結（lien social）以及象徵功能的關注。

拉岡對「狼」的詮釋中，將母親的形像矯正為亡父，向主體宣告，認同狼的人類學形像是「神聖」儀式的延伸，全然是佛洛伊德版本的理想或超我。

拉岡指出，他接下來會明確定義並區分主體結構中的這兩個層級（deux instances）[80-a]。

圖騰、超我、移情中的自我理想

「超我是約束，自我理想令人激昂。這些都被漸漸遺忘了，因為從這個名詞到那個名詞，兩者好像成了同義詞（synonyme）。有鑒於移情的關係，這問題值得一談。當我們想要了解治療行為的要素時，有時我們會說主體以他的自我理想，或是反過來，以他的超我認同分析師，在同一文本的呈現過程中，以這個取代那個，沒有對當中的差異多做解釋。

顯然我得去檢視超我的問題。我會這麼說：我們總是毫無節制地使用這個盲目的、神祕的名詞、關鍵字、偶像；超我與自我理想的區分主要是被放在話語的象徵層面。

超我是個命令。就像我們用作正面的意義顯示的那樣，超我跟律法的範疇與概念是一致的，也就是說，在整個語言系統中，定義了身為一個人的處境，也就是說他不只是生物性的個體。」（L I, 118-119）

在這個臨床片段，狼像是話語的殘骸，體現了拉岡稱之為語言的功能「將孩童連接至人類群體」（L I, 119）。

據拉岡的說法，還有在兒童的治療中，這「一個律法的精髓」允許「一個相當特別的作法，當他說出自己名字的當下，以撼動人心的洗禮完成。在那裡，我們用手指觸碰到人類跟語言基本關係形式中最濃縮的那一點，叫人感動不已。」（L I, 119）

拉岡以情感為支撐，給了賦予這孩童生命的唯一話語強大的作用。這話語是超我律法的圖騰式表述，應允個案自己受洗這轉折，藉此主體經驗了他身體的表面，以不太穩定但有效的方式讓他的自我出現。這話語是符徵寶藏中最精簡（卻也是最珍貴）的

80-a　中譯註：這裡指的兩個層級是超我與自我理想。

片段，讓主體可以（帶有宗教意味地）連結到人類群體。

拉岡捨棄以吞噬母親的題材詮釋狼，就是要提醒他的弟子們，賦予主體生命的圖騰式話語殘骸，包含了近乎神聖的豐富性。那就是在分析「狼小孩」（l'enfant loup）的實作中父親的功能，又好像他自己跟佛洛伊德分析的移情關係裡，他讓大家看到了圖騰的豐厚。

從這講座中，人們看到拉岡思考的行進路線。

穩固地裝載他虧欠人類學家的象徵功能，拉岡投入分析的雙重運動：

（一）分析的技巧，以及

（二）對佛洛伊德的移情，解釋在這方面缺失導致的操作錯誤。

要效尤拉岡與佛洛伊德的適度距離，也就是根據父親的功能，才會有更多的分析師讓自己被亡父的欲望帶著走，解開他們的症狀與悖論，最後準備好承認，象徵功能與話語功能在主體經由移情的建構過程中，占有決定性的地位。

少了與佛洛伊德的適度距離，看到的會是朦朧不清，就像以想像區位為主的英美式操作，陷入死胡同的兩人對立，從而迷失方向。少了適度距離，就看不到拉岡的佛洛伊德承傳，他的超我規範、他的理想、他的圖騰：佛洛伊德。

無可避免地，就會陷入想像區位。

精神分析的進展有著佛洛伊德教導的廣度，不過它的發展還多虧了人類學深奧的象徵功能，也就是拉岡從李維史陀那裡取得的，這讓他可以在個案的分析中放入父親功能，在狼的詮釋，幾乎是以隱喻的方式取代了母親的吞噬性，導向他圖騰的、父親的

豐饒。

從花束到事物本身或是自我的發明

　　在治療中藉由操作圖騰，也就是亡父（狼），孩童讓他的自
我、他的身體表面、他身體的內在形像浮現（與消逝）。他在象徵
區位裡的位置並不會讓圖騰、亡父不見，但卻帶來錯位的相互關
係，阻礙他的發展，只有在為自己受洗（autobaptême）時自我才
出現。自我只有在與狼、圖騰、亡父的象徵關係中才得以出現。
分析師在拉岡的回歸中找尋的，自然是對象徵功能的興趣，不過
同樣也有對視覺的興趣，以及藉此關聯回歸的精神分析的亡父——
對那一位或那些不被所屬的團體提名為分析師的人而言，這也是
一種自己受洗的形式。

　　拉岡因而來到他的佛洛伊德傳承。

　　「我們特別指出，在《夢的解析》以及《精神分析綱要》[83-1]
當中，佛洛伊德早就提出相似的觀點，那就是內在精神層級
（instances psychiques）必定要（我們特別強調）以想像的現象做為理
解的出發點。」（L I, 167）

　　他重申，要對佛洛伊德有信心，不過重點是放在理論的「必
要性」這範疇。

　　在跟進拉岡對佛洛伊德閱讀的分析之前，讓我們先駐足在孩
童為自己受洗的分析，藉以強調拉岡極為精準的臨床研究：他重
新提出超我以及自我理想的理論，讓這兩個層級的缺失，可以嚴
重地影響主體能否看到自我的方式，也就是他的想像投射。

　　藉由臨床經驗來到人性化過程的開端，拉岡六年後才指出，[83-2]

83-1　佛洛伊德，《精神分析綱要》（*Abrégé de psychanalyse*, Paris, PUF, 1985）。

在主體結構起源的時刻，自我理想與超我都誕生於一樣的過程。

　　事實上，拉岡在1961年六月七日指出「如何看到自我理想的具體起源？……——自我理想的起源跟超我的起源是一體的，在區別之時，又成對地縛住。」（L VIII, 406 & 409）

　　在鏡子中要看得剛剛好，與圖騰的關係，也就是亡父，同時也是超我跟自我理想，都必須先行內化。如果我們沒有辦法理解讓外在社會象徵功能進到內在精神的動作，又怎能真正了解內在精神確保自我穩定認知的功能？

　　拉岡在1961年《論移情》的講座中，重新提及外在到內在的問題，借用佛洛伊德超我（還有自我理想；佛洛伊德不太將它與超我做區別）內射的概念，經由圖騰餐（repas totémique）[83-a]這個解決方案，在謀殺父親之後，將圖騰固著在兄弟的《圖騰與禁忌》或是兒子的（在每個伊底帕斯之後）身體裡面。

　　接著又講到佛洛伊德的第二個解決方案。

84　　讓我們聽聽整個前因後果：

　　「在精神分析的思考方式裡，內在的概念是相當重要的拓樸學功能，指稱的正是內射（introjection）。」（L VIII, 408）拉岡先是這麼確認，接著指出佛洛伊德的第一個解決方案。「（謀殺父親之後）將他內射為一個下命令的、禁止的客體，這根本上是衝突的」（L VIII, 410），只能藉由自戀地挹注在內化的自我理想來調節。

　　「……因為已被內射，就進入到——這是佛洛伊德的第一個主

83-2　拉岡，《論移情》（Le transfert），講座系列第八冊（Livre VIII du Séminaire [1960-1961] Paris, Le Seuil, 2001）。

83-a　中譯註：佛洛伊德在《圖騰與禁忌》中提出，文化是經由謀殺與亂倫的管道而生，在最原初的謀殺父親之後受到良心的責備，因而弟兄們以對等的身分共享父親的女人與財物，並設立圖騰，分食圖騰餐。

題——內在領域，這是一個相當自戀的動作，也可以是主體欲挹注的客體。被自我理想給愛著，比被曾經是他原初狀態的客體愛著，來得容易多了。」（L VIII, 411）

拉岡已經指出佛洛伊德的第一個解決方案。

根據他的說法，第二個方案對佛洛伊德來說永遠都是：「在伊底帕斯尚未成形之前，對原原本本父親的最初認同。這父親讓他暈頭轉向？佛洛伊德讓主體第一階段認同的父親，向來都是他，並在這裡發展出一個相當細膩的名詞，稱之為**男性的完美**（*exquisit männlich*）。」（L VIII, 416）

在母親那裡受挫，主體以退行（régression）重新回到這最初首要的認同。

這兩種對父親的認同（最初首要的與退行的），來自於伊底帕斯之前的一個過程，成為一個客體輪廓，一個來自大寫他者的符號（並非符徵），也就是說，在視覺層面，這符號來自於在鏡中的主體為了確定他自己是誰所面向的那位。

還有，這主體對大寫他者來說又是誰。

必須要在這一點彼此看到對方，在被認出之後，才能辨認自己。依據拉岡的解釋，這一點就是自我理想的I。

這是這位不認識自己的小孩所缺少的：

「大寫他者的注視，我們必須認定它是經由一符號自行內化。這就夠了。**一個唯一的符號**（Ein einziger Zug）就夠了。毋須組織化的區塊，也不需強大的內射。獨一無二的這點大寫I，大寫他者認定的符號，愛的選擇，就在那裡，可被主體操作，在鏡子組合遊戲中自行調整。只需主體與大寫他者的關係相吻合，唯一的特徵，即這個小符號，就可以就定位。

85 　　「徹底區分自我理想（l'idéal du moi）與理想的自我（le moi idéal）有其必要性。前者是象徵式的內射，而後者是想像的投射。」（L VIII, 418）

　　孩童投射出的自我形像（理想的自我）是不穩定的，其邏輯來自於象徵式內射（自我理想）的缺失，因著某些因素，他的主體無法跟以象徵被察覺的大寫他者吻合。這麼一來，孩童的洗禮也只能自行宣告（自己受洗），不穩定，臣服在超我這層級之下，跟自己的形像沒有固定的連結。

　　我們將會注意到個案的討論，所涵蓋的範圍是很驚人的，如果說參考第八冊來理解第一冊的這一段是豐富的，這是因為拉岡在第一年就指出了，超我的問題「因著移情的關係值得一提」，而六年之後，在論移情的講座中，藉由重提倒置花束的理論而著手進行。

　　1953-1954年間的這場講座到底說了些什麼？

　　根據拉岡第一年的講座，我們會說臨床分析顯示：

（一）要重新置身於佛洛伊德的經驗，影像（或想像的）區位的理論是必要的，因為孩童所承受的，是沒有自己的影像：沒有自我；[85-1]

（二）除非主體處在一個位置，在那裡他可以投射一個喜愛的影像，也就是說，自己的完整影像，不然自我的影像就不會出現，也不穩定；

（三）對主體而言，這錯位指出失誤的象徵情境，或是圖騰功能的

[85-1] 在此，拉岡完全按照佛洛伊德，在講座中題醒大家佛洛伊德「拒絕讓精神病患進到想像區位。而佛洛伊德一向都很清楚知道他在說什麼，就這一點，我們必須要試著去發揮他想要說的。」（L I, 134）

崩解，但是放諸四海皆準，且一成不變。

於是，我們知道要理解主體心理功能的遊戲規則，換個說詞，在象徵、想像區位中屬於自己的位置，最終影響他與真實的關係，都是靠著視覺（影像）與象徵的（圖騰、超我、自我理想）法則。

在這裡需要一個鏡像階段的新版本——倒置花束——有佛洛伊 86 德的授權，為李維史陀製造的象徵功能理論背書。[86-1]

從自然到文化：從鏡像階段到倒置花束

1938-1950年間，直到拉岡講座的第一年（1954），這中間有了什麼樣的變化？

不一樣的是，狼小孩在1954年將我們帶到人性化過程的源頭，甚至可以說，到了自然與文化的接合點，先前在鏡像階段已充分解釋過，不過此時象徵功能尚未出現。

我們也在上個章節仔細研讀過1938年的文本，拉岡提倡父親就是絕對的大寫他者，帶來必要的改變，成為侵入情結的解決方案，同樣地也給了斷奶情結一個解決方案。

在這邏輯，少了「父親」，孩童停留在被自己兄弟的影像，甚至是被母親駭人的原相（imago）所震懾的狀態。

據拉岡，被想像所震懾奠定了超我的基礎，在此，母親扮演著相當強勢的角色，與父親相提並論且有過之而無不及，功能上更為古老。

我們想到，超我的無意識的想像大能，被自我理想給中和

86-1　我們在倒置花束的經驗中找到絕佳的導論，見多爾（Joël Dor），《閱讀拉岡的引論》，（*Introduction à la lecture de Lacan*, vol. 1 et 2, Paris, Éditions Denoël, 1985 et 1992）。

了，從這裡開始，父親的價值遠過於母親。

經由這條成熟的道路，主體來到一個經過性與社會調節的主體位置，儘管如此，我們記得就群體層面，父親在社會的衰落眾所皆知，阻礙了伊底帕斯的正常運作，以至於現代社會兒子們要快樂發展必然得付出的代價，就是有著官能症色彩的特質。1950年，拉岡將這理論重新安排成父親的衰落以及更廣泛的家庭形勢，是伊底帕斯、也是超我崩解的前提。

87　　　這最終的崩解導致了——根據他自己的說法——拉岡對超我的創見，跟佛洛伊德是有所區別的：

（一）一來是這個超我在伊底帕斯之前，相當早熟，更何況它得在尚未成熟的生物性混亂中找尋定位。

（二）再來是它受限於家庭的社會情境，

● 1950年，他在此發展了性格的官能症（névroses de caractère）以及官能症特質（caractère névrotique）的臨床（「精神分析在犯罪學的功用」），不過同時還有

● 可以忍受或不能忍受的超我，還有，

● 行動化（passage à l'acte）是精神病態（psychopathe）嘗試的解決方式。

（三）他將臨床醫師擺在行動的軌道上，以毛斯的用詞作為表達，讓部分象徵與主體日常結構的整體象徵系統對立。[87-a]

縱使1950年的拉岡不再使用分為部分與整體象徵系統的概念——特別是毛斯的分法——來理解精神病態以及超我的臨床，我們看到，他還是需要藉由伊底帕斯劇情，實踐兄弟到父親的蛻變，

87-a　中譯註：請參見本書61-62頁及59-a的中譯註。

才能順利地象徵化亦或是讓想像的禁錮找到出口。

拉岡的「回歸佛洛伊德」改變的是，在主體結構相當不成熟的階段，動用了象徵功能，在主體誕生之先，給了超我一個象徵位階，在象徵交換當中扎根立基。

超我如同象徵功能，來自文化中的大寫他者；是一種象徵構造或是類似相同的呈現，決定了兒童出生前象徵系統之情境的語言構造。

比方說，主體承襲的困難不再是他自己「優點」或自己「缺失」所造成的，而是因著他尚未出生以前就已參與、所屬的社會團體：父親尚未償還的債務。

主體的症狀在他誕生之前，就已被決定。　　　　　　88

關於超我－自我理想這一對，我們回到拉岡的說法：是內射的辯證（dialectique）使得超我轉向自我理想。

從已經被理想化的這一點，主體就可以看到自己，也就是說，他可以投射他自己的身體形像（典型的理想自我〔le moi idéal typique〕）。

如果這一點不存在，主體就看不到自己，狼小孩呈現象徵與自我形像的不穩定就是個例子。只有在自己受洗的當下，一直都活動並且一直都存在的圖騰圖像（狼）才會出現，將小孩連結到人類群體，此時自我理想尚未成形，也無法形成穩定的（投射出的）自我形像。

讓人動容的是，那裡發生的，不只是讓一個只能以交替投射運動看到自己的人，有了一個可以明瞭的主體位置，也讓這個滯留在文化出口找不到出路的可憐人，藉由自己受洗這動作，發現、同時也讓我們發現主體一貫的成熟過程，總是如此動盪，因

為他注定會消逝如同曇花一現，並只能煩亂不安。

多虧一個沒有自己影像、沒有自我的小孩，拉岡才能為神祕的人類學找到新的解決方案，找到自然跟文化、人類跟語言、沒有臉孔的小孩以及圖騰父親的接合處。

不管主體知或不知，分析師必然得要辨識出超我的原初形像（figure originaire），這是一個放諸四海皆適用的連結，現在被拉岡擺在話語的象徵區位。

如果我們可以想起拉岡在「鏡像階段」，緊接著在「精神分析在犯罪學的功用」的研究方式，用以解開成為文明人（l'hominisation）的謎底，我們就可以了解沒有自我的孩童在自我受洗時碰觸到靈魂深處的際遇。

像是伊底帕斯，英雄必須瞎了眼，才能與分析師相稱？

我們說狼小孩見證了臣服於語言下穩固的象徵效能，縱使他只能以「最簡化的」形式來使用。

到底這孩童在此對拉岡回應了什麼？

1955年的四月二十六日，也就是講座的第二年，在兩次講座之後，拉岡明確指出是什麼問題在推動著他的研究，他的用詞為：「『主體是什麼？』技術上，佛洛伊德的說法是：無意識的主體，基本上就是說話的主體。也對，我們愈來愈清楚，這個說話的主體遠超過於自我。」（L II, 207）

我們不也看到，如果孩童在這裡不是伊底帕斯的兄弟，那他一定就是自我範圍內具代表性的主體。

沒有自我，沒有自己的影像，圖騰的兒子，狼小孩把我們帶到這純然的主體：沒有自我的主體，單一的功能（單純的意思），象徵系統的單純功能。

我們不要搞錯了，這裡指的是佛洛伊德的無意識主體，一則故事的唯一主體，必須在分析的經驗中重新組合，「遠遠超過個人限制的層面」，因為這是「系統的整體」，歸檔在症狀密碼文的糾結象徵中。

沒有自我的孩童，因著他的不幸，體現了佛洛伊德主體性的樣貌，當投射影像愈是薄弱，就愈會被孤立在無意識主體起源的象徵功能中。

拉岡很是震驚，他發現藉由回歸精神分析亡父之文本這條路，以孩童沒有自己形像的悲慘模式，他找到了圖騰的兒子。

眼神空洞地娓娓道出他的真實身分，是象徵系統孕育了他，他同時也是象徵功能的小孩。

為精神分析領域體現亡父形像，直截了當地指出，回歸佛洛伊德的欲望，只能靠著兒子們跳脫創始人欲望之化身，以自我投射來達成。

為了提醒大家不要被（對自己的）想像搞到昏頭轉向，拉岡回到亡父的話語，更一般的說法，他以一種臣服在早已在他之前，就在那裡的象徵整體的姿態被看到，這象徵整體在所有分析師的治療之先，便早已存在，存在於兒子的世界中。

拉岡如果不了解所謂的象徵功能、它的效率以及話語的功 90
能，就無法剝去佛洛伊德主體的外衣，呈現出象徵功能的影響，「對我們的領域而言，兩者指的是相同的事。」

從這裡，他的理論與法國的人類學結合在一起，再加上早在1949年（「鏡像階段」）就參照的李維史陀的象徵效能。

跟鏡像階段不同的是，現在必須知道辨識，人臨到世界的起始，依賴的不是一個想像的超我，而是依賴產生象徵之超我的主

體形像，在自我之先，讓這人成為一個「象徵情境」，決定形成自我理想的內射，在這裡，這個人可以——或者不可以——看到他身體的影像（他的自我）。

不過這個一開始就臣服的原初主體，是語言的主體，是那些構成他們無意識欲望之「陌生人」的主體——不管他要或不要，知道或不知道，這欲望將父親、他的話語、他的聲音，以及在他來到世間以前所有的象徵交換已被擺在第一順位，很快地，讓他生命進行的象徵組織，就是他向來就虧欠的。[90-1]

這個象徵組織就是主的大寫他者，最後取代了1949年被很神祕地所提及的象徵效能。

主體的欲望在這個象徵的大寫他者中進行，然而因著自我對他的投射性知覺，一開始主體就認為鏡中的自我（或是他弟兄的影像）是挑起他願望的地方。在這裡，視覺影像帶來的影子——藉由象徵功能——在可見世界的出口，或在這類陰影當下被象徵效能進駐。

無疑地，拉岡藉由投進這原初陰影中心的這道光，以及他對分隔自我跟無意識主體所做的演繹，成就了回歸佛洛伊德這運動最重大的蛻變，只不過，少了李維史陀的聲音，就不可能發生。

91　　　從鏡像階段過渡到倒置花束經驗，顯明了這蛻變的圖解。就是在倒置花束的經驗當中，拉岡將視覺裝置的想像區位——這次用的是佛洛伊德，而非華倫的視覺理論——與李維史陀從象徵效能區隔出的象徵功能做連結。

90-1　參照人類學對債物的觀點，毛斯，〈在古代社會中交換物品的理由與贈予的形式之相關論文〉（Essai sur le don forme et raison de l'échange dans les sociétés archaïques），收錄於《社會學與人類學》（Sociologie et anthropologie [IIe partie], op. cit.）。

拉岡這個研究指的到底是什麼？

他想要告知那位試圖在被分析者所道出的欲望中找到自己的分析師，他的欲望是什麼。

沒錯，分析師的欲望，只是到底是拉岡的、還是佛洛伊德的欲望？

拉岡的欲望就是，我們說過了，跟隨佛洛伊德的足跡，以及李維史陀的研究，讓他藉由文本的象徵面去辨識這個欲望。

只是在講座的這段期間，將欲望歸諸大寫他者並不明確。是主體的欲望？大寫他者的欲望？拉岡的欲望？還是佛洛伊德的欲望？

在佛洛伊德的文本中捕捉象徵的記號（真理所強調的），可以更清楚明示欲望歸之於誰的理論，讓精神分析之父在形成影像的夢當中，歸屬於主體的欲望，更被確信。

那裡所說的，指向無意識本身，或它所保存的：它的形式。

他要分析師們更加努力。

以李維史陀回歸佛洛伊德

佛洛伊德的夢或欲望的來源

拉岡用佛洛伊德的視覺模型為自己授權，製造他自己的倒置花束的模型：

「在《夢的解析》以及〈綱要〉[91-a]當中，佛洛伊德早就提出相似的東西，也就是內在精神層級（instances psychiques）必定要以想像現象做為理解的出發點。」（L I, 167）

91-a　中譯註：這裡的〈綱要〉指的是佛洛伊德的〈精神分析綱要〉。

佛洛伊德的圖示在這裡不僅僅是再次被當作邏輯前提，授權
92 使用視覺模型，它還為拉岡指定了理解精神層級所**必須**的想像次
序（l'ordre imaginaire）。

這個曾是佛洛伊德的例子，倒成了事物本身（la chose）。精神
分析的認識論是如此地備受尊崇。

當他傾向佛洛伊德的文本，拉岡找到了一個次序，就是以想
像做為理解精神層級的出發點。

拉岡以鏡像的經驗重讀花束經驗，不過他同時也重讀黑格爾
的命題，探討佛洛伊德的自我分析中，欲望如何呈現在想像區
位，以期理解夢中模糊的影像，指出原欲多投注在想像的位置，
自我如何在其中藉由他者呈現。

1954年四月七日，在希波利特的評論之後，拉岡宣稱：

「……我不明瞭為什麼我沒有一開始就想到黑格爾最根本的命
題──人的欲望就是他者的欲望（**黑格爾的命題**）。

這就是平面鏡的模型（**花束模型**）所要表達的。我們也在那
裡找著古典鏡像階段理論……（**古典鏡像階段**）。」

拉岡解釋：

「欲望一開始以最混淆的形式在他者被看到〔……〕。最初，
主體不僅以他自己的影像，也藉由與他相似之人的身體作為媒
介，勾勒並辨識欲望。正是在這時刻，人類得以獨立出做為自身
意識的意識。也就是在他者身上看到自己的欲望，完成了交換。
因而他的欲望在他覺得相似的身體這邊被滿足，並接納了自己的
身體。」（L I, 169）

當別人的身體被他視為完整時（比方說，另一個被抱在懷裡
的孩童），主體就感到不完整，深受一股欲望推動力影響希望自己

也成為這完整影像的一部分。 1938年以手足侵入情結的模式，表明了攻擊性展開的基本場域，黑格爾的公式注重在，欲望被特殊化後，所產生的「認同的混淆」，以及弟兄們被異化後，所產生的不是你死、就是我活的僵局。

這被想像的形式所騙取的欲望，難道就是欲望的全部？

拉岡指出，不論何時，欲望都要經過想像的階段，縱使人們不想看到也不願進入夜裡夢中的幻影，他們還是會看見欲望投射這邏輯的行徑。 93

為了更深入這個讓主體欲望總在他者身上才被看到的異化（aliénation），拉岡轉向佛洛伊德〈夢理論的後設心理學補充〉[93-1]（Complément métapsychologique à la doctrine des rêves）這篇文章。

貝西耶[93-2]教授報告這篇文章時，說出他對佛洛伊德的判斷感到困惑，因為後者說「……睡覺的那個人就是主角。」

為何不就直接把夢所呈現的歸於與睡覺那個人親近的人，畢竟，按佛洛伊德的說法，是後者為作夢的人帶來欲望？

拉岡如是介入：「我們愈是深入，就愈是看到，這些最早用來理解夢的意義及其情結的手段，是多麼地天賦異稟。」（L I, 175）

佛洛伊德在自己的一個夢裡面，察覺到他把自己的野心投射到他同事身上。

拉岡堅信他的移情位置，再次肯定佛洛伊德的天才。

93-1 佛洛伊德（1915年五月），〈夢理論的後設心理學補充〉（Complément métapsychologique à la doctrine des rêves），收錄於《精神分析全集》第十三冊（Œuvres complètes, vol. XIII, trad. coll., Paris, PUF, 1988）。

93-2 貝西耶（François Perrier 1922-1990），法籍精神科醫師與精神分析師，被拉岡分析，曾經加入精神分析的法國學會（SFP），之後到巴黎的佛洛伊德學院（l'École freudienne de Paris, EFP），因為合格制度（la passe）的歧見，他在1969年離開這機構，創辦了法語精神分析組織（l'Organisation psychanalytique de langue française, OPLF），現在稱為第四類組（Quatrième Groupe）。

要對佛洛伊德有信心。不過為了我們自己的評論，還是要指出，拉岡對佛洛伊德可信度的分析，是經由一個佛洛伊德的用詞，這用詞明確地定位出，誰是夢中的主角。

這可不是隨隨便便的一個名詞，而是**認出**（agnosieren）這個維也納用詞。

讀者可能會覺得這細節沒什麼獨到之處。

不是這樣的，因為我們一向都依循認識論的細節。我們看到那時的拉岡選擇一個字（一個符徵）進行他對佛洛伊德文本的評論，為的是要明確指出造成欲望的想像時刻，就像佛洛伊德的話語符號，賦予文本以及自己對夢進行的自我分析，不僅僅有著維也納的調調，還有他對真實的強調，我們稱之為無意識的真實（vérité inconsciente）。

根據拉岡的說法，佛洛伊德插入兒時使用的語言，讓這位精神分析之父在必須說服夢者欲望之歸屬時，有必要如此地書寫。再說一次，這不是隨隨便便的一個名詞，因為它讓人物有了辨識認出自己的資格（agnosieren在維也納方言指的是：辨識）。

在必須辨識夢中欲望之主體的當下，這維也納語詞的象徵就降臨到佛洛伊德，由拉岡予以解碼。

「有趣的是，維也納社會環境的意義。

就這個字，佛洛伊德讓我們深刻體會到他與亦敵亦友的手足關係，告訴我們這靈魂人物是他生存的根本，不論何時都需要有一個人，覆蓋著這種長相類似的人。同時，以這個人物做媒介，由他實驗室同事的作為、情感來體現，讓佛洛伊德投射，在夢中被潛伏的欲望活化了，也就是他自己攻擊性與企圖心的出征〔……〕。我們要在夢所意識到的內部，更確切地說，夢的幻象內部，戲份

吃重的腳色當中，找尋睡覺的那個人；而這也不是睡覺的那個人，而是他者。

評論文章，就像被分析一樣。

拉岡將如是宣稱：「我們想要在我們的實作當中找到主體過去所經歷的歷史〔……〕我們做不到——除非藉由成人的兒童語言〔……〕。費倫齊先見之明地看到這問題的重要性——在分析裡，是什麼讓成人心中的兒童參與其中？答案呼之欲出——就是那些以闖入方式所說出的。」（1954年六月二日）（L I, 244）

拉岡在分析佛洛伊德文本中前進，藉由佛洛伊德那篇德語文章，讓兒童語言這面牆崩解，大大加強了真實的重量。為何這裡所強調的是真實的重量？這也是佛洛伊德的症狀，在夢中辨識自己的欲望，證實佛洛伊德學說的可信度？

因為夢是無意識的一種形式，根據佛洛伊德的理論，要當它　95
是兒童時欲望的實現，這跟**佛洛伊德的童年象徵世界**相稱，只有這些滲入在他的文章中，才能被理解，並以那個時代的語言，清楚表達那個年代造成的夢的欲望。這遠超過佛洛伊德個人，因為這個語言的症狀在他分析他的夢時，見證了他的無意識行為；好像佛洛伊德的自我分析瞄準的就是這個對象，讓我們看到他夢中所見，他所發現的無意識，或是他眾多症狀的其中一個：夢。

順著佛洛伊德欲望的軌跡，拉岡專注在症狀的符號，如同他在分析經驗中也是這麼做，將他的象徵區位擺在其中，讓佛洛伊德的自我分析能被更清楚地理解，夢的所有都要歸之於夢者的欲望，到佛洛伊德的欲望，同時，佛洛伊德這範例也要歸因於一切的無意識欲望。

因此，不要像貝西耶這般質疑佛洛伊德的指示，也不要被他

者的身體或自己的影像侵占、變得盲目，才能為欲望的辯證
（dialectique）定位。

拉岡接著說：

「我曾經（在倒置花束）跟你們談論過，主體影像與他者影像
之間產生了交換，在想像情境中，被原欲化，被自戀化。這麼一
來，跟某些在動物身上發生的一樣，一部分的世界是無法通透
的、具迷惑力的，這影像就成了那個影像。我們在夢的純粹狀態
下，都會認出（我們特別強調）睡覺的那個人，辨識主體的能力也就
大大增長。反過來，醒的時候，要是他從沒有讀過《夢的解析》，
就無法在對身體有著相對多的感覺下，體會到身體睡覺時所能夠
通報的一些內在事件這種整體感覺（cénesthésique）。這顯示，夢
裡的原欲是在鏡子的另一端，並非少了身體的感覺，而是更容易
被看到，更容易被主體辨識出來。

你們了解這機制嗎？

在清醒時，他者的身體被送回主體，所以看不到自己的許多
96 事情。所以說，自我的能力就是錯認，這是分析技巧的依據。

這會扯到更多，甚至是結構、組織，同樣也扯到盲點——我認
為這個名詞用得相當好——以及所有的事情，像是我們自己提供給
自己的資訊。這個為我們帶來一種身體性的遊戲，來自奇怪之
處，**具有眼睛，卻又不能看。**」（L I, 176）

並不是要以視覺來解釋，或是使用一段經驗，以隱喻的方式
為主體結構鑄模，而是為了先在想像區位中，理解欲望的結構。

以花束經驗，分析佛洛伊德分析夢的文章，讓拉岡領會到鏡
子的機制，經由他者，做夢的人發現了是什麼讓他將自己這個人
投射到他者。

另一個說法是，緊閉著雙眼，做夢的人經由可認出的他者，而通往自己的身體影像（agnosieren）。

在夢中，或是在無意識場景中，沉睡者的身體被他者（或它的影像）全然再現，在醒著的時候，人因他者的影像或身體出神並被迷惑，因而少了對發生在自身之事物的感受能力。

我們做了個結論。

對拉岡來說：

（一）內在精神層級（instances psychiques）必須要在想像區位中被理解；

（二）佛洛伊德是這麼說的，要對他有信心；

（三）要緊追這個（維也納的）用字，並嗅出佛洛伊德個人象徵世界的痕跡，才能跟隨他分析師的欲望，為其背書；

（四）在佛洛伊德夢中，被他分析的同事的位置就是事物本身，也就是說，夢中他者的位置，只是做夢的主體無意識欲望之內在程序的一個面具，只是一個他者。

所以夢的欲望對他者的身體有個用法，一種他者與自我間的辯證，卻成為揭示一種組成的辯證，就像佛洛伊德所指的語言或象徵的區位（夢中置換〔déplacement〕或濃縮的運作）。

拉岡明確指出：　　　　　　　　　　　　　　　　　　　　97

「……我們要找的是構成夢的事物，並且要是無意識的。」（L I, 177）

千萬不要把（自我與他者間）欲望的想像辯證跟來自象徵秩序的無意識組成搞混了，因為人類老早就臣服在語言以及象徵關係之下。

「主體在他者，藉由他者的影像察覺自己的欲望，這影像給了他是自己主人的幻象〔……〕。還有，這個人生下來就處在無能的狀態下，在很早的時候，字詞、語言就成了他呼喚的器皿，悲慘的呼喚，而他的照顧者就依賴這嘶吼。有人已經將這原始母性跟依賴相提並論，不過，這說法並不足以掩蓋，就是在這麼早的時候，這種與他者的關係，就已經被主體命名了。

不論主體有多麼地混淆，這個名字直指一特定的人，這無非就是成為一個人的途徑。如果真要界定人（homme）變成人類（humain）的瞬間，我們會說就是他進入象徵關係的那一刻，哪怕很短暫。

我強調過，象徵關係是永久的。不只是因為不論何時都是三個人——這關係之所以是永久的，出於象徵歸納第三人，中介要素，界定在場的兩個人，將他們移到另一層面，並予以修改。」（L I, 178）

拉岡堅持語言在想像辯證之上，指出象徵與想像接軌的方式，以便從這裡得到治療取向。

「因此，自我的辯證是超越經驗的，藉由與他者的關係，藉由語言系統的單一功能，被放在更上層，或多或少與我們稱之為規則，甚至是律法的相似，不論任何景況下，基本上都是相關的。這個律法，在每一次的介入，都創造新的東西。每個情境都因著它的介入而改變，不管是什麼情境，透露什麼而不斷地說……」（L I, 179）

98　　當話語處在滿位點（pleine），語言便超脫了自我的辯證。

「現在我們被引領到這個基本區位，當中，語言與最初的經驗緊密黏合。因為這是讓人的外在環境成為象徵環境不可或缺的要

件。」（L I, 180）

　　人的環境是被這物種的尚未成熟所影響的，尤其是家庭群體以及母親的悉心照顧。指的是超越1938年的家庭主義與鏡像階段。象徵功能現在被擺在主體結構的起源。

自我的超越以及症狀的象徵統御

　　回到花束經驗：

　　「在我的小小模組裡，為了理解象徵關係的影響，只須認定是語言關係的介入，導致鏡子的角度改變，為主體提供了他者，絕對的他者，顯現主體欲望的不同外形。想像層面跟象徵系統是有關聯的，主體在其間書寫他的歷史……

　　所有的人類都要進入象徵世界。被涵蓋在其中且臣服其下，比他們自己造就的多更多。是支持結構，而非主事者。藉由象徵的功能，對他歷史象徵式的建構，造成如此之多的變異，乃至於主體很容易就有變異的、破裂的、粉碎的形像，甚至有時候沒有結構，自行退化。」（L I, 180）

　　有賴他自己歷史的象徵情境，主體看到自己的一系列形像。

　　像是狼小孩所呈現的，少了自己的形像，成了主體位置的一種符號，即使在自己受洗時，影像也是曾瞬間出現過的。

　　自己的形像如果是經歷時間長河被決定的，也會有一次定江山的時候，讓主體可以在那裡看到他以前不曾看到的，以後也不會看到的。

　　反過來，以補足的方式，自我形像的穩定性，是有賴調節他 99 的象徵關係本身的穩定度，其中最重要的，就是語言。

　　這個想法是來自佛洛伊德的經驗，引導主體進到一種想像力

豐富的解禁狀態，讓話語的日常平庸性被擺到一旁（即自由聯想的規則），好讓主體在移情中，領會那些連他自己也不曾相識的自我形像。

「對主體而言，脫離與他者的關係，他的形像將被改變，光影散射、浮動、游離在完整與不完整之間。在他從來無法達到的完整境界中才能看到這形像，好讓他可以辨識他欲望的所有階段，辨識所有為這形像帶來一致性，餵養他，賦予他形體的客體。這是主體藉由重新上演，並不斷認同來建構他自我的歷史。」（L I, 205）

如果主體這種大量的自戀投射——在移情當中展開——擺脫對日常話語的依附，確認影像對語言的附屬關係，我們就能有力地將某些缺乏自我形像跟某些主體敘述中特有的「記憶空洞」做連結。

比方說，早年的創傷場景以破壞的方式，進入主體的想像區位，在日後臣服於潛抑，只有在充分地被引到語言區位，主體才能看到當中的性意涵。

此時主體更想做的，是放棄帶來意義的論述片段，而非整合創傷的場景。

「此時，在象徵世界裡，有些東西脫離了主體，雖說它正在重整中。從此，這些東西就不再是主體的，主體不再談起它，也不再把它納入重整。不過，這東西就留在那裡。如果我們可以這麼說，當主體所不能控制的這部分被說出，將會產生我們接下來稱為症狀的最初核心。

另一個說法，在這個我跟你們描述的分析當時，與象徵的衝擊與潛抑之間的過渡時刻，基本上沒有任何重要的差異。

或許只有一個差異，就是在這當下，沒有人在那裡提供字詞。潛抑開始建造它最初的核心，在那裡有了中心點，圍繞著這

點，症狀後續的潛抑都會自行組織，這麼一來，被潛抑的就會浮 100
現，畢竟潛抑與被潛抑的回返是一樣的東西。」（L I, 215）

創傷，用看的區位——想像的侵入——在潛抑中找到對等物，
那就是症狀象徵形式的重現。

從此，象徵區位承襲了視覺中創傷（trauma spéculaire）的標
記或是痕跡。而症狀體現了語言的「嵌制、阻塞〔……〕，在主體
的症狀中潛伏著」，分析師必須予以「解放」。（L I, 209）

如果眼睛的疼痛（視覺創傷）記錄在症狀的象徵區位，拉岡
回過來指出，象徵體系中的損壞，馬上就會在身體的影像層面找
到預期的反應，這身體很神奇地，接著就會出問題。

就這議題，他提及他一位信奉伊斯蘭教的被分析者，呈現的
症狀「是在手部的活動」。（L I, 221）

拉岡指出，身體的禁錮並不是出自童年的犯罪行為，而是因
著父親被懷疑偷竊，兒子將之體現的身體影像。

我們都知道可蘭經的律法鼓吹犯過罪的肢體要為殉道而受
苦，雖然兒子因著誤解了這律法所判定的，以為自己有這缺失，
拉岡的解釋是，兒子手的窘迫證實了他的整合錯誤，起因於父親
的劇碼，或者更正確地說，是文化的座標為這戲碼定位。

拉岡大膽地說：「我們無法低估主體對象徵系統的從屬。」
（L I, 221）

身體影像的某些東西沒有被整合。

「我跟你們說過，在分析的進程中，對創傷元素的接近——建
基於從未整合過的影像——在主體歷史的綜合與一致化過程中，造
成了缺口跟斷裂。我也跟你們說過，因著這些缺口，主體可以在
不同的象徵判決下重新集結，這讓他成為有歷史的主體。好吧，

101 對所有的人類都一樣，都歸到跟律法的關係，屬於個人的事物定位。他的歷史被律法、被自己的象徵世界統一，後者並非對所有人都是同一的。傳統跟語言讓主體有多元化的參照。」（L I, 222）

如果是兒子的手指出父親的惡果，我們就能了解，這次，創傷的象徵事件在苦難身體的想像區位找到它的蹤影，更廣義地，身體影像跟象徵區位相當完美地結合，在主體的成熟過程中成敗參半。

再來就是，如果錯誤的痕跡，在創傷位置（想像的或是象徵的）中本著改變方向的邏輯，從一個區位過渡到另一個，那麼分析經驗所顯示的，症狀總是在象徵區位中，就得這麼被解讀：症狀是侵入想像後接續的潛抑或象徵失效後，在身體影像上的記錄。

我們也會在個案的臨床中看到，分析裡的主體不是那個個體，因為，不論兒子再怎麼正直，他以身體付出的不會比剩下的少，這是一種上一代（就是父親）[101-1] 在社會交換中尚未償還的債。

不管這個痛帶來了什麼樣的陰影，是身體的影像，還是症狀的潛抑，我們都知道，為了分析的進步，調整影像根本於事無補，因為症狀縱使可以在身體影像找到標記，不論是直接的（象徵的缺失），或是間接的（接續創傷的潛抑以及被潛抑的浮現），都有著象徵的形式。

所以，為了分析的進步，要調整的不只是影像以及他者（想像區位）的辯證，而是症狀的象徵秩序，**在所有的個案身上**，圍

101-1 將父親功能與父親這個人分隔開來，拉岡在十年後以尋常且精確的方式宣稱：「父親，父親的名字，以律法的結構支撐欲望的結構——但是父親的遺產，就是齊克果（Kierkegaard）為我們指出的，就是他的罪。」（L XI, 35）

繞著潛抑的浮現。

在主體結構中讓語言作用，「超越」自我的辯證，甚至是超越症狀的方式來「述說」或講述在視線範圍中找到的痛（拉岡後來所說的，「洞傷」〔troumatiques〕[101-2]的痛）。

他又確認，自我的痛，就在與象徵的接連中浮現。

102

另外，如果自我不是主體維持一段關係的客體，那會是什麼，因為「始終如一」地被放在語言當中，自我與這種互為主體之（intersubjective）語言中的他者維繫著關係，自我的疼痛不斷自行詮釋，包括了狼小孩的不存在。

「……想像的調節有賴一些以超越方式定位的東西，就像希波利特說的——在這時機下的超越（transcendant），不是別的，正是人與人之間的象徵關聯。

什麼是象徵關聯？這是為了將所有的點擺在 i，就是在社會層面，我們藉由律法界定我們自己。是象徵的交流，我們將跟我們相差不多的人擺在一起。

換個說法，是象徵關係界定有如觀者的主體位置。」（L I, 161）

羅伯特看不到自己，因為與圖騰他者的象徵關係出差錯了。

我們可以想像對自我而言，有比這更大的痛楚嗎？

只是，這兒童太早面臨創傷場景了，只能不斷讓步給症狀，這象徵統御下所引發的回憶。

象徵關係界定主體位置，成為或者無法成為、又或者尚未成為觀者，因這同時是為父親沒有償還的債受苦，兒子必須屈服他

101-2　拉岡在1974年二月十九日這麼說：「在這裡，我們創造一個缺口（a→o），讓真實的缺口更完整，那裡是沒有性關係的，這就是洞傷（troumatisme）。」（中譯註：traumatique改造為troumatiqu, troum發音似創傷，而trou為洞。）

的身體影像。

　　構成他為獨立個體的區位內什麼都找不到，但治療有必須要依循象徵系統的整體，讓自我的問題被找著。

自我的痛楚以及父親的錯

　　視自我為客體，讓拉岡在講座中對巴林（Micheal Balint）分析移情下的客體關係做出強烈的介入，指出所有源自母親－兒童的初始關係，在這位匈牙利分析師的眼中，都像是一種理想形式，當中客體全然滿足主體的需要（也就是**原愛**，primary love）。

　　理論式的想像母性客體填滿主體，受到拉岡嚴厲的抨擊，因為——根據他的說法——巴林[103-1]同時也指出分析在客體關係導向高峰，以維繫主體，當中**性器官愛**（genital love）的特質就是主體把伴侶當成客體一樣享受，好讓自己的主體性有自主權，也就是說，尊重它的欲望。

　　拉岡馬上接著說，為了成為主體，客體就在這裡失去它（客體）的位階，但是巴林的理論沒有說明原愛中客體的形變是怎麼一回事，可以在性器官愛中造就主體。

　　因此，如果自我是個客體，在影像區位中被當成主體，分析時就必須甩掉它帶來的想像誘拐，才能回到決定自我影像的象徵關係，甚至是它的消逝，就像狼小孩讓我們看到的那樣。

　　「如果自我是一種想像功能，就不該與主體混為一談〔……〕自我就像其他的，沒什麼不一樣，都處在幻想狀態，

103-1　巴林（Michaël Balint 1896-1970），出生於布達佩斯，接受醫學教育，在柏林工作的同時，完成他與亞伯拉罕（Karl Abraham）跟薩赫斯（Hans Sachs）的分析，後來被費倫齊分析。大戰結束後，1948-1961年間移居倫敦，在塔維斯托克醫學中心（Tavistock Clinic）工作。專研自戀狀態，對身心症臨床尤感興趣，想要將精神分析應用在醫學上。

不過就只是主體眾多的客體關係中的一個元素。〔……〕要這麼理解嗎？它（ça）在的那裡，在A（鏡面），自我也要在那裡？自我必須在A點被換置，並且在治療結束時，不復存在那裡？

這相當容易設想，因為只要是自我的，都必須要在主體認為是自己的當中被實現。」（L I, 219）

如果分析初期發生的是主體大量的自戀投射，這並不是要被分析者身陷在這幻象中，在移情愛戀中自行推演，而是要理解所有的他的歷史的透露，都是為主體製造的象徵情境。

象徵化（從主體的情境或關係所建構的歷史）就只是要讓主體被認出。

主體對他的情境跟關係所做的歷史重建，讓主體可以擺脫對 104
他自我的迷戀，並看到他像是（這也有賴自我）語言跟律法這象徵世界的兒子或是功能，迎接他來到世間。

對這個時期的拉岡來說，為了辨識主體，分析的目的就是將自我免職。可以是一個沒有自我影像的臨床個案，一個事後的、入侵的想像，銘刻於無意識，並決定臨床症狀的形成，用一種象徵形式表達對被潛抑的「回返的權力」，當然，也可以是付出相當代價勾勒出的身體影像，影響著尚未還清債務的痛苦兒子。

這臨床顯示出症狀的主體從屬他在象徵區位所策劃的，可以是事後的、插入的想像，或者，一個被妨害的身體影像所呈現的欺騙。這些病態的後果，都是主體出生前就統治世界的社會交換規則所形成的羈絆。

讓父親痛苦的債體現在行動受影響的兒子身上，難道這不是承認，如果人們接受放棄個人主義（自我的）這觀念，以主體取而代之，而這主體要在他的獨特性中，並且在分析經驗中被找

著，就必須重整他的歷史，「直到感知的極限，也就是說，遠遠超越個人限制的層面。」（L I, 18-19）

如何更有效地指出，切割自我的痛苦跟造成這痛苦之象徵因素的斷裂處，好讓大家看到手部的障礙是因為懷疑父親身敗名裂？

被偷走的東西有可能被放在身上嗎？

肯定的是，拉岡把我們帶到一個令人動容的、人類學之象徵功能這概念的詮釋，尤其是他在毛斯的作品中讀到的，這對他來說相當具決定性，特別是有關〈禮物〉（Essai sur le don）這篇著作，[104-1] 在拉岡的研究中多次被引用。

105　　聽過毛利人的律法後，毛斯下了個結論：「不論是收到的、交換的禮物，定然使收到的東西並非停止不動。就算是被捐贈者所遺棄的，那還是他的東西。因著這東西，捐贈者成了受益者，也會因著它，擁有者成了偷竊者。因為禮物（taonga）都被它的森林、樹叢、土壤賦予神力（hau），是「天賦的」：這神力會追隨禮物的持有者〔……〕。我們清楚地、並具有邏輯地在這理念系統中了解到，必須要歸還他人原本屬於他本質與物質的一部分；因為，從某些人身上收受某些東西，就是從他的靈性深處、他的靈魂收受某些東西；保留這東西是危險的，是會致死的。不單單只是因為這麼做是違法的，還因為從那人而來的東西，不只是道德上、生理上與心靈上，這個實體、這個糧食，它的益處，可動或不可動的，不論女人或子嗣、儀式或敬拜，都會在你們身上產生魔力與宗教力量。」[105-1]

104-1　《社會學與人類學》（*Sociology et anthropologie*, 2ᵉ partie）中之〈禮物〉篇（Essai sur le don, *op. cit.*）。

不論這是毛利人的基本法則或宗教規則，一直以來都是本著東西靈性之名，這神力無論是hau或是mana，都本著一神教的亡父之名，讓社會交流的神聖運作可以實行；同樣地，也是因著他的名字，讓一個團體面對違法或犯罪時，有憑藉可以宣告判決。

沒有什麼可以違背這些。

這象徵邏輯（logique symbolique）當然也包括在債務人名單中的家庭或部落的成員。體現在被竊物的靈魂，也會盛怒地折磨他們。

在他手上的鏡子，兒子應當看到將他父親歸為汙名的懷疑。

東西的靈魂（hau, mana），或者是它一神教的版本，在這裡是伊斯蘭的亡父，[105-2]要求一本來自父親身體或他家庭的肉身之書，以期得到平靜。因著某些理由，可蘭律法在這裡行不通了。兒子的無知仍無法阻止他無意識地去償還父親的債。症狀在這裡像是獻給伊斯蘭教亡父的祭品，縱使（成為祭品的）主體仍舊不識這律法。在制裁尚未公布之前，他就償還了，當時他還不懂，也不知道可蘭律法。 106

這一切都是無意識的。在可解碼的前提下，將會發現症狀是唯一顯現的痕跡，主體的象徵世界，熱切地策劃與懇求無意識的犧牲：這便是伊斯蘭教。

為了替這論證背書，就不能將兒子的症狀歸到他自己的罪，甚至是器質性的失調，也就是說，要當症狀的主體是象徵世界的

105-1　M. Mauss, *op. cit.*, p. 159 .

105-2　我們都知道可蘭經將神聖的形象與父親的形象做切割。當我們引用伊斯蘭文化的亡父，我們指的是佛洛伊德為伊斯蘭文化召喚的「恢復」了原初的父親。這是更具結構性的理論，我們在下文中會提到，做用李維史陀的說法，不管「東西的靈魂」為何，這理論的運作，支撐了所有的象徵。

主體，在當中他必然不認識這一直襲擊他的律法，哪怕是這麼地猛烈，他還是不認識。

這裡所要求的都是之前所欠缺的，這是拉岡在1954年六月二十五日的講座所致力的象徵秩序（l'ordre symbolique），他這麼闡述：「在互為主體關係的分析中，重要的不是那裡有什麼、看到什麼。將它結構化的，並不在那裡。」（L I, 249）

所有不在那裡，卻又構成主體的痛，如果不是向兒子要求犧牲的象徵世界，那會是什麼？

犧牲的主體從（可蘭經）他者收到他的刑罰，卻不知其內文。

若尚未區分接收從象徵的、大寫的他者傳來訊息的無意識主體，與被象徵功能要求，以至於調整、超越，卻總又是留下一些的自我，在區分這兩者的不同之前，任何辯護都是沒用的。

如此一來，結構、意願與自我投注在想像區位，就不可能跟全權由象徵秩序構成的無意識主體搞混在一起，縱使兩者之間有連結，也會是想像區位從屬象徵區位的關聯。

如果兒子的身體圖像受困，都是因為父親的錯而被定罪。

107　　　我們在這裡發現無意識法庭[107-1]令人無法置信的暴行，但還是要予以了解，才能將兒子的症狀帶到父親的錯。

為了這麼做，只能將兒子的自我跟他的主體徹底分開，並且要跟人類學家一起想到象徵功能的重量，還有加諸在後代的債務；他們對社會交換的義務毫無權利——只有犧牲。

如果說倒置花束的經驗讓拉岡可以用圖示表明想像與象徵區位的連結，他早在講座第一年就證實了症狀主體的狀態，這個無意識主體是不折不扣象徵的、語言的，涵蓋整個法律系統的社會結

107-1　請參閱我們的《現代及其哀傷》（*Tristesse dans la modernité*, Paris, Anthropos, 1996）一書。

構，神祕且帶有宗教色彩的社會交換，調節著主體的文化世界。

　　這裡就像我們說過的，他（跟希波利特）以黑格爾的公式出發，澄清欲望的想像辯證，「欲望，就是他者的欲望」，用來評論倒置花束的經驗，現在必須讓這個從經驗收集而來的評論更完整，以理解主體結構，因為我們看到主體的無意識欲望在象徵世界被挑起。

　　連結自我到他者的想像辯證軸線，在接下來的一年，加入連結主體到象徵的大寫他者的軸線，更為複雜，代表著連結自我到他者的想像關係，以及連結主體到象徵的大寫他者的無意識關係。[107-2]

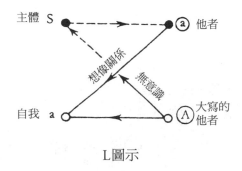

L圖示

　　如果無意識訊息是從象徵的大寫他者來到主體，又是怎麼辦　108
到的呢？

　　「以反轉的形式」，拉岡在《羅馬論述》這麼回答，也就是說，在第一年講座之前。我們不久前才讀過，為了理解在這一

107-2　拉岡，〈在佛洛伊德理論與精神分析技巧當中的自我〉（Le Moi dans la théorie de Freud et dans la technique de la psychanalyse），收錄於講座系列第二冊，1955年五月二十五日的那一場（Livre II du Séminaire, Paris, Le Seuil, 1978, p. 284）。關於〈互為主體性之辯證圖示〉（又構「L圖示」[Schema L]）參考米勒（J. A. Miller）的《文集》（Écrits, p. 904）。

年，拉岡是怎麼在**象徵效能的陰影**中，在原初認同的第一時刻，開啟了一盞明燈。

「主體從象徵大寫他者以反轉的形式接收他的訊息」：拉岡的讀者經常評論這公式，強調他的黑格爾底子。

這點，再回想到多爾（Joël Dor）[108-1]依循並清楚呈現拉岡講座中倒置花束經驗進展的研究，將我們的讀者中，想要更多延伸這主題的那些人，帶到他的研究。

多爾完美指出欲望的想像區位（欲望，如同他者的欲望）、象徵區位之間的混淆並沒有發生，以及無意識以反轉的形式來到主體的關聯。

這位作者藉由這迂迴的方式，完成了拉岡的「回歸佛洛伊德」，給予簡潔的介紹，根據他的說法，這回歸是索緒爾以及黑格爾的研究給了拉岡靈感。

那好，只是無意識像是從象徵大寫他者來的、倒過來的訊息，這理論的來源真的是這些嗎？

現在我們要深入這研究重點。

108-1　《閱讀拉岡的引論》（*Introduction à la lecture de Lacan, op. cit.*）。

【第二章】主體從象徵大寫他者以反轉的形式 接收他的訊息：調查研究

在聖安娜精神醫院舉行講座的幾個月前，拉岡在《羅馬論述》　109
中寫到：

「語言自行表達的形式，同時也界定了主體。他說：『你從這
裡出發，當你看到這個，你就往那邊。』換句話說，他參考他者
的論述。他就這般被包覆在語言的更高階功能下，因而讓說者授
與他的接受者新的現實，比方說，一句：『你是我的太太』，主體
為自己蓋上已婚男性的章。

這其實就是人類所有語言，甚至是主體還未到來之前，衍生
的基本形式。

在我們開始行動，要他人理解我們視分析為辯證這觀點時，
這悖論讓我們最敏銳的同事不免要予以反駁，他如是闡釋：人類
的語言是一種溝通，發送訊號的人從接收者身上，以反轉的形式
接收到他自己的訊息。這公式只能從反駁者的口中取得，進一步
看到對我們思考所帶來的衝擊……」[109-1]

在拉岡宣稱這溝通公式的同時，就有好長的一段時間把主體
的分析當成是與他者關係的效果，他以一個在認識論上無懈可擊　110
的評注指出，而這評注也遵守這製造法則，因為它也只是與一位
「最敏銳的聽眾」在關係中，對他的反對之下的產物。

109-1　拉岡，〈話語以及語言的功能與範疇〉（Fonction et champ de la parole du langage, *op. cit.*,
p. 298）。

　　換個說法，「發送訊號的人從接收者處以反轉的形式接受到他自己的訊息」並不是拉岡研究時自行編出來的公式，而是很小心地從一位總是以最細膩的方式聆聽的人的口中取得的；講白一點，這就是大寫他者的回應。

　　這自然是我們對拉岡思考的考古式研究，其旨趣是去發現到底誰是這位特例的反駁者、「最敏銳的聽眾」、大寫他者之形像，讓拉岡聽到無意識主體的聲音。還有，去衡量這公式的必要性，它的衝擊，它第一次被改寫時（1953年春天）的外在情境，有如歷史下達的命令。

　　這個公式真的這麼重要嗎？

　　是啊！因為，就像我們先前看到的，接下來要成為講座系列第一冊的那些，拉岡在1953至1954年間試圖定義，對他而言，主體的理論是什麼，並與佛洛伊德經驗教導他的做比較。

　　拉岡第一次的公開講座提到佛洛伊德關於技巧的文章，認為不應該將分析的脈絡置之不理，因為如果拉岡當時想要定義主體是什麼，就有必要完整明確地指出他所要定義的是分析經驗中的主體。這麼一來，人們就瞭解拉岡一開始是閱讀佛洛伊德那些與技術最相關的文章，向前邁進，尋找問題的答案：主體是什麼？又或者，佛洛伊德經驗裡的主體是什麼？

　　針對這問題，拉岡在《羅馬論述》中回答：主體性是由一個形式，一個簡單的形式所界定。不過在這裡，不同於1936-1948年間在鏡像階段的文章中的回答，而是關於語言自行表達的形式。

　　1953年，拉岡重新提及他對主體的觀點，一樣是由一個簡單的形式所界定。一個形式，既非任一形式，亦非鏡像階段的原始認同，這個「在社會決定之前，就成形的自我」[111-1]當中的「原始

形式」（forme primordiale），絕不是這種「我－理想」（je-idéal）或　111
是「身體的全然形式，讓主體在幻象中成功地增長他的能力，而
它對主體來說不過是完形（Gestalt）……這個完形的誕生必須被連
結到整體物種來看待……」（E, 95）

　　不是的，不是這個完形；不是這個傳喚身體的形式，而是一
個「讓語言可以藉由它自行表達的」形式，「所有的話語都是由
它而生」，是「不可或缺」的，且「主體性也是由它界定的」。（E,
298）

　　1953年，拉岡在他的研究裡有所洞見。

　　由這洞見推論，主體性從當下位在語言區位，更一般的說
法，是在象徵區位的一個運作取得它的定義，而不是在影像區
位，或更明確的說法，不是在身體影像的區位。

　　從1936年到1953年，拉岡用了十七年的時間，置換了定義主
體性的座標：從想像的到象徵的，或是說，從身體的影像到語言
表達中特有的悖論形式。

　　這單純的置換對讀者來說可能並不醒目，不會對它投予更多
的注意力。

　　讓主體維持在形式的區位（registre de la forme），我們更能發
揮，因為必須補充這兩種對主體而言是相輔的形式，共同定義主
體，更要注意到，相同的符號讓它們之間有「一家人的調調」。

　　讓我們再回顧一下第一個公式：

　　「這個身體的全然形式，讓主體在幻象中成功增長他的能力，
它對主體來說不過是完形，也就是說，在這麼一個外在世界，這
個形式是建構性的，更多於被建構的，不過，就主體看來，這形

111-1　拉岡，〈鏡像階段〉（Le stade du miroir, [1936, 1949] op. cit., p. 94）。

式像是以反向且對稱的方式將他定型……」（E, 94- 95）

在這第一次的闡述中，賦與主體的形式在他看來是：

- 外在的；
- 是建構性的，更多於被建構的；
- 反向對稱的。

112

這三點也是1953的形式所特有的性質，因為如果它成了一種語言的形式，它還是：

- 外在的；
- 建構性的，更多於被建構的；
- 以反向的形式提供主體（「發送訊號的人從接收者以反轉的形式接受到他自己的訊息……」〔E, 298〕）。

這個定義主體的形式身分（identité formelle），當然會讓我們提到的兩個形式以及公式混為一談，畢竟一個參數自想像區位來到主體時，就有另一個來自象徵區位的參數。第一個公式賦予主體形式，揭露它自己身體的理想形象，第二個公式，主體命運的符徵（signifiants），或是用人類學的說法，那些以象徵形式加諸在主體的，奠定了主體在他網絡中的位置。

畢竟這形式上的相似不應被略過，因為，比起「拉岡思維」[112-1]所造成的衝擊，它更能指出連結人類身體影像以及他命運之象徵式座標的方式，均來自連結的動作，且一向都是取自他者（也就是說，從他自己的外在而來）。不管這象徵式座標是不是能夠讓主體領會他自己的影像（好像我們在狼小孩看到的那樣），並且在他

112-1　要更全面了解「拉岡思維」（pensée-Lacan），請參閱阿舜（Paul-Laurent Assoun）的「我知道什麼？」（Que sais-je?）系列之《拉岡》（Lacan, Paris, PUF, 2003）。

的主體生命中，如同在他所屬的社會交流中進化，或多或少挾帶著症狀。[112-2]

　　在這個範圍內看到拉岡思維帶來衝擊的模式，正是我們考古挖掘般的閱讀想要提供的，且不疑有他地，認為有些人已經授權我們使用這些被我們同事評為負面的新詞，他們以拉岡後期的發展為背書，駁斥我們在研究中對這位分析師思維的大力推崇。

　　無需排除這異議，我們仍舊忠於使用我們這種按年代編寫的方式。

　　是的，有一種「拉岡思維」；在我們剛剛展開的《羅馬論述》113的片段當中，一些理由明確的指出，根據1953年的拉岡，這思想有一種風格，最好是用拉岡自己的說詞：這思想特有的「衝擊」。

　　想要看到連結主體在身體形像區位跟象徵區位之建構的重要時刻（以及運動），我們認為可以在拉岡宣告的兩個公式中——（1936/1949年）以及1953年——認同的共通特性領會這思想被歧視的衝擊，他本人也可以在他訊息接受者的大寫他者看到這一點。

　　對於想要知道拉岡的探索與精神分析一致性之主體理論的那些人，根據我們的研究，他們必須要同時閱讀〈鏡像階段〉以及《羅馬論述》，或是在這裡選用的羅馬論述片段，與其說是對推動拉岡分析之動機的新回應，倒不如說是1936-1938年回應的新版本，為的是要藉由鏡像階段去「補充」他在佛洛伊德學說中對於所有原初認同這理論所看到的不足。[113-1]

112-2　看看拉岡怎麼再論及朵拉這個案。

113-1　這一點可以參考我們的《拉岡與社會科學》(*Lacan et les sciences sociales, op. cit.,* p. 44 et sq.)。

　　假使這個新回應結合了一些鏡像階段所教導的，以及拉岡預期遇到這與眾不同的反駁者所做的推演，還是得強調拉岡的主體是在一定的時間體會到「……人類的語言是一種溝通，發送訊號的人從接收者處以反轉的形式接受到他自己的訊息……」，因為，再清楚不過，他說「……在我們開始行動，要他人理解我們視分析為辯證這觀點時」，他方能獲取這個來自大寫他者的公式，不過詮釋的價值是不一樣的，因為適逢其時。

　　到底是從什麼時候開始，拉岡要求他人理解分析是辯證（dialectique）的這個觀點？這個新的公式要說些什麼？鏡像階段、分析的辯證以及象徵化的進展之間有什麼關係？所有的這些，會不會因為過度的知識化，而遠離了佛洛伊德的文本，甚至是治療的經驗？

114　　一點兒都不會，因為就是在1951年的〈論移情的處置〉[114-1]，拉岡對他的同事們提出佛洛伊德具臨床典範的一篇文章（朵拉的個案），把「治療患者」的思維路線區隔出來，當成一種辯證的經驗。

　　如果拉岡認為分析是辯證的進步，並非減低臨床的真實性將其「知識化」，而是一開始，他就察覺到這種思維行進的風格，是一種引領佛洛伊德治療朵拉的方式。

　　拉岡宣稱，以這種辯證方式進行的治療，讓人更接近主體的真實，同時也喚回佛洛伊德的取向，甚至是他的「最終價值」，讓從大寫他者來的訊息可以用反轉的形式被解開。

114-1　〈論移情的處置〉（Intervention sur le transfert [1951]），收錄於《文集》（Écrits, op. cit. p. 215-226）。

I. 論移情的處置（1951）

朵拉這個案，還是佛洛伊德的辯證

　　堅決排除精神分析的心理學取向，因這取向對個體過於客觀的危險性而批評它，拉岡在1951年羅曼語系分析師大會報告中提出的是佛洛伊德經驗的觀點，屬於對話的一種，當中主體以論述自行建構，唯一的法則就是真實（vérité），為他所堅持的現實（réalité）帶來變異的運動。

　　「……**精神分析是一種辯證的經驗**（la psychanalyse est une expérience dialectique），當人們提出有關移情本質的問題時，這個觀點就更顯重要。」（E, 216）拉岡如是宣稱：對那些想要了解分析技術裡移情這重要概念的人亦是如此。

　　稍後他更仔細說明他分析辯證這觀點所要表明的，讓這觀點脫離佛洛伊德全集的模式。

　　「……佛洛伊德是以倒轉一系列辯證的這種形式報告朵拉這個 115 案[115-1]……就是細查使主體真實被改變的結構，這不只是觸及主體對事物的理解，亦觸及了『諸客體』運作的主體位置。這意味著這報告的觀點等同於主體的進展，也就是說，治療中的現實。」（E, 218）

　　根據拉岡的說法，佛洛伊德並沒有遮掩治療的現實，也沒有阻止主體的浮現，他的辯證被當中的客體對象所引導；拉岡說，很明顯的是，分析師因為害怕佛洛伊德的發現，面對這辯證時退

115-1　朵拉原名為伊達・鮑爾（Ida Bauer 1882-1945），佛洛伊德的第一個以精神分析治療的個案，朵拉的故事成了精神分析文獻的經典。出生在維也納環境優渥的猶太中產階級家庭，是兩次大戰間奧地利知識分子圈的代表性人物奧圖・鮑爾（Otto Bauer 1881-1938）的妹妹，她是精神分析著作中最常被討論的個案。

避三舍，進而用客觀化的方式粉碎主體，而這將會永遠杜絕他們進入真實語言，以及這語言所要求的主體進步。

朵拉[115-2]裡有些什麼？

當佛洛伊德見到她時，她是個十八歲的少女。

佛洛伊德這麼說：「她最主要的症狀就是憂鬱跟個性的問題。她當時顯然對自己和他人都很不滿，做出激怒她父親的行為，對她母親也不理不睬，全是因為她要朵拉為家事盡份力。」[115-3]

這位少女因厭世而寫下了遺書，此舉嚇壞了她的父母。有一天在父親面前她突然昏倒，而讓父親將她帶到佛洛伊德那裡。

佛洛伊德在觀察後做了結論：「『輕微的歇斯底里』，合併常見的身體與精神症狀：呼吸困難、官能性咳嗽、失聲、可能也有偏頭痛；因著這憂鬱、孤僻的歇斯底里情緒，以及些許對生命的厭倦。」[115-4]

116　　平凡無奇的個案朵拉，因著佛洛伊德的文筆，卻讓她不尋常地頗富盛名。

不過「我們想要的，不就是去澄清最單純、最常見的個案，以及他們最典型的症狀」，[116-1]佛洛伊德這麼跟他的學生們說，接下來，他們也樂此不疲地討論這個案。

1951年，拉岡的評論仍是以一種傳統的精神分析的方式來書寫，但這種傳統的方式，日後將被他的宣稱所革新。

115-2 讀者們回頭唸唸佛洛伊德的文本將會有所收穫，〈朵拉：歇斯底里案例分析的片斷〉（Fragment d'une analyse d'hystérie [Dora]，收錄於《五個精神分析的案例》（*Cinq psychanalyses*, PUF, 1954, p.1-91）。
115-3 *Ibid.*, p. 14.
115-4 *Ibid.*
116-1 *Ibid.*

他要說什麼？

讓我們回到這個案。

朵拉向佛洛伊德抱怨她父親將她丟給他情婦的先生（K先生），好讓他的婚外情更順利。

拉岡說，沒有讓這年輕女孩醒悟，佛洛伊德撇開對這位年輕女孩抱怨的同情，介入「交換的圈子」，以「第一個辯證的倒轉」要求朵拉看到讓她抱怨的持續的「疾病」，到底為她帶來什麼。

緊接著「真實的發展」，拉岡這麼寫：

「要知道不只是朵拉的沉默，還有她自己的共謀，再加上她機警的保護，讓小說情結可以持續上演，使得兩位愛人可以糾纏不清。

注意這整個過程。「在這裡我們看到，不只是朵拉加入屬於K先生客體對象的舞池……當中還有與四人共舞的關係。在一天接到貴重禮物後，又再度捲進物品微妙的循環，彌補性提供方面的不足，從父親到K女士……病人讓自己為K先生提供相對付出，禮物到她這裡來，並不比從直接的來源所得到的少，是以等同於在中產階級常見的適當補償金額的形式贈與，顧及保持祖產，用這補償金與合法妻子重修舊好（我們注意到妻子，這人物的存在，此時淪為交換鏈的外掛物）。」[116-2]

拉岡指出，佛洛伊德著手朵拉的分析，使用第一個辯證的倒轉，或是主體的匡正，真實的發展因而產生。　117

我們強調這裡的真實是人類學專屬的，就拉岡的說法，這真實體現在社會交換圈子，構成安頓朵拉世界的網絡，指派給她一個她不想要的位置（交換的物件），但她確實也參與其中。

116-2　〈論移情的處置〉，收錄於《文集》（op. cit. p. 219）。

　　拉岡重新閱讀的這臨床片段，完美地呈現了他的論點，因為一開始，他讓大家看到朵拉暗渡陳倉卻毫不自知的方式，是無意識的，來自社會大寫他者的訊息在社會交換鏈指派給她一個明確位置。

　　就拉岡的說法，佛洛伊德的第一個辯證的倒轉成功地讓朵拉看到，她如何無意識地完成從大寫他者來的「任務命令」，將父親口裡說出的話解讀並轉錄為：「你是我跟K先生交換的女人……為此他將他的女人（K女士）讓渡給我。」

　　這個交換女人的圈子給了朵拉無意識活動的座標，如果這位少女願意像是個物件──也就是說，像個女人──參與這交換鏈，就能沒有障礙地繼續。

　　不過事實上，朵拉拒絕了，並在圈子的外面，對K女士產生了忌妒……反對加諸在她身上的角色。

　　拉岡解釋第二個辯證的倒轉。佛洛伊德在朵拉對K女士忌妒的面具底下……揭露了無意識的旨趣，又再一次地促成了對朵拉的抱怨逆勢操作的分析。

　　真實的新發展，不過，這次的真實沾染了佛洛伊德的成見，拉岡的看法是：造成朵拉忌妒的無意識邏輯並不是來自於她自己的伊底帕斯願望，讓K女士成為情敵或是父親的情婦，或更籠統的，她擁護者（K先生……佛洛伊德）的客體。不是這樣的：真實的正確發展，應該能讓佛洛伊德看到朵拉對K女士的愛戀……並不是忌妒認同，而是同性戀客體的挹注（investissement），在伊底帕斯之前，從她主體原初認同（identification subjectif primordial）這一點，就被命定了。原始認同（identification souche）的這一點來自於鏡像階段，不過隸屬原初的男性特質，同時建構她謎樣般的

118

女性特質，甚至是一種症狀，將她困在社會交換指派給她的女性位置這命運中。

這就是為什麼，讓朵拉迷戀K女士的……就像佛洛伊德看到的：「是令人醉心的白皙胴體」，就像拉岡講的：「她自己身體的女性之謎。」（*E*, 220）[118-1]

對拉岡而言，另一個說法是，朵拉尚未察覺到她的女性特質。他還說，為此她「……必須要達到對她自己身體的設想，不這麼做，她對功能性的肢體破碎（參照**鏡像階段**理論所提供的）將毫無招架能力，造成轉化症（conversion）。

「更進一步的條件，唯一的代言人就是原初的**無意識形像**（l'imago originelle），為她開啟通往客體的門，畢竟年紀差她一大截的男伴讓她可以認同這最早的錯亂，當中主體把自我（moi）當做我（je）。」（*E*, 221）

這些是拉岡筆下的三個小論點，讓讀者可以將1949年的文章（〈鏡像階段〉）與拉岡在1951年分析朵拉認同的理論基礎的文章接合起來。

拉岡宣稱，因為在朵拉鏡中生命的最早期，她讓自己認同年紀比她長的男性對象，所以她：

（一）無法達成對她自己女性身體的設想；

（二）受控於肢體破碎的魔掌，引起轉化症；

（三）將K女士的身體塑造為令人嚮往的謎；

（四）認同父親，「墜入」對K女士的愛戀……像是她欲望的（同性戀）客體，有如她認同自己是父親**完形**的繼承人（K先生……佛洛伊德）；

118-1　佛洛伊德承認他底估了朵拉的同性戀欲望這傾向。

127

（五）拒絕接受將她擺在女人交易位置的社會大寫他者訊息。

119　　　換個說法，也為了重整拉岡在1951年對個案朵拉的閱讀，要了解到，對拉岡來說，朵拉的不滿可以從她認同的原始首要區位（也就是鏡像階段將她置於男性那邊），以及由社會（她的網絡）大寫他者接收到的無意識的訊息之間，兩者的不協調來解釋一切，後者安排她跟呼喚她命運、交換圈子的女性位置再次結合。

朵拉或女性地位的標誌

要知道，拉岡在這裡——就知識論這層面——不只是更正個案朵拉的窘境，他還做了範例式的說明，結合了佛洛伊德歇斯底里的臨床跟：

（一）分析贈予以及交換；這是從人類學借來的，特別是根據李維史陀研究中女性的交換；

（二）補足佛洛伊德認同的重要理論，也就是他在1936年之後用鏡像階段建構的那些。

這裡所說的不單只是一種次要的臨床表徵。

先讓我們強調，藉由這文章：

（一）在他論及父親在伊底帕斯情結所佔的比例這部分，拉岡跟佛洛伊德是對立的；

（二）把這個比例看作是佛洛伊德對分析的阻抗；

（三）將對分析的阻抗當成分析師的成見，並且

（四）讓大家明瞭，這不只是朵拉的命運，這同時也是「輕微歇斯底里」的命運，強力地對抗象徵系統，這系統指派給女性的位置，正是人類學定義的交換物品這個位置。

這樣的不協調（可能是結構的），難道不是原初首要的認同跟完形之間的嗎？我們可以說這樣的不協調比較與性無關，而是類別的（根源或是父親的）？[120-1]安排女性承擔一個物品交換位置的社會命運，深深地劃分女性地位並加劇她們的症狀？ 120

拉岡回答：「對所有的女性，以及社會交換而言，最基本、最深層的理由（同樣也是朵拉的叛逆所訴說的不滿），攸關她們地位最根本的問題，就是接受自己是男人欲望的客體，對朵拉來說，這也是讓她愛慕K女士的謎底……」（*E*, 222）

拉岡用李維史陀閱讀佛洛伊德，讓朵拉在交換女人這位置宣告自己的無意識任務。除了讓朵拉「把自己當成男性」的最初首要的認同之外，她也被帶向同性戀客體的選擇，就拉岡的說法，佛洛伊德太執著於他的伊底帕斯理論，無法看到這部分。

「我們會這麼認為，這裡突顯的，是在一開始就曲解了伊底帕斯情結這概念的偏見，讓父親這角色所佔的比例像是與生俱來的，而不是一種正常化的過程：就像我們平日經常聽到的說法：『線對針，就像女孩對男孩』。」（*E*, 223）

拉岡指出，因著這些伊底帕斯偏見，佛洛伊德沒有做出第三個辯證的倒轉，好讓他解除「……將朵拉生平的所有情境灌漿製造的想像模子──舉個再貼切不過的圖示理論，在佛洛伊德身上，就是無意識的重複行為。現在我們比較有辦法知道對朵拉來說，女人跟男人意味著什麼。」（*E*, 221）

120-1　參考我們的《拉岡與社會科學》，當中我們提出拉岡的原初首要的認同以及佛洛伊德的亡父。拉岡細究朵拉並無違背我們的看法，將原初首要的認同呈現為父親的完形這舉動，我們也將看到，在1956-1957年間「客體關係」（*La relation d'objet* [L IV]）的講座，拉岡再一次確認我們的觀點，以更普遍的方式指出歐斯底里的同性戀客體「選擇」，並再次回到對父親的原初首要的認同。

緊接著：

「要進一步承認自己的女性特質，她必須實踐她自己承擔的身
體〔……〕

121　　更進一步的條件，唯一的代言人就是原初的**無意識形象**，為
她開啟通往客體的門，畢竟這年紀差她一大截的男伴讓她可以認
同這最早的錯亂，當中主體把自我當成**我**……」（*E*, 221）

　　根據拉岡1951年的說法，佛洛伊德缺少的是——好讓他更精準
地分析朵拉——拉岡的鏡像階段理論。這理論將能讓他不需傳喚日
後啟動伊底帕斯情結中的認同，在這情形下佛洛伊德的偏見，就是
強調父親——**如同客體**——在女兒的欲望結構中所佔的比例。[121-1]

　　拉岡在1951年所做的介入，無非是一併展現佛洛伊德的天才
辯證，還有顯明拉岡對鏡像階段的豐富臨床的補充，在此連結李
維史陀交換女人的理論，讓朵拉的無意識任務可以被解讀。

　　要記得拉岡在這篇文章指出，在臨床個案以及治療方向的層
面，精神分析當中的所有客體，即是無意識訊息以及結構的形
式，需要辯證的倒轉，才能讓症狀的密碼文導向真實。對他來
說，治療的辯證概念顯然跟哲學那種做作無關，只是一種技術做
法，配合無意識訊息產生的模式，以倒轉結構型態而得到真實。

　　也就是說，在此情況下，無從選擇。

　　因為無意識的訊息是以反過來的形式臨到大寫他者，移情的
手法將抱怨症狀的用詞反轉了過來，匡正主體，使被分析者了解
他無意識地編造了些什麼，或者他的抱怨伴隨些什麼。

121-1　我們看到，拉岡對佛洛伊德關於父親這議題知識論上的控告直到1951年都還在，像是他
　　　　憂心於1936年以後提出自戀的豐富臨床，以及對他不認同佛洛伊德原初認同（premières
　　　　identifications）的理論所提出的補充。

　　因著我們的研究，讀者可以更加了解為何1951年的文章很適合用來說明主體公式產生的歷史情境，還有，再次使用拉岡的用詞，為什麼在他「開始行動，要他人理解他視分析為辯證的觀點」時，從他獨一無二的聽眾接收到這個公式「人類的語言是一種溝通，發送訊號的人從接收者處以反轉的形式接受到他自己的訊息。」（1953）

　　這個形式就是「語言自行表達的形式，同時也界定了主體……他參考他者的論述……就這般被包覆在語言的更高階功能下，因而讓說者授與他的接受者新的現實，比方說，一句：『你是我的太太』，主體為自己蓋上已婚男性的章……」（《話語跟語言的功能與範疇》，298）

　　只有對照辯證的運動才能重建無意識訊息。

　　這在臨床個案可以看的一清二楚，但是在集體的臨床，我們得到的結論是，雖說根據佛洛伊德的說法，這是一個「輕微歇斯底里」的模範個案，或是「再單純不過」且極為普遍的個案，我們還是將1951年的這篇文章視為拉岡分析女性地位最重要的貢獻。

　　所以可以把這篇文章當成佛洛伊德技術的書寫來閱讀，闡明治療的經驗，但它同時也是——在女性特質的重點——對精神分析人類學（集體的臨床）的貢獻。拉岡這介入是有雙重功效的，顯示他是佛洛伊德學派，證實他是正統的弟子，並用他回歸佛洛伊德的身分產下了一個既是個案的臨床，本身也不折不扣地是社會的臨床。

　　但真正證實拉岡的回歸佛洛伊德，無疑地，是佛洛伊德的倫理，這並不阻止我們觀察到他以評論佛洛伊德體系的這條路進行

122

這回歸，但調動的理論基礎不全然都是取自佛洛伊德的作品，因為當中還有他自己對自戀（鏡像階段）的研究，以及他從法國人類學家學到的象徵秩序（l'ordre symbolique）。

123　　拉岡在1951年的文章中提出交換女人的理論，就是他拆解朵拉無意識任務所使用的原則，這個觀點指出李維史陀的研究對當時的他有多重要，不只是對他關注的精神分析人類學，且對從一開始就著手澄清佛洛伊德做為範例的臨床個案朵拉上，亦是如此。

　　就像我們在之前的研究（即拉岡與社會科學）看到那樣，這不只對1951年的朵拉個案，也對之後，她的對應者，佛洛伊德對男性個案（鼠人）的研究，有著一樣的價值。

　　我們想到拉岡在1953年重新造訪鼠人這個案，在瓦爾（Jean Wahl）[123-1]的哲學學院，以「官能症患者的個人神話」這題目做報告。

　　我們沒有意願在此再次介紹李維史陀對拉岡閱讀鼠人的影響，只需提醒「個人神話」這段話是李維史陀在1949年發明的就夠了（本書第一章中「李維史陀對治療的看法」一節）。

　　如果拉岡的回歸佛洛伊德是經由評論他的個案來進行，自然是因為他想要更貼近佛洛伊德的臨床經驗。不過為了理解這回歸的動作，我們光是靠明確的日期，或是重複拉岡是在1950年回歸佛洛伊德都不夠。要看到這回歸是經由自成一格的迂迴評論達成的，是一種對佛洛伊德倫理的尊崇，也是批判的考驗，拉岡藉此

123-1　瓦爾（Jean Wahl 1888-1974），哲學家與詩人，取得法國大學與中學哲學教師之資格，從1936年起在索邦大學任教。法國哲學會社（la Société française de philosophie）的主席，是哲學學院（Collège philosophique）的創辦人與靈魂人物。

檢驗佛洛伊德論點的依據，當他認為外來觀點能夠支持佛洛伊德的理論時，會毫不遲疑地借用，來達到這個目的。

　　就算這回歸讓他可以解讀來自分析師佛洛伊德的訊息，並從這觀點指出佛洛伊德的文章讓所有分析師封閉在自己所認為的使命當中，並為其背書，拉岡在這狀態下並沒有更新佛洛伊德體系中讓他覺得阻礙真實發展的部分。

　　拉岡的計畫不是宗教性的；為了他的「回歸」，他可以跟佛洛 124
伊德的成見劃清界限，就他的看法，這成見的功能是對分析的阻抗，讓人想到佛洛伊德文本的苛求。

　　另一個說法，在他分析被他評為過氣之精神分析理論的那些段落，拉岡並不鼓吹恪遵他立的新義，不過他毫不遲疑地讓佛洛伊德式的倫理與真實的遭遇，用來對立佛洛伊德自己阻抗的觀點。

　　舉例來說，關於個案朵拉，要注意的是拉岡批評、檢視以及滲透著對精神分析之父偏見進行論斷的，不只是批評佛洛伊德的伊底帕斯情結；在他看來，這是分析朵拉的阻抗，終究導致移情的決裂。於是，他以一系列對立的認同取代佛洛伊德這個薄弱的觀點，因而須要在朵拉的「原始認同」（鏡像階段帶來的理論）當中找到模板，並且要在他象徵功能的觀點，在主體建構過程以及組成症狀之無意識訊息中，在起源與臨床上，都要超過伊底帕斯情結。

　　所以說，拉岡用佛洛伊德閱讀佛洛伊德，可以接近真實時，縱使要「犧牲」佛洛伊德（或是他該死的盲目）做為代價，他也不妥協，以法國人類學家的論點予以取代，讓他有機會解開朵拉症狀所封藏的訊息。

　　如果拉岡可以闡明朵拉的症狀，那麼他不是從對父親的伊底帕斯願望去演繹，而是從父親想要讓女兒對交換女性的網絡感到有欲望，交換的是他欠一位女士的財物，從這些訊息去推敲，這是因為他從李維史陀那裡學到——還有在李維史陀之前，共同鍛造法國人類學的那些人，當中有毛斯——社會交換協定好的象徵性債務必須償付，不這麼做，惡運就會臨到不償債的人，或是臨到他的親人。[124-1] 這樣一來，拉岡就可以認定朵拉的不幸不是來自於無意識的伊底帕斯罪惡感，而是完全不同的事，是在無意識中受苦的象徵的債務。

　　面對人類學論點的廣度以及他從鏡像階段導出的教導，拉岡在他的「回歸佛洛伊德」當中認為，精神分析之父的伊底帕斯理論有可能、同時也必須被超越。

　　這樣尖銳評論佛洛伊德文本的觀點真的是拉岡「回歸佛洛伊德」的精神嗎？

　　要回答這個問題，必須：

● 問拉岡

● 閱讀他1955年命題為「佛洛伊德的事物，或精神分析中回歸佛洛伊德的意義」[125-1] 一文。

II. 佛洛伊德的事物或精神分析中回歸佛洛伊德的意義（1955年十一月七日）

　　自從在維也納神經精神院所召開會議的介紹後，拉岡多次使

124-1　我們之前看到，這還是拉岡第一年講座的邏輯，沒有償還的債務在他做的症狀分析被突顯，讓兒子手不能動的是被懷疑偷竊的父親。

125-1　收錄於《文集》（*op. cit.* p. 401-436）。

用「回歸佛洛伊德」這語彙。

在某個情況下，他先是將自己說成「訊息預言者」（l'annonci-ateur）（E, 401），之後他很明確地指出他「這四年來，從十一月到隔年七月的每個星期三」，致力於佛洛伊德文本的講座。

如果我們注意到會議是在1955年十一月召開的，我們就可以推論拉岡要大家明白的是，他在講座中回到佛洛伊德文本是從1951年開始的，也就是他撰寫我們稍早讀過的〈論移情的處置〉這篇文章的那一年。這麼一來，他那被我們仔細分析過的朵拉閱讀，在這按年代理解的回歸佛洛伊德版本中就有了開幕式的效果。

對歇斯底里的致意？

對真實姿態的致意？

對一開始被歇斯底里啟發，經歷時間長河之佛洛伊德發明的敬意？

當然是根據1955年的明確指示，不過我們同樣也可以說1951年文章的理論根據——不管是法國人類學研究帶來的象徵功能研究，或是鏡像階段理論帶來的——構成了拉岡回歸佛洛伊德文章的外來科學基礎。 126

那是為了什麼，如果拉岡「公開地」（像是講座）回歸佛洛伊德是在1951年，又在1955年將自己說成訊息預言者呢？

因為這時不再只是他自己的回歸佛洛伊德，而是因為——根據他自己的說法——「命令的詞語」（E, 402），這命令的政治回響（指的是精神分析的政治）在這當下才被承擔，經由他的悉心照護，適宜在精神分析領域的國際與集體層面發揮作用了。

比起見證了精神分析之父的發明誕生地的維也納，還有其他更適合的地方？

只是，如果拉岡把這「回歸佛洛伊德」的時刻當成一句命令，那此時他本人仍舊需要闡訴這要求是種自然的性質嗎？

從這雙重觀點來看，拉岡在會議的引論就已經作澄清了。根據他的說法，因著精神分析師「否認」佛洛伊德的著作，回歸佛洛伊德就可以向他們求償。

是對佛洛伊德的否認，還是對歷史以及神話的排斥

為什麼會否認？

拉岡認為，從佛洛伊德口中接受並捍衛他發明的這些人，必須犧牲這寶藏，因為他的弟子們在納粹的脅迫下逃亡，被迫選擇遷移並融入以「沒有歷史文化」著稱的北美（這是拉岡1955年的說法〔 E, 402 〕）。

拉岡解釋，或許，精神分析師的功能應當是「以歷史為原則」。分析的教條「就是再次建造連結現代人與遠古神話的橋樑」（ E, 402 ）。

我們在拉岡身上找到許多定義佛洛伊德發明以及對它否認的
127 方式。不過，就他在這裡的看法，分析師們否認的理由是社會歷史的，承載著對歷史的排斥，他們「再次建造」連結現代人與遠古神話的橋樑已斷裂。在知識論層面，當然也有類似情形，但伊底帕斯神話以及它在佛洛伊德著作所佔的比例在這裡更具技術性，被拉岡拿來對抗現在他稱之為「針對我們現代人，分析關係被化約為前伊底帕斯的混亂。」（ E, 407 ）[127-1]

讓我們重新翻閱分析經驗中，伊底帕斯的路徑。最普遍的就

127-1 這句話的原貌是：「針對我們現代人，分析關係被化約為前伊底帕斯的混亂，跟因為對佛洛伊德不滿意，就不把他列到伊底帕斯地位，這兩種態度之間的對立是從哪裡來的呢？」（E, 407）

是我們剛剛在朵拉個案看到的，煽動下達無意識任務的象徵命令，無疑地，最能代表拉岡回歸佛洛伊德的方式中最明確的面向。

　　不過我們在這裡看到，就拉岡的說法，這「回歸」在集體層面，是由精神分析領域的歷史以及否認佛洛伊德文本所定義的。

　　這麼一來，這回歸對精神分析社群的那些人要求的是「……從佛洛伊德死後那段時期，在精神分析運動的對立中得到幫助。」（E, 403）

　　就拉岡的用詞，這裡的「回歸佛洛伊德」並不是「潛抑的回返」，而是：

（一）「翻轉」（E, 402）佛洛伊德死後，分析師們所編造的；

（二）匡正精神分析師的地位，讓他們看到他們的否認以及期待的（排斥歷史與神話）對立。

　　就像「他最清楚也最有血有肉的著作所證實的那樣」（E, 405）。較一般的說法，回歸佛洛伊德在這裡變成回歸到「佛洛伊德的意義」（E, 405）。一切都是為了最後在分析社群的核心，以及分析的臨床實作中重建真實。

　　「回歸佛洛伊德本身的意義，就是回歸到佛洛伊德想表達的意義，然而佛洛伊德說過的那些話的意義，或許只能傳遞給某些人，縱使他是對著所有的人說，畢竟只有這些人才會感到興趣：一個字就足以讓他們有感覺，佛洛伊德的發明讓真實的問題被提出，而沒有人不會對真實不感興趣。128

　　「你們承認這說法很奇怪，讓你們的腦子浮現這個聲名狼藉的字，讓隨之一起出現的好的部分都被驅逐。不過我還要問，難道這不也被置入分析實作的核心嗎？畢竟這實作讓我們對我們發現

真實的能力不斷地被更新，直到骨子裡。

無意識到底是哪裡比防衛機轉更值得被承認，在主體內與防禦機轉相對峙，成功地讓防衛機轉看起來不會更不真實？〔……〕不過我的問法是，和睦是打哪兒來的？如果這和睦是為了認清無意識的傾向，如果不是將後者困宥於衝突當中，就會顯得較不真實嗎？」（*E*, 405）

辨認無意識真實是分析經驗的目標，在〈論移情的處置〉（1951）之後，人們就知道治療的方向是要得到這來自——就拉岡的說法——先前辯證運動的結果（匡正主體，接著發展真實）。

在群體分析層面的回歸佛洛伊德運動，拉岡讓自己在維也納成為訊息預告者，嚴格說來都是同個形式：提升對立、倒轉（分析師這邊的）阻抗、匡正主體、發展佛洛伊德的真實（就是佛洛伊德的話語或是簡易明確的著作）、展現象徵功能在無意識管轄區域，以及它的形成無所不在。

「拆解（症狀的符徵結構）是公開的，並指出刻畫在骨子裡，對人類來說，無所不在的象徵功能。」拉岡如是詳述。（*E*, 415）

一般而言，為了我們的研究，我們證實了拉岡在團體分析層面尋求的「回歸佛洛伊德」解決方案，嚴格來說等同於他在治療方向鼓吹的辯證運動。

在這兩種情況，不同立場中辯證的倒轉應該會導向真實的辨識，從象徵效能，又或者從主體、他的症狀、他的不滿自行推演的功能中演繹，可以是個案的或是「群體的」，也就是說社會的（分析與否）。

129　　　為了在維也納提出他在團體層面的爭論，拉岡彼時藉助人類學知識，當下讓主體真實的價值等同社會不滿的理由與根基。

群體不滿的主體肇因

「區別以語言為基礎的社會跟動物社會，進而得以理解人類學所匯聚的資訊：讓這個社會有別於其他讓欲望同樣獲得滿足之基礎的特有交換，就是那些我們稱為「全體社會行為」的禮物——這深遠的影響，當主體的干預讓一個團體成了另一種結構，甚至可以反對將這個社會定義為個體的集結。

這讓像是理由的真實影響從不同通道進來，並強加審核因果關係的進程。」（*E*, 415-416）

進一步：「如果所有的原因均可證實為主體所隱含的，無疑地，所有命令中的衝突都將不會成為主體的職責。」（*E*, 416）

拉岡將個案臨床上的延伸，應用在團體分析，因為被法國人類學（毛斯、李維史陀）調教過，在社會基礎上，他深知如何辨識象徵功能：

（一）調度主體「成為群眾」；

（二）讓主體將衝突的負荷卸到團體，並且

（三）認定主體的真實是不滿的原因，拉岡也在法國分析領域以及1953年的決裂局勢中，以他捍衛（或不捍衛）的軀體體現這點。

在這裡，對他而言不可或缺的（政治－知識論）命令提醒他，在治療或群體中的分析介入都必須排除個人主義的論點。

我們認為，「我們在精神分析介入這問題所放置的用語，會讓人覺得倫理上不是個人主義的。」（*E*, 416）他如此補充說明。

不過，遑論是群體與否，在維也納召開的會議裡，拉岡再次強調，在治療中如同在群體中，主體從來就不會是自我，如果分

130　析師想要最終可以來到症狀的因果關係，那麼調度他注意力的應當是主體的真實。如果拉岡在團體分析製造症狀，在他的回歸佛洛伊德製造症狀，根據他的說法，這是因為他的話語體現了其他後佛洛伊德學派所否認的真實，才會讓他在講堂說出這不可思議的句子：「我就是真實，我說。」（Moi la verité, je parle）（E, 409）

　　再進一步講述這論點之前，要先注意到，1955年在維也納召開之會議中，以一種像是一系列的基本理論呈現來回歸佛洛伊德，這些都是他閱讀佛洛伊德文章所提倡的，顯示了他的回歸。

1955年的理論支援

　　有哪些呢？

　　一、自我與主體間的分隔：

　　「我們剛剛講到的主體像是被認出之真實的受贈者，而不是或多或少在意識享樂或是在艱苦錯亂的事件中，即刻被感受到的自我。」（E, 416）

　　二、提出建構主體的模式是經由倒轉的語言，有著象徵功能的特性：

　　主體「……你們要對他說的跟他無關，他自己就可完成任務，就算是這樣，他也不會對著你們說；如果你們是要對著他說，就字面來說，是另一回事，跟他論他自己是兩回事，他是那個跟你們說些什麼的東西，但不管他說的是什麼，你們永遠無法了解。如果對你們說的是一句話，這句話無法在你們身上引起他的回應，就算是以倒轉的形式聽到這訊息，你們還是無法在歸還給他的當下，同時完成對他的辨識，並如是辨識了真實。」（E,

419-420）

　　三、喚起自戀以及鏡像階段的理論（ *E, 427* ），還有想像的錯
亂：

　　「這熱情給了所有帶有這影像的關係一個意義，我的同儕一再
指出，而我也相當感興趣的就是，因著這麼地依賴這影像，讓影
像連結了他者欲望以及自我欲望的所有客體，更貼切的說法，它
們在我裡面引發了欲望。」（ *E, 427* ）

　　四、喚起象徵在治療行為、佛洛伊德發明以及法國人類學的
影響力：

　　「這也是為什麼我們教導說，在治療的情境當中不只存在有兩個
主體，而是兩個主體各自有著兩個客體，也就是自我與他者……」
（ *E, 429* ）同時：

　　「就是在這具決定性之象徵律法的核心中，佛洛伊德突然被他
的發明帶著走，因為這跟他對我們堅決主張的無意識，以及所有
在那之前被歸到這名下的都無關，他辨識出了這律法所訴求的，
建立了**聯姻與親屬關係**（我們特別強調），從《夢的解析》開始，讓
伊底帕斯情結成為最中心的推動力。就是這個人讓我現在可以向
你們說明，為什麼無意識動機自我侷限於性欲望（在這一點佛洛
伊德一開始就表明立場，從不讓步）。事實上，最根本的就是性的
聯結，以及將之歸類為你情我願的聯結與禁忌關係的律法，第一
個名義上產生後裔的、交換女人的組合得到了支持，在無需償還
的財物交換，還有自足的詞語的交換中，發展出最重要的交易，
以及支撐人類社會的具體論述。」（ *E, 432* ）[131-1]

131-1　參閱李維史陀的《親屬關係的基本結構》一書中的交換女人論點。

佛洛伊德體系在伊底帕斯的性欲望這一點再次與李維史陀的社會調節機制連結上。

文章的結尾讓拉岡對成為分析師的養成提出建議,先從「語言的」、「歷史的」、「數學的」方法學著手,好像是「機構的教改」,要分析師守住「與定義成互為主體的科學或稱之為推測的科學這些學科保持對話……」（*E*, 435）簡單地說,與適度定位的人文科學對話,這將是未來五十年希望達到的結果。

132　　從這篇1955年的文章,我們意外地看到回歸佛洛伊德這時期,在國際分析師社群中,對自命為訊息預告者的拉岡來說,它指出了什麼。在面對國際分析師學會,語氣尤其堅定地控告分析師們不具辨別能力的「否認」,以及明顯的政治傾向。

讓我們再回顧一下,拉岡在回歸佛洛伊德所致力的,是回歸佛洛伊德的意義;根據他的說法,回歸這些創始的文章,就是要評估它們再度承受評論這考驗的能力,這裡的定義是:

「這些文章跟人類在不同時間所景仰,並賦予較高屬性的文章並駕齊驅,在於它們通過了評論的嚴苛考驗,可以在不同的傳統下被使用,不只是依著時序的背景重新放回話語,並且衡量對它們提出的問題所作的回答,在面對現今所提出的問題,是不是過時了。」（*E*, 404）

如果對精神分析之父的文章所作的回顧,並不像我們看到的那樣,沒有一點宗教的色彩,我們將看到,拉岡在這裡提出評論嚴苛的定義,其重點在於評論讓以下兩點實踐的方式:

（一）重組文章的結構——就是修復歷史背景的緣由,要這麼做,必須要撤棄「文化的無歷史性」（l'anhistorisme de culture）,這只會阻礙對佛洛伊德文章的理解,以為只是分析的實作,

　　並且，

（二）確認文章的內在主題並未過時。

　　讓我們為手中的事感到欣慰的，不過是寫在拉岡體系裡對評論的定義，當中分析的回響比起代表1953年的公式可能反倒不那麼直接，這公式對我們的觀點來說，不可或缺：「評論文本，就像在做分析一樣。」

　　儘管如此，可不要搞混了，對拉岡來說，這麼做是為了解放佛洛伊德的「真實的影響」，根據他在1955年會議上以評論的實作而得到的證實：

　　「在與精神分析不同領域的那些技術人員當中，有誰能不被我閱讀這些文章所傳達的分析，被這個正在作用的研究感動：不論是讓我們窮追不捨的《夢的解析》，『狼人』的觀察，還是『超越愉悅原則』？這些精神形成了怎樣的操練，它的聲音有著怎樣的訊息！這學術的方法學價值，如同這訊息真實的影響，是何等的具有控制性！當你所傳授的弟子為你見證了今日或將來突然發生的轉變，當這些對他們來說更明白清澈時，他們的實作就更容易也更有效。」（*E*, 404）

　　這情感、這真實的影響、這突變的遭遇，難道不也都參與了精神分析最為猛烈的經驗嗎？這是一定的，如果在1955年，如同在1953年，拉岡所謂的回歸佛洛伊德指的是應用在佛洛伊德文章的評論的嚴謹，這絕對是因為分析師應該知道如何在精神分析思想的歷史當中發現這個，同時也知道要承受一個已經過時之主題的考驗，更是因為「評論文本，就像在做分析一樣」，特別是跟佛洛伊德的文章有關，因著當中訊息象徵式地，所以也是無意識地，連結了分析師跟佛洛伊德的聲音。

對團體所做的宣告

如果1955年的拉岡可以在整個精神分析領域中，以堅定的語氣，讓自己成為這種回歸佛洛伊德風格的訊息宣告者，這是因為他自己也在經歷評論佛洛伊德的作品「像是分析」的作用，還有，就他1955年的說法（*E, 416*），因為他把這些當成他的職責，在分割精神分析領域之「命令中的衝突」，以提升佛洛伊德的真實為緣由，在他1953年後領會的主體內涵中見證自己的「命運」。

事實上，如果拉岡可以在1955年讓自己成為在團體層面回歸的訊息預告者，某個程度是因為1951年後這回歸的變動際遇，也是一種過渡期，讓他再度翻開佛洛伊德的作品，在當中尋找被他認為是當代精神分析關鍵性問題的解答。

只是揭開佛洛伊德欲望之道，也是回歸精神分析之父欲望的 134 聲音的那隻手，同時也為自己開啟了佛洛伊德的真實，卻無可挽救地，改變了已成為佛洛伊德學派分析師的他，從此之後被當成是1953年在巴黎的分裂這衝突的原因，讓他被排擠到國際精神分析學會之外。

就這樣，不論他做了些什麼，或他對他的意圖做了些什麼，不讓自己遠離這學會，肯定的是，他一次又一次地讓自己更牢固地轉變成佛洛伊德學派，一次比一次更明確地體現佛洛伊德的真實，直到讓這真實成形。拉岡必須捱過1953年的分裂，他將這分裂形容為一場夢魘，而不是機構運算下的實踐，成功造就一個有著權力意志的人。

如果這分析恰如其分，我們將看到1953年分裂時，所有的譴詞都匯集在他的名字底下，不是一個團體的對立，而是一個英雄在解讀佛洛伊德作品時發現自己的命運，以一種無法挽回的方

式，讓他不斷遠離父親的家，而他只期盼再次踏上回家的路。

　　拉岡的教導在精神分析運動的重要性，自然是指出了國際精神分析學會的會員們，在1953年分裂時期所有的討論都圍繞在反對拉岡，這有絕對的理由，因為他們指派了（但並不一定知道）在學會之外，誰是那一個世代（以及接下來的幾個世代）最具影響力的分析師。

　　在「拉岡這邊」的那些人，當時可依自己的意願在這控告中看到（現在也是這麼看到）拒絕的前提，其理由是權力意志，讓分析在自我的區位（registre moïque）停滯不前，忽視拉岡在1955年文章提到的團體衝突這課題，總地來說，導致一個不太具說服力的爭議。

　　不管是1951、1953或是1955年，拉岡的回歸佛洛伊德被大力排斥，亦相當豐富精彩，就連他本人也花了許多個年頭才看到他在精神分析運動史的命運。從佛洛伊德文章來到他身上的使命，而這些察覺對他來說可不會一點都不痛。

　　要理解這點，根據他自己為「回歸佛洛伊德」所擬的公式，　135
必須要應用拉岡在拉岡身上，以期領會他「自我的君臨天下」（majesté moïque），跟他1953年主體位置兩者間的斷裂，以佛洛伊德著作的象徵邏輯，在苦痛中迎接人們虧欠於他的。

　　1955年，拉岡的「蛻變」[135-1]以及辨識佛洛伊德訊息的真實共同組成了他身為分析師的存在（他作為分析師的欲望），參與佛洛伊德事物，由他指定真實「在佛洛伊德的口中」，以他的名字宣布我們稍早提過的公式，當中令人困擾的多重意義是成功的：

135-1　我們在這裏所使用的蛻變（métamorphose）是，像是本書先前看到的，拉岡在提到認同父親是認同手足之主體，從死胡同脫身的解決方案時所使用的意義。

「我就是真實，我說。」（*E, 409*）

這是說：

（一）體現佛洛伊德的真實，拉岡可以宣告他所察覺的祕密；

（二）要在佛洛伊德的文章中解讀佛洛伊德的真實；

（三）這個真實，就是佛洛伊德的欲望——解讀無意識欲望的真實，這同時是解決症狀的方案，也是佛洛伊德的欲望的原因，因此是佛洛伊德學派分析師的欲望，也是拉岡的欲望，他在1955年自覺處在將這欲望公式化的立場，就像在1953年他處在面對察覺痛苦的考驗。

現在讓我們來到1953年。

III. 1953年

像我們先前看到的，拉岡在這一年宣讀他關於鼠人或「官能症患者個人神話」的會議，見證他以鏡像階段重新造訪佛洛伊德臨床的決心，以及他所知道關於象徵規則運作的條例——根據的是法國人類學家所做的解密，特別是李維史陀的研究。不過這同時也是法國精神分析社群第一次的分裂，也就是說，拉岡必須為他的回歸佛洛伊德付出政治代價的確切時機。

我們提醒我們的讀者這分裂的基本定位點，不過我們會用到拉岡自己的話語，分析當時分析師所知的戲碼。

分裂[136-1]

如何快速地評估分裂之前的法國分析師所組的學會呢？

　　因為第二次大戰，巴黎精神分析學會（SPP）在這其間的所有活動都被迫停止，所以一切又重新運作。根據拉岡1955年的說法，學會對國際精神分析學會的依賴，過度受到英美精神分析師的影響，這讓他們遠離佛洛伊德的著作。在那段時期，巴黎精神分析學會聚集了二十幾位正式會員以及七十個接受訓練的學生。1947年，納胥（Dr Sacha Nacht）[136-2]任職會長以來，就不曾停止期待這學會可自行設立負責培訓分析師的機構這想法。拉岡──團體中傑出的正式會員──在1953年短暫地接下會長的位置。

　　在這個背景下，納胥在1952年六月由巴黎精神分析學會授命此一機構計畫，在這機構當了五年領導者，只授予精神分析師證書給醫生。這計劃粗魯地劃分了，相對於拉格西（Pr Lagache）和拉岡所領導的「自由派」，由納胥所代表的、醫療威權所領導的路線。

　　拉岡當選巴黎精神分析學會的會長始於1953年，而納胥接管的機構於當年三月開幕，察覺到學生們面對納胥的官僚態度，以及對過於昂貴的課程和機構中不同學習階段不均的分配感到不滿，最後是，這架構對他們的合格強加了一些新的要求，而他們當中許多人在當時已經是赫赫有名的精神科醫師或治療師了。 137

　　學生的反叛以及大師間的門戶之見，匯合在一起，導致了一批會員（拉格西[137-1]、多鐸[137-2]、法費－布托尼[137-3]）在1953年

136-1　就這一點，讀者可以在《1953年的分裂》（*la scission de 1953*, Paris, Lyse, 1976）得到更多資訊，米勒（Jacques-Alain Miller）在此集結了相當重要的文章，讓大家更了解這個分裂以及它的背景。

136-2　納胥（Sacha Nacht 1901-1977）移居海外的羅馬尼亞分析師，致力於讓巴黎精神分析學會獲得國際精神分析學會的認同，他是前者的創辦人，也是第一任會長。在被魯文斯坦（R. Loewenstein）（拉岡的分析師）分析後，第二次接受哈特曼（Heinz Hartmann）分析，並鼓吹後者編為〈獨立自主的自我〉（Moi autonome）一文。

六月十六日求去。在巴黎精神分析學會做出最後一次回絕之後，
認定團體的不滿「全跟現任會長，拉岡博士個人的思想與行為有
關」，[137-4]開除了會長，並宣布精神分析法國學會（SFP）的創立。

　　當天，拉岡卸下了他在巴黎精神分析學會以及精神分析法國
學會會長職務，與創辦精神分析法國學會的那些人處在同一地
位。那些分裂者集結了曾經跟隨他的學生，為的是讓他們自己的
團體提早被國際精神分析學會（IPA）認可，在被納入成為這個學
會會員的同時，他們並沒有清楚意識到，他們已經分開了。為了
這麼做，拉格西，精神分析法國學會會長，在隔月（1953年七月）
寄給國際精神分析學會一份備忘錄，提到法國分析師的區別，並
為了精神分析法國學會要求與國際精神分析學會結盟。

　　備忘錄一開始的主張是「精神分析的基本原則或它的實踐
138（這些最常被描述成『古典的』或是『正統的』精神分析）並沒有
造成任何爭論；更沒有任何原則上的分歧，不管是在精神分析療
程的長短、頻率或者每次會談的時間，都是如此。」[138-1]

　　拉格西意圖讓分裂看起來是由於巴黎精神分析學會的極權傾

137-1　拉格西（Daniel Lagache 1903-1972），巴黎高等師範學校學生，曾被魯文斯坦分析。精神科
　　　　醫師、巴黎第二代分析師的拉格西，是1953年法國精神分析學會（SFP）的創辦人，也是
　　　　1964年法國的精神分析學會（APF）的共同創辦人。法國大學出版社（PUF）的「精神分
　　　　析圖書館」叢書要歸功於他。

137-2　多鐸（Françoise Dolto 1908-1988），醫師、精神分析師、天主教徒，致力於兒童精神分
　　　　析，一直都站在拉岡那邊（直到最後才離開），特別是巴黎佛洛伊德學院（l'École freudi-
　　　　enne de Paris），她帶來的重要理論其中一篇是〈身體的無意識形像〉。

137-3　法費－布托尼（Juliette Favez-Boutonnier 1903-1994），法國精神分析師、哲學合格教師，亦
　　　　完成醫學教育，接受拉弗克（René Laforgue）分析。與拉格西共同在1953年創辦SFP，接
　　　　著在1964年共同創辦APF。

137-4　〈拉格西、多鐸、法費－布托尼的立場〉，收錄於《1953年的分裂》（*La scission de 1953,
　　　　op. cit.*, p. 87）。

138-1　〈拉格西備忘錄〉，收錄於《分裂》（*La scission, op. cit.*,p. 102）。

向，以及在科學上不具說服力的勢力，對立於精神分析法國學會的領導，成員們被「自由與民主的精神」鼓舞著。

姑且不論備忘錄第一段小心翼翼地向國際精神分析學會解釋對每次的會談時間並無歧見，還是看到第四頁中確實有提到：

「……1951年起，拉岡看起來總是在反叛教育委員會，因為他在他的分析課程介紹一種縮短會談的作法；1951年期間，他無法將這情境制度化〔……〕1952年一整年當中，人們不再提到拉岡的技巧，一直到1953年，他引介他的三名弟子到教育委員會進行資格審核，為了讓他們成為養成的分析師。所有的人一致同意駁斥拉岡的技巧〔……〕討論最後終於有了可以一勞永逸處理這些問題的通盤作法：沒有候選人可以在未先行接受十二個月、一星期三次、一次至少長達四十五分鐘的訓練分析的情況下，就被接受成為訓練分析師。從一月開始，拉岡顧及專業紀律，已經將他的訓練分析標準化。」[138-2]

當然是紀律；不過歷史告訴我們，拉岡的理論紀律讓他更廣泛地在他的分析中實施不同長度的會談，四十五分鐘的論戰祭壇巧妙地掩飾了更為普遍的理論對立，避開了以回歸佛洛伊德為主的拉岡路線，也就是我們現在正進行的分析的回歸。

就像我們剛剛所說的，從此，「擾亂秩序的爭端」被個人化到拉岡的名下，像是拉格西把這稱為「集權的粉碎」。被突顯的政治拼圖，以今日的回顧來看就顯得一目了然。

這局面讓拉格西不得不在這備忘錄中，舉出圍繞拉岡名下的　139
兩極化衝突，在當初他是支持拉岡的，並試圖找出高舉這感性

138-2　*Ibid.*, p. 107.

（自由／極權）衝突的價值，以便了解法國精神分析師的分裂，就他的看法，這不是理論所能解決的。

對這點的盲目或「否認」（並非定然不感興趣）是顯而易見的。

以下是拉格西在備忘錄裡如何不得已地提到拉岡這案例：

「拉岡的技巧與人格經常與粉碎威權一起被提起，實在很難不在這方面置喙幾語。這些年來，巴黎精神分析學會大半因著他而有了生命力與活力；他關於佛洛伊德文章的講座讓他受到許多弟子的仰慕與推崇。」[139-1]

拉格西再次重複了拉岡使衝突激化，像是弟子仰慕地跟隨著他閱讀佛洛伊德，或者就像我們以「回歸佛洛伊德」概念解讀的那些。

本書的讀者現在對這回歸的理論有了足夠廣度的理解，應當會下的結論是拉格西的證詞不夠強而有力，似乎並不了解（或是不想了解，不想這些被了解）回歸佛洛伊德的最重要的旨趣——不論是理論的還是臨床的——推動弟子們對拉岡的移情，同時也引起同輩的排斥。

可能是西奈（Cénac）過去的知識與幾年前的拉岡，即在編寫他們共同的著述《精神分析在犯罪學的功能》那時（1950）[139-2]相近，讓他可以公正評估拉岡體現的是什麼，也可以說是遠離是非之地的評論，但確實讓「粉碎集權」的支持者難以忍受。

在備忘錄我們還看到：

「巴黎精神分析學會六月二日的會議中，在西奈醫師這方，頗

139-1　*Ibid.*, p. 107.
139-2　參閱《拉岡與社會科學》第三章。

具戲劇性地，拉岡成為控訴的對象，當中許多的不滿被說出來；　140
最主要的是，拉岡就是弟子們反叛的原因〔……〕……權威支持
者的一員甚至還說，就算拉岡沒有激發衝突，光是他的存在就必
須負起這責任。」[140-1]拉格西教授不顧他人反對，還是指出法國分
析社群之不滿的主觀因素就是：拉岡這個人的存在。

　　難道我們應用拉岡在拉岡身上，不正是為了要問這個讓團體
其他成員受不了的人，如果不是讓分析師們充滿畏懼的佛洛伊德
的真實化身，那會是誰？

　　讓我們回想拉岡說的：

　　「如果佛洛伊德曾負起責任，向我們顯示有些疾病會說話──
不同於赫西俄德，他讓宙斯放置到世間的疾病，默默地在人群中
傳播──讓我們聽到這些疾病所道出的真實，顯然這真實在某個歷
史片段、在一些機構所經歷的危機中，更是清晰，在研磨技巧的
那些人當中**點燃了恐懼的火苗**（我們特別強調）。」[140-2]

　　稍後拉岡又說，分析師恐懼的是自己的行為，他在這裡直截
了當地說出他同輩們在面對佛洛伊德的內在真實，所經歷的與日
俱增的害怕，並在1964年宣稱，除非夠謹慎，[140-3]不然他不會去
揭開無意識的這個層面。

　　可能是因著這個邏輯，還有這動盪的一年，在分析師當中對
拉岡提出的感到特別敏感的那些人，是最無情指責並不假思索拒
絕他的人，不過是出於恐懼與害怕，他這個人，變得讓人受不了。

　　從這裡，我們總算了解，在這痛苦的位置上，拉岡得以發現
並確認，「擾亂秩序的社會譴責」總是針對主體而發。這些變故

140-1　〈拉格西備忘錄〉（*op. cit.,* p. 110）。
140-2　〈論移情的處置〉，收錄於《文集》（*op. cit,* p. 217）。
140 3　《精神分析的四個基本概念》（*op. cit,* p. 26）。

讓他給了這個由主體造成的衝突一個血肉之軀。

無疑地，一樣是這個經驗讓他1955年在維也納發表——我們
前面提過——主體性應當擺脫身為社會危機的始作俑者。

如果拉岡真是在法國人類學的教導下找到這一點，不會只是
因為他念過李維史陀，而是因為他以自己的主體位置建構了一種
社會臨床，在當時並沒有把這個解讀為自由的個別選擇，而是從
大寫他者（這裡指的是佛洛伊德的著作）而來的主體命運。如果
真像他所說的，這命運充滿著其他分析師的害怕，那反過來看，
他經歷的痛苦正是理論成熟的時機，確立了他的主體理論，更仔
細的說法是，他那時所編彙的歷史的主體，並在寫給魯文斯坦
（Loewenstein）[141-1]的信中證實這點。

拉岡致魯文斯坦的一封信

1953年七月十四日，拉岡寫了一封信給他的分析師，預告拉
格西即將拜訪他，為的是與他探討學會內部分裂的報告。

不過拉岡細說：「如果我所寫的對這報告沒有任何重要性——
而我們的特殊關係允許我以輕鬆的口吻，向你證實我所遭遇的，
少了這個，歷史就無法書寫。少了這種主觀的基礎，人類物質世
界就不會有任何的客觀性。」[141-2]

這封信的這幾行結語對我們而言相當重要，因為它們重申並
要求在主體基礎中，找到是什麼在推動人類的歷史。

141-1　魯文斯坦（Rudolph Loewenstein 1898-1976），美國的精神科醫師與分析師，誕生於洛茨
　　　（Lodz）的猶太家庭，移民蘇黎世，並在1925年來到巴黎，參與創辦精神醫學的演化小組
　　　（Groupe de l'Évolution psychiatrique）以及SPP，是衲胥、拉格西以及拉岡的分析師。之後
　　　移居美國，在美國精神分析學會擔任要職。
141-2　〈給魯文斯坦的一封信〉，收錄於《1953年的分裂》（*La scission de 1953, op. cit.*, p.132）。

　　而這位必須為弟子們的反叛、團體的不滿與分裂負全權責任的人，對著他的分析師，娓娓道盡他的經歷。

　　「一樣都不少〔……〕全臨到我身上。一個老掉牙的討論，從理論延伸到經驗的陣地——帶來一種技巧，不管是不是有理論依據，我曾經在公開場合為這技巧辯護過，就是在某些分析，特別是訓練分析（didactique）規律地將時間縮短，因為某些特別的阻抗使然，如今又被喚醒了。

　　有人使我的一些弟子的立場與我對立，佯稱縮短對每個人付出的時間是他們與我對立唯一的理由〔……〕。」甚至還說：「我的學生們紛紛離棄我。」[142-1]

　　拉岡並不會不屑提起那些將他與其他分析師做區隔的理論基礎，就像我們看到的那樣，就算是關於縮短時間的會談，他也承認在技巧上會有些缺失。不過在這封信當中，一切都指向為了達成他的傳遞行為，是他評論佛洛伊德文章的概念，以及這些概念指涉的治療方針，有如整個「回歸佛洛伊德」，還有，根據拉岡的說法，讓佛洛伊德的欲望——經由他的弟子——繁衍，導致了所有對他的控訴，神聖的恐懼延燒到他的同輩。因而，排斥他的手段，就在精神分析資格審核中，轉向他訓練教導的「後代」分析師。

　　在這個情勢之下，如果不是佛洛伊德的話語，還能以什麼作為支持的論點，根據他所經歷的，他早應該有所提防：

　　「我已經看到在一群『被分析過』的人當中會發生什麼事了，我也藉由佛洛伊德本人知道，這遠超過人們可以想像的：事實上我從來沒有想過會這樣。」[142-2]

142-1　*Ibid.*, p. 130-131.

參照佛洛伊德就是個問題。

那裡有著一種想像的撕裂「……我從來沒有想過會這樣……」，

143　當中有死亡，動員佛洛伊德話語引起的強烈感覺，是唯一適合用來塞住想像粉碎後的創傷情感，以及伴隨的「抑鬱的沉痛」陣仗：噩夢、死亡的欲望、恐怖的情緒。

讓我們再聽一次這段話：

「我已經看到在一群『被分析過』的人當中會發生什麼事了，我也藉由佛洛伊德本人知道，這遠超過人們可以想像的：事實上我從來沒有想過會這樣。在我為你重現一些特點時，我意識到這幾個月來的噩夢所帶給我的；說實在的，在恐怖的情緒中，我的講座與督導從來不曾中斷，我認為我不曾在靈感與品質上做讓步。相反地，這一年特別地豐富，讓我在強迫官能症的理論與技巧上有了真正的進展。

是的，多虧我曾經歷過這樣艱辛的工作，有時被一股無可比擬的絕望糾纏……」[143-1]

面對絕望、噩夢、背叛、離棄、想像的粉碎，刻劃了他在場景之外的客體位置，見證了他所謂的「存活」，在這客體的「配對」找到了幫助，同樣也藉由調動佛洛伊德的話語：「我也藉由佛洛

142-2　*Ibid.*, p. 131. 我們在佛洛伊德的身上看到以下的重點，有些陰暗：

「精神分析並沒有讓分析師更好、更正直，對於性格的養成，它無所貢獻，這讓我感到遺憾。對它有期待可能是我自己的問題。」（在《對美國介紹精神分析：圍繞詹姆士‧傑克森‧普曼》中寫給普曼的一封信（*L'introduction de la psychanalyse aux État-Unis: autour de James Jackson Putman,* Lettre à Putman du 13 novembre 1913, p. 193, Pairs, Gallimard, 1978)。關於佛洛伊德口中精神分析師的特質，參閱以下的專欄〈精神分析師／人格持質的……〉（Psychanalyste/Qualités personnelles du...），收錄於德爾胡（Alain Delrieu），《佛洛伊德，主題索引》（*Sigmund Freud. Index thématique,* 2ᵉ édition augmentée, 1 568 p., Paris, Anthropos, 2001)。

143-1　〈給魯文斯坦的一封信〉，收錄於《1953年的分裂》（*op. cit.*, p.131)。

伊德本人知道……」，以及對佛洛伊德文章的評論，甚至講白一點，從跟佛洛伊德進行的分析，他找到了支柱，「活過來了」。

這麼一來，我們就瞭解這才是真正的命運，因為加速他墜落的──他的回歸佛洛伊德，也是在當下確保他能活命的。

這經驗讓人退避三舍，拉岡認為他在這艱苦歲月深處看到的，猶如史達林式的訴訟案件，驚心動魄的情結就在他身上上演：

「最讓我感到壓迫的，可能是一些正式會員以及參與者的態度。上帝憐憫，那些比較年輕的，表現出來的是另一種素質，這我跟你說過。但是，在那些知道佔領時期，以及這幾年所發生的事的這些人身上，我不安地看到一種人類的關係，呈現在我們看到在民主社會繁榮的風格與形式當中。這樣的類比叫人震驚，當中所造成的團體影響為我一直感興趣的問題帶來許多學習，就是所謂的布拉格大審判，在這個主題上，我的所有思考有了快速的進展。」[144-1]

一群權威的團體，想掌握任命正式分析師的大權，還不只於此，拉岡讓我們看到以他為理由之分裂的來龍去脈，同時也讓我們看到在他對他同伴努力不懈工作後，他們對真實恐懼的反彈，以及他在這齣劇當中的深層恐懼。[144-2]

布拉格大審判

「在民主社會的繁榮中，我們對人類關係的概念」一部分在拉岡身上被轉到「在那些知道佔領時期，以及這幾年所發生的事的這些人」，另一部分是他所感興趣的問題，就是所謂的布拉格大審

144-1　*Ibid.,* p. 132.
144-2　拉岡在1953年的《羅馬論述》寫道：「恐懼控制著人心去發掘取得權力的形像……對話語功能以及語言範疇的旨趣感到厭惡。」收錄於《文集》（*op. cit.* p. 242）。

判（les procès de Prague），跟據他自己的說詞，這主題推動了他「對主體突飛猛進的思考」。[144-3]

我們對拉岡的這些思考一無所知，不過至少這裡要做的是，提出主要的歷史跡象，讓我們讀者對他在1953年被指控時，所提到的政治－司法事件有所知悉。

讓我們回顧一下：1948年，南斯拉夫（Yougoslavie）脫離了蘇維埃「陣營」，總理提托（Tito）被共產情報局以「國家主義的偏離分化」起訴，被國際共產主義開除，他必須以他所使用的共黨語言回答史達林派的（staliniens）「檢察官」。

不過他不退讓。

史達林因著南斯拉夫可能成為壞榜樣的想法感到害怕，在這個前提下，他啟動了淨化的新浪潮，為的是將帝國的操縱桿交給 145 「無條件與蘇聯結盟」的落單黨員。

這個條例在所有以淨化為目標的共產國家實施。

「提托是個例外〔……〕。這命定的條例空前地在所有與蘇聯無條件聯盟的地方實施，活動分子成了政治領導著，因而整個莫斯科幾乎經年都處在戰爭下。很難說是『實施』，畢竟這條例是如此地根本，且如此地被內化，乃至於被全面當成所有淨化的準則，像是所有審判控告的要點。」歷史學家[145-1]在一篇相當具分量的作品提到這個時期，文章的題目借用佛洛伊德針對宗教概念所寫的《一個錯覺的未來》，不過是以一種像是倒轉的形式，因為這裡的主題是：「一個錯覺的過去」（Le passé d'une illusion）[145-2]。

144-3　〈給魯文斯坦的一封信〉，收錄於《1953年的分裂》（*op. cit.*, p.131）。

145-1　富赫（François Furet），《一個錯覺的過去》（*Le passé d'une illusion*, Pairs, Robert Laffont/Calmann-Lévy, 1995）。關於史朗斯基的審判（Sur le procès Slansky），參閱亞瑟‧倫敦（Arthur London）的證詞，收錄於《招認》（*L'Aveu*, Paris, Gallimard, 1968）。

　　1952年，史朗斯基（Rudolph Slansky），其時為捷克共黨祕書長，被控反叛史達林，是提托主義者，同時也是國際猶太復國主義的陰謀首長，一共有十四個人共同被控告，十一個猶太人被起訴。

　　史朗斯基被判死刑，與其他十位被起訴的一起受絞刑。

　　拉岡引用的審判（布拉格大審），是要以一系列「引人注目」的審判，為的是讓主張人民民主這族群在他們的國家情感，以及對共產運動依附間的兩難感到印象深刻，不過這件事其實重演莫斯科審判模式，也就是1936至1939年間，目的是為淨化當時被指控為「托洛斯基主義」（trotskisme），就如同現在的「提托主義」之活動分子的領導階層所受的指控，理由是在戰後局勢中他們對國家問題的立場。

　　在國慶日的那一天（七月十四日）寫信給魯文斯坦，拉岡不可能會沒有注意到這件事，就像他不可能忽略他寫信的對象，也是受Shoa[146-a]壓迫的猶太人，而猶太人正在布拉格被控訴。不過我們可以假設拉岡對史達林審判感到興趣的，同時也讓所有對這些作評論的那些人感興趣的，就是： 146

　　「這未曾公開過的承認－懺悔過程，在他們被起訴的同時說出他們罪行並賜他們一死這英明的公權力，完全不管……這些到案的人，體無完膚地在竄改前提下所說的不實證詞並無法取得公信力。」[146-1]

　　那麼，我們當然想知道拉岡對這種騷動誘惑的感覺。拉岡面對潰敗屈從的，為最好的戰士所具有的軀體，像是召喚觀眾，要

145-2　佛洛伊德，《一個錯覺的未來》（*L'avenir d'une illusion* [1927], Paris, PUF, 1971）。

146-a　中譯註：指二戰時期德國對歐洲猶太人進行的種族屠殺。

146-1　F. Furet, *op. cit.* p. 540.

代表神聖的黑暗勢力（國際共產主義）的劊子手，手下留情。

不過拉岡在這裡並沒有多說些什麼，光是看到再好的精神力都無法持續抗拒這樣的誘惑就夠了。歷史學家也證實了：

「我想起在1947年曾經熱切地閱讀科斯勒（Koestler）的《零和無限》（*le Zéro et l'infini*），這閱讀並沒有在日後勸阻我加入共產黨：我為法官與被告可以為了效力同樣的理由而相互約定感到訝異，前者是劊子手，後者則是受害者。在這個莫斯科審判的哲學版本中，我偏愛科斯勒以歷史的論證出發，想要反過來廢止野蠻的崇拜儀式。」[146-2]

沒錯，我們都清楚國際共產主義跟拉岡脫離的國際精神分析學會是不同的，但是除了拉岡在1953年夏天藉由書寫帶領我們重建錯綜複雜的歷史之外，我們現在更加了解他質問的是淨化的理由，特別是什麼促使，或是阻止主體受被奴役的病態吸引力牽著走（又被牽到哪裡了）。

最後，在拉岡的信件以及信中提到的歷史背景之間，我們看到了一股憂鬱的氛圍，如富赫（F. Furet）所表明的，像是結構的類比（analogie de structure）：

「這是勾勒所有政治與司法『事件』的背景，不管是祕密的還是公開的，俘虜了人民民主政府以及他們的蘇聯『保護者』。這表現出來的憂鬱，在於他們讓不平等的對手出現，因為其中一個幾乎早就被打敗了：提托是個例外，確立了這條例。」

歷史學家又加上一條：「也要分別科斯托夫（Kostov）這共產情報局資深保加利亞活動分子的案例；1949年十二月，因『不忠於』索非亞被審判，他撤回他的供詞，並起來反抗控告行為。」[147-1]

146-2 *Ibid.*, p. 479.

拉岡在政治上被擊敗，就他的說法，總算在1953年贏回他與國際精神分析學會的決鬥，因為他在1976年，像是題銘般地，撰寫了《1953年的分裂》：

「無疑地，我贏了。因為我讓別人聽到了我對無意識的想法，以及分析的操作原則。」

1953年賭注的，就是無意識的理論與操作本身的原則。

這下拉岡可以以「原則」為名，戰勝了想將他除去、淨化的欲望。這是他「老練的戰鬥分子」為愛出征的一面。不過可不是自哀自憐的題銘。

我們還是聽整段：

「無疑地，我贏了。因為我讓別人聽到了我對無意識的想法，以及分析的操作原則。

我不會再多說。因為這裡所出版的，尤其是出自我筆下的，另我害怕不已。

就在我以為我忘記的當下，那些將這些出版的又再度成為見證。

不想要再想起並不等於遺忘！

要知道，軟弱而屈服於精神分析的，不過是群烏合之眾。」[147-2]

超脫

拉岡在這裡見證了超脫的時刻，事情在他看來跟以往都不一樣了：

「在操作手法，在人類的軟弱，我可以在這些方面告訴你們這

147-1　*Ibid.*, p. 472.

147-2　拉岡，《分裂》（in exergue à *La scission, op. cit.*），1976年十月十一日。

考驗讓我學到的；就本質而言，我的生命有了新的面貌。」[147-3]

148　　面對史達林的恐懼，拉岡就他自己的說法，「一種信心」被活化了，他將在羅馬證實這點。

　　難道是他選擇天主教的狂喜來對抗史達林的驚恐？

　　「我夢想那種信心帶我脫離這一切，讓我全都忘掉，沒錯，是遺忘的能力的堆砌，還有那些仍舊跟隨我的可貴聽眾，支持著我現有的信心，就算我形單影隻地離開了，他們對我依舊不離不棄，那些我愈來愈了解的──那些我即將為羅馬會議撰寫的報告（語言在精神分析的功能），那些我曾說過最後這幾年的經歷，讓我見識它的本質，也只有藉由這樣的尋獲才能真的掌握這一切。

　　「我希望在倫敦見到你──不管發生了什麼事，要知道你將會看到一個知道自己職責與命運的男人。」[148-1]

　　經由這封信，彌撒便完成了。

　　拉岡看到了自己的命運。現在團體內秩序的混亂，總是要藉由主體才得以彰顯，但為何人們會將這事，與拉岡做為這事的承載者給混淆了呢？

　　他所經歷的信心並不是像克婁岱（Paul Claudel）找到庇護的天主教教會，在其中神父受到以色列對抗勢力的羞辱，而是從精神分析之父領受的話語，讓他現在很確定他所認識到的不只是自己的命運，而是連結了每一個人到群體的命運，就是話語跟語言的規則，也就是「語言自行表達的形式……」他說：「你從這裡出發，當你看到這個，你就往那邊。」[148-2]

　　除了以羅馬這條道路跟隨拉岡通往論述的改寫，這個讓他與

147-3　拉岡，〈給魯文斯坦的一封信〉（*op. cit.* p.131）。

148-1　*Ibid.*, p. 132.

新的精神分析法國學會（SFP）做切割、伴隨他回歸佛洛伊德的路
徑之外，我們別無他法。

IV. 羅馬論述：話語和語言在精神分析的功能與範疇 149
或是合格制度所見證的（1953年九月）[149-1]

對拉岡來說，什麼是羅馬論述？

是精神分析「基礎」的「革新」，作為「它在語言中的實踐」
（*E*, 238）。

從歷史情境來看，我們可以把這報告當成是新的精神分析法
國學會（SFP）依據之理論根基的論述。對拉岡來說，這是經歷分
離後的論述，提到——就他的說法——「精神分析的當下問題」
（*E*, 242）。

如果問題匯聚在捨棄話語作為分析的基礎，根據這位分析
師，這些問題將分布成：

（一）在想像區位當中整理幻想的問題，並規劃內在精神不同發展
　　　階段所建構的客體；

（二）圍繞著客體的原欲關係以及治療行為，喚起對「象徵化技術
　　　的樞紐」的回歸；

（三）圍繞反移情的理論，分析師的養成以及治療的結束。

148-2　我們在上一本書中指出，拉岡在1938年提及，羞辱的父親是「當代嚴重的」官能症的原
　　　因，這點受克婁岱文筆的影響，同樣地基於理論嚴謹性所造成的劇變，拉岡放棄了這種令
　　　人滿意的診斷。他在1953年以分析經驗中父親的象徵價值取代了社會中父權的價值。

149-1　〈話語和語言在精神分析的功能與範疇〉（Fonction et Champ de la parole et du langage en
　　　psychanalyse），在羅馬大學心理學研究所召開的羅馬會議所做的報告，1953年九月二十六
　　　與二十七日，收錄於《文集》（*op. cit.* p. 237-322）

　　分析的關鍵問題，包括分析的結束，以及如何達到分析師的位置，這些經驗如何做為最終論述的考驗的問題，可以在事後被視為模範榜樣，是拉岡之後對那些分析審定合格（並因此剛剛成為分析師）的那些人的期待，他們有立場解決精神分析的關鍵問題，甚至是從他們的經驗發展出（對他們來說）夠格的教導。整體而言，我們可以把這個論述當成是拉岡藉由回歸佛洛伊德、藉由評論佛洛伊德的作品或藉由這種「分析」所產生的蛻變，讓他面對1953年的分裂仍屹立不搖，**還有**在這個羅馬論述改寫，他著手解決精神分析所遇見的關鍵問題，就如同他在講座二十五個年頭來的教導所做的那樣。簡單地說，這是一個見證他進到佛洛伊德學派分析師位置的論述。

　　如果就他的說法，分析師的阻抗聚積起來的結果，是放棄視語言為精神分析的根本。拉岡遵循他的辯證策略，只能在這運動中找到支持，而在羅馬開展他的反命題：

　　「精神分析只有一種媒介：病患的話語。這麼明顯的事情不容被忽視。或許所有的話語都召喚著回應。」（*E,* 247）

　　這就是報告的第一個題目（我們把它當成次標題處理）。

空洞話語與盈滿話語在主體的精神分析式實踐

　　拉岡這個題目宣告第一個開展，要在空洞話語（parole vide）——或者是話語最不討喜的面向，當中的模式是官能症的自我論述——以及真實話語（parole vraie）兩者之間起程。

　　在空洞話語：「主體像是毫無意義地講著某個人，那人對他好像有所誤解，從來不承認這是出於他自己的欲望。」（*E,* 254）

　　精神分析的經驗反過來鼓勵言說，著手解密「象徵的命運進

行曲。」（*E*, 255）

「要明確知道，這不是精神分析對現實（réalité），而是對真實（vérité）的記憶，因為盈滿話語（parole pleine）的作用是重新安頓過去的偶發事件，賦予即將需要的意義，如是製造了些許的自由，主體藉此讓它們變成現在式。」（*E*, 256）

在那裡取得精神分析的新定義：

「也就是主體對他本身的歷史所採取的態度，這態度是經由對別人說的話語建構而成的，是佛洛伊德命名為精神分析這新方法的根基……」（*E*, 257）

接著是對無意識概念的新定義，主體症狀的形成，還有他進到佛洛伊德的配置（dispositif）所遭逢的改變。　　151

「……一旦主體進入分析，就接受分析本身比所有命令更加結構化的處境，在當中或多或少讓自己被引誘……這對我們來說，是個依賴主體表現得像是演說之演講者的好時機，換個說法，說話的人在當中像是互為主體般地被建構。

再者，藉由這對話的基礎，納入了對話者的反應，對我們而言這就是佛洛伊德對重組主體動機一致性的要求……

就是在第三個用詞的位置上，佛洛伊德發現的無意識在它無意識真正的根基得到了澄清，可以用簡易的用詞將無意識公式化：

無意識在作為超越個體之具體論述（discours concret）的部分，讓主體的配置有缺陷，以便重新建構意識論述（discours conscient）的一致性……

無意識是「我」的歷史中空白或者充斥謊言的章節：是被審查的章節。不過真實可以被找著，最常被寫在其他地方，就在：

●紀念碑：這是我的身體，也就是官能症的歷史核心，當中歇

斯底里的症狀呈現出語言的結構，像是碑文般被解密，一旦
成功了，可以在沒有嚴重損失下，就被消滅；
●也在檔案文件：這些是我的兒時回憶，當我不知道它的來源
時，一樣難以捉摸⋯⋯」（*E*, 257, 258, 259）

分析的主體進到配置中就是這麼被建構，被佔據大寫他者這
位置的分析師所完成，他能提網挈領地指出主體的論述（比方說
治療中的），並賦予意義。

不能算「短」，但是單次治療時間不一定，由分析師在詮釋的
邏輯下喊停的技巧，在這裡找到理論的依據。

無意識在斷斷續續的論述，或是歷史遺失的章節中被勾勒
出，在等待日後被解密的症狀中結晶，並非在要復原真實的理想
中，而是在互為主體之真理所包含的象徵邏輯，通過並藉由分析
的配置予以實踐。

這是說，分析全是人為的？

不是這樣的，舉個例子，拉岡幽默地指出：「⋯⋯被經歷過
的肛門期，不見得比被再度想到這時期，更少具有歷史性質，這
時期是仰賴於互為主體性，仰賴的程度也絕不亞於日後的。」（*E*,
262）

基於此，更確切地指出分析配置與過往的歷史時刻在結構上
是相似的（互為主體性），所以適合以對他者之論述（互為主體性）
的模式，在最新的情況下接生，包括分析師賦予（解密）無意識
狀態的回應，這曾經是他者的論述。

「主體的無意識就是他者的論述，因為它能在精神分析的經驗
中顯示，比佛洛伊德致力於他稱為心電感應的所有研究都更為透
徹。」（*E*, 265）

　　仔細置入話語在精神分析的關鍵性後，拉岡重新回到佛洛伊德的著作，在提出這觀念之前，再次思考他讓大家看到的象徵結構在無意識形成的建構中帶來的影響，並再次讓它與位居第一的人文科學，當然是人類學，相提並論。

象徵跟語言如同精神分析範疇的結構與限度[152-1]

　　在這裡必須回想一下，從報告的前言開始，拉岡就以這些名詞昭告與人類學的對等關係，以尋求他對佛洛伊德概念的回歸。

　　「在一個科學性有賴佛洛伊德以經驗的進展編寫，且其理論飽受批評，仍舊保留模稜兩可、易被誤解的一般用語，卻反響共鳴的學科中，改變它傳統的詞彙在我們看來都還嫌太早。

　　不過好像只能讓它的這些詞彙與人類學（我們特別強調）當今的　153
用語建立對等關係，才能被澄清。」（E, 239-240）

　　在建構佛洛伊德觀點與人類學觀點的對等關係時，拉岡想要讓佛洛伊德的著作取得他所嚴格要求的科學性，這科學性在他死後因被氾濫使用與被批評而衰弱。

　　拉岡在佛洛伊德之後，經由對佛洛伊德觀點的科學復興，讓象徵結構以及語言的支配性，在佛洛伊德發現的對象（無意識）中再次展現其風貌，當中必須呈現與人類學觀點的對等關係。

　　到底有什麼對等關係？

　　「讓我們重拾佛洛伊德《夢的解析》這篇文章，提醒我們夢具有著句子的結構，甚至是一個畫謎，讓我們專注在字面，也就是說，一種讓孩童的夢再現原初表意文字（idéographie）的書寫，在

152-1　這第二個次標題同樣也是借自拉岡〈話語和語言在精神分析的功能與範疇〉這篇文章（op. cit. p. 266）。

成人的身上，從符徵元素同時複製語音跟象徵的使用，人們可以在古埃及的象形文字，也可以在中國現仍使用的方塊字中看到。」（E, 267）

　　無意識欲望為了被聽見，依著這個邏輯，借用的聲音正是夢在世界遺產的表意文字書寫中編造的，就是人們在構成古埃及考古學家調查領域之紀念碑山形牆前所看到的，在這當下，締造了古埃及考古學研究以及精神分析夢的詮釋兩者之間的對等性。

　　這裡所說的對等性，其一致性來自於共享客體的真正研究社群，在分析的經驗中以夢的模式呈現，對古埃及學家而言，則是從相當久遠的遺跡呈現。共同的基礎是原初的表意文字，出現在一種莫名的狀態，有如我們現代人夜間所出現的、在無意識中出現的，他者的論述，同時也出現在歇斯底里的身體、古埃及的紀念碑，或許也出現在──以僵化的形式──精神病的刻版行為。

　　對於後者而言：

　　「……主體〔……〕被說出，甚於它不說：我們在當中辨識了無意識已經石化的象徵，在以香料防腐保存的形式，呈現在我們的神話故事集當中，在這些象徵的自然歷史中找到自己的位置。」（E, 280）

　　根據拉岡的說法，精神病藉由體現在他不幸的他者論述，指出了應當被聽到的，而偏執狂則是作過頭了。

　　是拉岡的高明之處，讓僵化的無意識象徵進到人類當中，甚至到了為之犧牲奉獻的地步，使得這活動延伸到他處；不過這樣高明的舉動一點都不人道主義，在被強力推崇之際，深層不變的是，任一個構成主體存在的，都位居於象徵共同體，形式多變，但有著普同性。[154-1]

　　人類共有的，將會是普同的文化共同體，要在考古挖掘的工地，如同在夢中、在妄想或是症狀中被解密。拉岡堅持這個共同體，或者說象徵的原初語言，正好也是佛洛伊德在分析他那篇〈文明及其不滿〉時所提出的：

　　「症狀在此是主體意識之潛抑符旨的符徵。症狀書寫在血肉之塵土，也寫在美雅女神的面紗，以曖昧不明的語意滲入語言，這我們曾經在它的結構強調過。

　　不過這是個全然被訓練過的話語，因為它在密碼中納入了他者的論述。

　　就是在解密這話語時，佛洛伊德在依舊存在於**文明人的痛苦**（我們特別強調）中找到了象徵的原初語言。歇斯底里的象形文字、畏懼症的徽章、**強迫官能症的迷宮**〔……〕，都是我們的註釋想要解答的祕密，我們的祈願想要化解的模稜兩可，我們的辯證想要免責的詭計，在解放被侷限的意義中，靠著的是揭示被神祕賜予之羊皮經書文字，以及對話語的寬恕。」（*E*, 280-281）

　　人們不禁要問，為什麼無意識欲望要納入他者的論述？

　　拉岡回答：「人類的欲望在他者的欲望找到它的意義，這並 155 不是因為他者握有被欲求的客體的鑰匙，而是他的第一個客體是經由他者而發現的。」（*E*, 268）

　　另一種說法，如果無意識的欲望想要被辨識──而它想要這麼做是因為給它形構（夢、症狀……）特性的，是一種「回歸之權力」（droit au retour）所堅持要求的，將會是借用原初配置的象徵路徑，這讓它比較有機會存在。

15（1）　我們的《拉岡與社會科學》第三章指出，拉岡精神病態臨床的所有人類學基礎，都要歸功於毛斯所提倡的象徵的各種眨黜的形式。

這麼一來，症狀將納入一種文化的普同形像，成為符徵組織。

不過佛洛伊德很快驗證的是：在分析經驗中「置於移情之下」，作夢的人將分析師加入，作為對話者，製造了分析師最適合以特殊方式或是依據治療的移情局勢詮釋的夢，也就是說，按著無意識立場，讓被分析者依據他所說的（或以為知道的），比方說被對分析師產生的欲望帶著走。

如果說文化世界的共同基礎——他者的論述——是藉由無意識欲望配置來策動它的訊息，經由他者讓自己被看到，另外的說法是，假使無意識欲望對他者講自己的語言，而他者在分析情境中將之體現，那麼是在這個他者的法規（code）中（他的欲望以及語言的法規），無意識在互為主體性的情境下調整自己的產物。

拉岡重申，佛洛伊德為了挽救他對夢的論點，以「夢的動機似乎與夢中的主題背道而馳」作為詮釋。有一則夢肯定了這論點，因為佛洛伊德甚至認為作夢者「的欲望就是為了反駁他的論點。」（*E*, 268）

在這報告最為普遍的面向，我們將記住，是羅馬論述的拉岡給了無意識欲望文法，依據一象徵系統，當中的普同基礎需要人類學的發現（比方說古埃及考古學），不論收訊者是否具體呈現，即使在完全相反的狀況，都必須經由那個做夢的人想要的或說的，又或者是夢者自行推估的去完成詮釋的調整。但是依據移情情境的影響——甚至是心電感應，不同程度的調整詮釋，都不應該遮蔽如下事實：

（一）無意識的形構「像是」經由語言或象徵系統般地被建造，並且

（二）為了代替他者汲取它的構成（不管是不是首要原初的象徵

〔symboles primordiaux〕，是不是具有普同性）[156-1]，都意謂著要在這形構（formation）當中「輸入」這系統的運作邏輯，以及象徵組合，又或者是一直都要以他人願望為運作的規則，好讓形構得以進行。

拉岡因而指出：

「這已經相當清楚了，症狀在語言的分析下全然消解，因為它本身就像語言一樣被建構，話語（parole）必須在語言（langage）中被解放。

對那些不曾深入語言本質的人來說，對數字的聯想經驗就可以即刻顯現當下必須要理解的，這就是支配曖昧不清的組合的力量，並在當中認出無意識的管轄範圍。」（*E*, 269） 157

這裡是對數字的聯想，在此，拉岡並不會為了要得知無意識的管轄範圍，而將重點放在比方說緊抱主體童年不放的變形歷

156-1 在〈字根的對立意思〉（1910）這文章中，佛洛伊德指出「夢工作的實行……無獨有偶地，與我們所知道最早的語言有異曲同工之妙」，就阿貝（K.Abel）這位專家的看法，埃及的語言是「原始世界的唯一遺蹟，當中可以找到一大堆有兩個意義的字，其中一個意義可以與另一個完全相反。」參見《佛洛伊德全集》第十冊（Paris, PUF, p. 169-170）。
班奈維斯特（Beneviste）從1956年就在〈語言功能在佛洛伊德發現的相對重要性〉（收錄於《一般的語言學問題》[*Problèms de linguistiques générale*, I, Paris, Gallimard, 1966]）當中提及拉岡〈話語和語言在精神分析的功能與範疇〉這篇絕妙的論文，不過是回到佛洛伊德1910年的文章，為的是廢除「在夢程以及『原初語言詞彙』之間或許可以找到相似性」這個想法。緊接著下一步，他又加上「看起來這些讓我們遠離了白日夢邏輯以及真實語言邏輯間相關的『過去』。」就班奈維斯特的看法，語言的象徵性不能跟夢的象徵性搞混了，畢竟語言有地域性且經過學習，而夢不是經由學習得來的，當然有實事求是的普同性。無意識的象徵體系在語言學家看來是非語言學的，因為它「比起由教育建立的語言機制，是來自於更深層的區域……超越語言學，由於它使用相當濃縮的符號，這在組織過的話語裡，更加對應了論述的大單位〔……〕。順著這個對照，人們將被帶到比較無意識象徵以及在論述中顯之主體化典型過程兩者間豐收纍纍的路上。人們可以在語言的層次上明確指出：這是關於論述文體化的過程……」有如我們在神話、諺語或是夢中發現的婉轉措辭、倒裝句法、間接肯定、影射、換喻、隱喻……語言學家把重點放在文體的特性，而不是放在它的音義上。

史，而是將重點放在針對主體，就像對其他所有的人所藏匿的，必須（或者不可能）有的數學組合運算後的結果。

　　無意識的定義要在這觀點中找尋的，不是要在哪一個無意識形構中心結晶的特定象徵，而是要在象徵組織規則的力量中，納入同時將整個世界的律法與主體命運連結在一起的象徵。

　　這對數學的組合運算是說得通的，對其他學門來說也是，舉例來說，人類學的主體。

　　「我們會看到，語史學家（philologues）以及**人種學家**（ethnographes）（我們特別強調）充分向我們顯明這組合的可靠性，在與它交手的全然無意識的系統被證實。而這種過早的提議被證實並不會讓他們感到訝異。」（*E*, 270）

　　如果必須在人類學家使用的系列概念找尋對等性，才能找到佛洛伊德語言的科學嚴謹性，讓他的實行有憑有據，就拉岡的看法，這是因為語史學家或是人類學家與精神分析師共同分擔「全然無意識的系統」的分析。

　　對拉岡來說，不單只是擴大精神分析的圈子，歸還它在人文科學的位置，同時藉由它概念的進步，讓它在這些學科中符合當下性，而非藉由時下的喜好。不過：

（一）對他而言，那裡有著共享必要客體之研究社群，就是那些組織無意識並讓精神分析以及這些學科團結一致的象徵結構；不過同樣也是因為，

158（二）根據他的分析，這個共同基礎正是佛洛伊德死後，被否認他發明的那些人所排斥，總是不斷地在分析經驗中堅持排拒以允當的方式看待病人的話語。

這裡，辯證的命令讓他回歸，就像是習得了人類學的發現。

不過，這個讓精神分析與人類學共同分擔的「全然無意識系統」到底是什麼？

再次使用人類學的研究，拉岡將他的聽眾帶到這系統的起點，這象徵的誕生：

「任何人都不能推託說他不知律法，『無人不曉律法這條司法規章』這句話，幽默地道出了奠基並確立我們經驗的真實。事實上沒有人可以忽略，畢竟人類的律法就是語言的律法，最早認出的字在最先收到的禮物之前，多虧了可憎的達那人（Danaëns）從海邊出沒，人們才學會懼怕會騙人的死人帶來沒有誠意的禮物。直到那時，太平洋的亞哥號船員（Argonautes）藉由象徵交易的繩結聯合了小島共同體，這些禮物、他們的行為以及客體、他們設立的符號以及編造，都跟話語密不可分，讓人以它的名字指定任務。

是因為這些禮物，亦或是通關語，讓這些沒有意義的變得是有助益的，讓語言從律法開始？因為這些禮物已經是個象徵，在這裡象徵就是約定，一開始是被約定的符徵像是符旨般被建立：這裡比起象徵性的交換更顯著。只能是空著的瓶子、過於厚重而無法手持的盾牌、已經乾枯的禾束、被插到土裡的樁木，就目的來說是沒有用的，甚至本身過剩而多餘。

符徵的這般中立狀態就是語言本質的全部了嗎？」（*E*, 272）

以林哈特（Maurice Leenhardt）[158-1]的研究做支援，匯集毛斯　159

158-1　林哈特（M. Leenhardt 1878-1954）從事宣教的基督教牧師。林哈特希望他的人類學研究可以對他研究之族群的福音工作有幫助。回到巴黎，經由列維－布洛爾（Lévy-Bruhl）與毛斯歸納到大學領域之前，他在新克里多尼雅（Nouvelle-Calédonie）度過二十五個年頭，在高等技術學院被推甄為沒有文字之族群的宗教信仰的系主任，接著又任大洋洲的法國領導，人類博物館海外部門的主管以及海外科學院的會員。

171

提出的象徵規則在社會交換原則的大能，[159-1]拉岡喚醒大家這交換
如何避開常態下使用的規則，將送出去的東西變成是禮物，在它
所進行約定之符徵象徵中的贈與（或回贈）行為。這麼一來，送
出去的東西合不合乎它的作用就不是那麼重要了，因為它在交換
中找到它的價值；反過來說，比起不適用於需求，它更像是在純
象徵這層級中被建造的。這時，人們藉由人類學察覺到禮物不是
需求這區位的，也不是強加在物件交流秩序的真實，而是讓每個
人找到位置與名字的系統規則；同時，讓他在會丟臉的象徵刑罰
下，成為無法不遵守的權利與義務。[160-1]每一個人在交換系統之法

160

拉岡提到《美拉尼西亞人及其神話》（*Do Kamo,* Pairs, Gallimard, coll. «Tel» 1947）的第九與
第十章，均致力於語言的研究，試圖將克里多尼雅人對象徵的使用當成模範樣本的形式編
入。

「比方說，為了確認下一次的戰爭儀式，我們可以想一下訊息的發送：信差拿著一束分別
打結的草，捆在一起。安排每一個部落抽出他的草，但不破壞整個禾束，每抽出一根，禾
束就變小一些，不過信差更成功一些，他回到酋長面前，展示握在手中由藤蔓穿刺成的
一把重重的魚。表示團結一致的指標，『被藤蔓穿通的是話語，而不是你。』」

拿掉他的草，不破壞整個禾束，反過來說難道不是：只要一個被抽走，其他的就脫離了！
但同時也是：一個不說話的人履行弟兄的復仇會被視為代表「他弟兄的話語」。

存在或佔有（être ou avoir），要有所選擇。

傳統授命行為，維持世代文化的一致性，不會有任何人提出其他的藉口，唯有「這是長者
的話」或者「神的話」。

也可以說：亡父的名字。

一位年輕女子，因著信任年輕酋長的聲望，幻想與他結合。人們發現在或多或少意味著像
是可聯姻之兄弟般的部落成員，都被預告將到來的旅程。對年輕女子的歡迎將會由這些字
組成：「你是我們的女兒，我們等候妳」。

這位到來的即是「話語的生命」。

這年輕女子愛戀「癡迷」實現了這聯姻，她跟朵拉的回絕全然相反，且一無所知。

我們看到，對拉岡來說，克里多尼亞社會——就林哈特的分析——有多少程度可以是每個
人受話語規則決定命運的範例，因為在這裡，物件或是人的交流，都跟話語密不可分，有
著名字，也可以被「忽視」。

159-1 毛斯，《禮物》（*Essai sur le don, op.cit.*）。

160-1 「高尚的瓜其烏圖族（kwakiutl）以及海達族（haïda）對『臉』的概念跟中國的文人或官
員相似。神話故事中一個大酋長不舉行誇富宴（potlach），人們會說他有張『臭臉』，這種
表達比中國的更加精準。因為在美洲西北方，失去威望猶如失去靈魂；確實是這張
『臉』，代表著舞蹈的面具，體現靈魂的權力，帶來印記，一個圖騰等等。接受的義務並不

則中找到他的臉，不會因為時效而削減，並成了書寫我們謂之「無意識任務」（mission inconsciente）的操作員，也在年輕維也納女子的全然拒絕中，因著認同的不一致與不協調，而以症狀作為代價。

不管鏡中自己的形像想要的是什麼，朵拉在象徵上是個女孩，也這般被召喚，參與女人的交換，加諸在她身上的真實身體超越她所理解的，讓1951年的拉岡有所了結。

「這是一個創造物體世界的文字世界……」（E, 276）他在1953年確認，這對人類學在定位安排身體流通與性關係的聯姻規則一樣有價值。

「人說話啦，不過這是因為象徵讓他成為一個人。如果事實是接納了過多的禮物，使得一個陌生人被認可，那麼，構成社群的自然團體生活就當服從聯姻規則，決定了交換女人以及收受禮金等意義的運作：好像肯亞地區錫朗加（Sironga）的一則諺語所說的：一個姻親就是一隻象腿。婚姻關係主管一個優先次序，當中律法暗指親屬的稱謂，在團體就像在語言一樣，形式上為命令式，卻有著無意識的結構。又或者，在這人類學家賦予的結構中，和諧與僵化地調節著交流的受限或普及。訝異的理論學家找到了所有組合的邏輯：數字的律法，同時也是最純粹的象徵，均被證實全都處在原初象徵結構的內部。至少，在多樣的形式中，結構得以成形，是親屬關係的基準，讓這形式可以被看到。」（E, 276-277）[161-1]

被稱為女孩或男孩，或是被稱為某某人的女兒或兒子，都指

　　會比較不受拘束。人們沒有拒絕禮物，拒絕誇富宴的權利。若這麼做就是『失去名字的重量……』」毛斯在《社會學與人類學》（op. cit., p. 205-210）中如此寫道。

161-1　參見李維史陀，《親屬關係的基本結構》（Les structures élémentaires de la parenté, op. cit.）。

涉他們在來到世界以前，身體早就被登記在調節親屬間、物件交流的網絡中，形成社會的交換系統。拉岡在這裡直接引用李維史陀在研究中指出的，交換的必然性要求一長串的禁令或鼓勵政策（指出團體的喜好），限制擇偶非得依賴團體的律法。就這觀點，禁止亂倫是最底限的要求，在這之下就不允許交換，就人類學家的看法，這也是為什麼世界任一個角落都是這麼實行的，同時參與了自然與文化，甚至是構成兩個秩序間的通路。

拉岡回應：

「第一條律法就是在管轄姻親關係，讓文化的宰制勝過自然的宰制，成為配對的律法〔……〕。這律法家喻戶曉，有如語言的命令，畢竟沒有親屬稱謂的能力，就無法建立先後秩序以及圖騰，藉由世代來連結交織家族系譜。」（E, 277）

稱謂的執行配置了家族系譜，將語言歸納到系統規則，並讓父親功能得以繼續進行，以便象徵系統可以運作，人們得以在世代中找到自己的位置，同時也讓婚姻以及親屬的律法可以合宜地發揮功能。拉岡宣告，若非如此，這功能的衰落將導致喪失方向感或混亂，並帶來無止盡的罪惡與痛苦：

「這就是世代的混淆，在聖經如同在所有傳統的律法，像是背棄道義或是敗壞道德的人般地被詛咒。」（E, 277）他接著說，想要開啟大家的悟性，無非是人類學的發現對他提出：現代西方家庭運作的失常，讓他從其中開展了臨床。這臨床一直都在伊底帕斯的「病態影響」中累積，攸關「失和的父子關係」。只是這樣的失和不再是——好像對拉岡長期所堅持的感到相當熟悉的弟子們想到的——以貶抑西方家庭之父親社會價值的演進予以界定。

事實上我們都記得，拉岡在他的涂爾幹時期，以西方家庭以

及它的領導者衰敗的論文為依據，以其理解伊底帕斯的式微跟官能症形式的演化。

藉由《羅馬論述》，我們遇見了拉岡父親理論的轉型期，這轉變讓「鏡像階段」與《親屬關係的基本結構》重疊，更廣義地，與人類學對象徵功能的研究重疊。[162-1]

拉岡在當下指出，如果家庭中父親功能的失調真的帶來了一些臨床的影響，比方說，世代間的困擾——在父子體系中常見（世代間年齡的代溝、父親去世、再婚等等）。他說，這跟他現在所教導的不同，這不合並非來自於一種像是「粉碎的」或衰落的父親功能的各種變化，這不合是與造成家庭父親（pater familias）完美形像的和諧有所對立。不是的，這不合是結構性的，是父親功能與生俱來的，他之所以這麼說，是因為這不合運行於：

（一）現實中；

（二）在自戀區位（le registre narcissique），也就是說，朵拉在可見的世界的門檻之前，看見自己男性的形像，還有

（三）在「象徵效能陰影」（pénombre de l'efficacité symbolique）中，另一個說法是，指定每一個人在親屬體系中屬於自己位置的象徵區位。

「雖然只是由一個人代表，集中在這個人的父親功能，不論是想像的或是真實的關係，或多或少都會跟主要建構它的象徵關係有所出入。　163

我們要辨認的，是支撐象徵功能的**父親的名字**，在古早之前，它本身與律法的形像是同一的。」（*E*, 278）

162-1　就這一點，請參閱《拉岡與社會科學》（*op. cit.*）。

　　不是這樣嗎？就像我們在之前的文章中強調過，佛洛伊德指出，在古早之前，父親象徵的誕生是弒父的結果，將兄弟手足導入被社會規範的女性交換社會歷史？

　　分布在這三個區位的父親功能在當下成了拉岡的知識論構成要素（épistémè）（想像、象徵、真實），跟在與此之前他的父親理論有了斷裂，後者是他在法國社會學之父親身上找到的理論依據（涂爾幹）。

　　我們在我們最近的一本著作中，致力於以批判的方式，將拉岡最早的涂爾幹時期理論做最新的介紹，引領讀者進入這種讀法及領域。此處，我們的研究是在世界性的都市——羅馬，追隨法國人類學對象徵功能的發現，也就是說，並非把漫無目游蕩的克萊岱引領到聖彼得大教堂前，拉岡必須要體認，也要讓他的聽眾體認到，**父親的名字**有如象徵功能的「支柱」，與體現這功能的人劃分界線，而讓被分析者與此保持真實的或者自戀的關係。[163-1]

164　　再聽一次拉岡怎麼說：

　　「我們要辨認的，是支撐象徵功能的**父親的名字**，在古早之前，它本身與律法的形像是同一的。」（*E, 278*）

　　有了臨床的教導，就可以把父親功能的無意識影響歸到象徵區位，也就是說，主體藉由命名稱謂的律法，進到婚姻與親屬的象徵區位。

163-1　區分父親的象徵功能與父親這個人在今日明確多了，人類學家與歷史學家描述社會形構的研究中，父親的象徵功能是由社會父親之外，或是一個男人以外的（可以是一個女人）所支撐，在相當多的社會裡，父親不一定在生理上扮演任何生育的角色。回到1951年的拉岡，自問那些誕生在與現代配偶家庭極為不同的家庭組織的孩童中，這些伊底帕斯社會情境對他們的主體結構會帶來什麼影響。這些相關的不同的社會配置，請參考德爾胡，《李維史陀，佛洛伊德的讀者》（*Lévi-Strauss lecteur de Freud, op. cit.*）。

對兒童命運的無意識影響，在臨床上必須以下面兩點區隔：

●在家庭這現實團體中策劃的；以及

●在主體的自戀結構中回到父親這個人身上。

「這個觀點讓我們可以在個案的分析中，清楚地區分這功能的無意識影響。不同於自戀的關係，甚至是不同於主體以形像支撐的跟體現這功能的這個人的行為之間的真實關係，帶來了一種理解的模式，影響了我們的介入。對我們，如同對那些被我們引領到這方法的學生們，這實作向我們證實了這豐富性。我們經常會在督導或是會談的個案身上，強調這種誤解所導致的有害的混淆。」（*E*, 278）

在1938年到1951年間，拉岡曾經教導過父親的社會臨床理論，跟這裡的觀念，也跟佛洛伊德的觀念相差甚遠，跟李維史陀的觀念亦是如此。如果要強調拉岡在《羅馬論述》中，將重點擺在**父親的名字**在古早以前是以「象徵功能的支撐」浮現，我們的結論會是：回歸的大能讓這個羅馬天主教的首都，與佛洛伊德的父親理論再次連結。畢竟，為了簡化到一個華麗的名字，有關父親的東西都要是已經死去的了。又或者，佛洛伊德在悠遠的歷史中所領會的，就是這種對父親的謀殺，又或者在圖騰與亂倫禁忌中，他領會到圖騰的豎立以及將父親的名字提升為——在弒父之後——確保手足社會運作的規範原則。[164-1]

現在我們總算了解拉岡這令人印象深刻的回歸，在羅馬敲打 165
著佛洛伊德式的弒父行為之紀念碑的門，存在於社會規則之根基的亡父，讓瞠目直視聖彼得大教堂的虔誠目光終於能夠看看別

164-1　參照佛洛伊德的《圖騰與禁忌》。

的。不過將之宣告為職責（「我們必須要辨識」〔特別強調〕），辨識一個名字，一個單純的名字，就是父親的名字，像是象徵功能的支撐，拉岡這般呼喚並非名不符實地與天主教廷相連，倒像是暫時的犧牲，在臨床以命令要求將父親這個人與父親的名字分開。

拉岡接著說，如果我們不單只是要「釐清人類之謎」，而是它的「預言被證實」，就必須與哈柏雷（F. Rabelais）[165-a]一起，用「人類學的發現」，在「龐大債務」（Grande dette）的原則下去解密「語言的效力」（vertu du verbe），在人類無止盡的循環中，以平衡點框住並穩定相互地出擊，在交出並接受女人與禮物的親屬網絡中，找到自己的名字，自己的位置。

不過，他又說，讓交換的保證或字詞不被侵犯的是「語言的效力」、是「話語的權力」、「神聖的力量」（hausacré），或是「無所不在的瑪哪」，是毛斯的文章讓他瞭解的力量，就像它們教導李維史陀的那樣，當中令人贊嘆的評論，將人類學的例子帶到了了具威信的理論，引領拉岡——這是我們的看法——在父親的名字察覺到「李維史陀所說，零的象徵（symbole zéro）將話語的權柄簡化到數字符號的形式。」（E, 279）

必須要在父親的名字本身的根本論述中察覺到它是個與眾不同的符徵，依據李維史陀的用語，是一種「執行象徵思考」的符徵，這不是為了將由宗教中混淆的簡化的病狀引導為症狀學的句法；而是歸納「神聖的力量」，或是「無所不在的瑪哪」這些事物靈魂的名字（noms-de-l'sprit-des-choses）的人類學詞彙，企圖在有

165-a　中譯註：哈柏雷（François Rabelais 1494-1553）法國文藝復興時期的重要作家，同時也是位醫師與人道主義者，其著作相當受相議。那個時期的法國對語言的論戰相當豐富，哈柏雷在他的著作中也處理不少這類的議題。

著天主教症狀的羅馬首都，取得它的簡化形式，因為在它的控制之下，阻礙了對佛洛伊德亡父理論，以及父親的名字——它的象徵功能——跟父親本人之間理論－臨床斷裂的理解，讓拉岡現在義無反顧地要求他的弟子。

這並不是對誤解的偏好，讓拉岡在羅馬介紹他父親的名字的理論給他的聽眾，而是：

（一）因為羅馬方面來的正式信函要求他講述一神教的症狀；

（二）因為他的《羅馬論述》是根本的論述，構成他回歸佛洛伊德的重要時刻；

（三）因為他的回歸佛洛伊德要求他以評論與辯證的方式，發表他亡父或是象徵的理論；

（四）因為他現在可以辨識出父親的象徵功能，並將人類學在象徵功能的發現——以及它對無意識的影響——原原本本地引進精神分析當中；

（五）因為他——多虧了李維史陀——將攸關可以執行象徵思考時所要求的語意功能，此一特殊符徵的存在獨立出來；

（六）因為在把佛洛伊德父親的象徵理論——圖騰——與李維史陀零的象徵理論重疊之際，他可以在圖騰辨識這個「全然無意識的系統」這象徵的起源，以及構成個體在人群中的主體命運。

精神分析的經驗帶給主體的，是辨識這命運的法則：

「事實上，象徵在人類生活網絡所涵蓋的，是這麼地全面性，在人來到世間以前，就連結在一起，讓這個人「有血有肉」，在他誕生時，與星宿的禮物，或是信仰的禮物，一同為這個人帶來宿

命的命運，賜予這個人他所相信或反叛的字詞，生或死都無法擺脫之行為的律法，因著它們，生命的結束在最後的審判有了意義，言語赦免了他或將他定罪——除非是為死而存在（l'être-pour-la-mort）的主觀意願待實現。

「假使欲望沒有在語言的循環中，在那些匯集於它的各種攪擾與打擊中，被保留下來的話，無論是順從或榮顯的情況，都會使活生生的人逐漸頹喪，讓活人精疲力竭〔……〕。

167　　但是這個欲望本身，想要在人身上得到滿足，就要藉由話語或是為名譽出征，在象徵或在想像中被察覺。

精神分析的賭注無非是讓主體有些許的現實，了解象徵的衝突以及想像的固著，都是同意讓欲望持續的方式。而我們的行徑是互為主體的經驗，當中欲望被看到。

從此，我們看到的問題，會是話語跟語言在主體內的關係。」（*E*, 279）

我們怎能不在這個拉岡對父親論點的修改中看到，拉岡回歸到精神分析之父或是他的話語的後果，還有，藉由匡正他對佛洛伊德之移情，看到回歸的發展對真實的影響？

又怎能不在這裡看到，拉岡用李維史陀的文章做支援，運作上像是對抗著遺棄象徵——就是語言跟歷史——的作法，根據他的說法，這是後佛洛伊德學派否認佛洛伊德著作之根基的特性。

對佛洛伊德的回歸讓拉岡再度發現了無意識的邏輯，這邏輯就在象徵結構的組合系統中，這麼一來，伊底帕斯可以在這論點取得佛洛伊德體系中最主要之象徵結構的地位，因為這結構遠勝於所有的分析經驗，是知識體系的窗口，讓主體終於可以對無意識中促成他命運的姻親結構有了看法：

「這就是何以在我們所有經驗的範疇中，我們所認定的伊底帕斯情結一直都在涵蓋著的意義，以我們的論點來說，突顯出我們學科指派給主體性的限制：也就是，主體可以知道他在婚姻這結構複雜的活動中，無意識參與了什麼，證實了象徵帶來的影響，是它在亂倫中以特有的切線運作著，在維繫著所有的人類社群時呈現出來。」（E, 277）

就這觀點，分析師成為象徵功能的實踐者，為現代的主體啟發一種經驗，察覺主體的不滿是被推向亂倫，受困於禁忌系統而產生的，整個統轄化成——根據拉岡的說法——現代性（moder-nité）的崛起。

那裡有一種「現代的傾向，將主體的選擇中，被禁忌的客體對象化約為母親和姊妹」（E, 277），導致一種將禁忌降低、貶謫的傾向，讓「亂倫禁忌」赤裸裸地，像是個「主體樞紐」（pivot subjectif），更甚地，讓「文化的勢力」優於「自然的勢力」（E, 277）。

在這裡，我們看到了拉岡研究中眾多基本知識元素的一種，讓結構的解體成為臨床表現以及這表現被發現的必要條件。

這裡指的是，亂倫禁忌不再束縛亂倫的傾向，反而是讓一些客體對象化約為伊底帕斯劇的演出者。

我們同時也發現，社會情境對伊底帕斯情結之普同性帶來陰影的這個想法，早就被拉岡否決。不過，根據1950年的說詞，這裡不再是為了擺脫「伊底帕斯主義的社會情境」——這在西方家庭的地位中排名第一，而是為了理解社會進化過程中，亂倫禁忌如何簡化為伊底帕斯劇中並非最重要的面向。

有鑑於喜愛的選擇太廣泛了，或是人類學研究之社會中調節

168

聯姻的禁忌，伊底帕斯在這概念下，像是發育不良的，又像是地域性的結構，但就它的（被貶謫的）特性，讓它在文明與不滿中浮現，跟佛洛伊德的發現如出一轍，因為在為其所苦那些人的分析經驗中，以這個形式領會到，是什麼取代親屬結構，也就是說，是什麼取代了他者的位置，調節管制他們身處現代化的窘迫。

依據這觀點，我們可以說：精神分析對象徵結構，或者為主體所做的他者論述這類知識的重要性，會與這類結構的限制特性成正比。只剩下伊底帕斯式的結構，且不管是否薄弱，它跟人類學家研究之社會中組成婚姻跟親屬的結構是類比的，要被納入其中，才能合宜地予以評估。拉岡的看法是，精神分析關於伊底帕斯的主體性影響所採納彙集的，應該是既對立又同時闡明補足了人類學分析研究主體形像如何為群體所形塑的那些探討。

同樣地，不論看到的結構或是主體數量群有多大，要知道，這個觀點認定了語言——還有婚姻——的象徵結構組合是構成主體無意識的決定因子。在人類學則是回到放棄組織主體無意識制度的律法，就像人類學可以指出是什麼策動象徵化的「發明」，更可以說，在語言中進到人群；遠過於群體的影響，同時也是同一個象徵結構的作用，在話語以及語言的律法中，組織整個脈絡，在沒有母親的深淵，呼喚大口吸奶的小孩。

再次提醒大家象徵功能在精神分析基礎的卓越地位，拉岡的願望以及他能妥善處理的，只是在科學重整統合的運動中找到它的位置。

讓人訝異的是，「身為象徵功能的操作者，我們居然不願再深入，甚至在誤解是這功能對人類學提出質疑之時，反將自己擺

在樹立新科學秩序這運動的中心〔……〕。

　　語言學在這裡可以引領我們，因為它的角色扭轉了現代人類學，而我們無法忽視它。」（E, 284）

　　根據拉岡，實行象徵功能讓精神分析在科學重整的運動中有了它自己的位置，但為了恰當地為這位置背書，這般實行必須將語言學當成是它進入現代人類學的嚮導，甚至是構成，比方說，佛洛伊德臨床的「fort-da」[169-1]與語言學間的縫合點（point de capiton）就是個例子。

　　音素（phonème）有如對立配對的發現，是以數學的形式被註 170 記，由最微小的不同元素組成，可在語意中被領會，這點引領我們到佛洛伊德最後的學說所明示的基礎，在表示在場或不在場的發音所具的意涵中，成了象徵功能中的主體起源。

　　「將全部的語言簡化為少數的對立音素組合，從最突出的詞素（morphènes），誘發一種相當嚴謹的形式化過程，讓我們的理解範圍成為接近我們領域的精確作法。

　　「對我們，是要將相似的擺在一起，在當中找到我們的切入

169-1　對那些不熟悉佛洛伊德體系的讀者，我們要說的是：「fort-da」是基本感歎詞的象徵式配
　　　 對，佛洛伊德在十八個月大的兒童遊戲中有所描述，從此被視為不只是澄清超越享樂原
　　　 則，同時也是以其中涵蓋的失落通往語言的路徑〔……〕。佛洛伊德的觀察簡ύ有力：十
　　　 八個月大的兒童〔……〕有個習慣，將放到他手中的小物件丟到遠處，同時發出ㄨ-ㄨ-ㄨ
　　　 的長音，是『fort』（德文的『遠』）的簡短形式。還有，佛洛伊德有一天在這同一個兒童
　　　 身上觀察到顯然更完整的遊戲。手上拿著綁著線的溜溜球，小孩將這個拋到搖籃內，同樣
　　　 發出ㄨ-ㄨ-ㄨ的聲音，又很快地將他拉回，驚嘆地說：『Da!』（德文的『這兒！』）。佛洛
　　　 伊德輕易地將這遊戲指向兒童這階段遭逢的情境。他的母親離開幾個小時，他不會抱怨，
　　　 但卻很痛苦，由於他非常依戀這個獨自扶養他的媽媽，遊戲複製了母親的消失與出現。」
　　　 《精神分析辭典》中「Fort-da」詞條，由伽瑪馬（R. Chemama）與范德莫許（B.
　　　 Vandermersch）負責（Dictionnaire de la psychanalyse, Paris, Larousse, 1995, p. 113）。在孩童好
　　　 玩的動作中，決定了代表母親之物件的出現與消失，他樂在遊戲中掌控這些，不過同時發
　　　 出一組相對的聲音，證明了這掌控已被帶進語言的領域中。

點，既定的事實，就像人類學依據神話主題的同時性解讀神話，都在同一條平行線上〔……〕。

這麼一來，就不可能不將重點放在象徵的通用理論、科學的新分類，當中人文科學作為主體的科學，找回它的位置。」（E, 284-285）

拉岡在《羅馬論述》中對精神分析現況的分析相當廣泛，也相當精準。

廣泛，因為它涵蓋了人文科學領域極為重要的一部分，完美地區別出圍繞著象徵理論推動的重整運動。精準，是針對精神分析不折不扣的研究計畫，建立在佛洛伊德對象徵功能之主體起源的創見、語言學的以及人類學的進步，後者就在李維史陀的研究，帶來了征服拉岡在1955年稱之為佛洛伊德的事物（la chose freudienne）的智慧。

拉岡為了徹底澄清而問到：「這難道不夠明顯嗎？當李維史陀指出語言結構以及調節婚姻跟親屬這部分律法的內涵時，已經征服了被佛洛伊德歸為無意識的領土？」（E, 285）

不是這樣的，不是要將李維史陀的研究視為理想的毗鄰著作而去挖掘，只是因著模糊的關聯，在誤打誤撞之下，跟精神分析有了關聯性。這研究將佛洛伊德無意識的基本結構攤在陽光下。

要指出哪些不是李維史陀對拉岡的影響，在這裡是多餘的：並非潮流，亦非友情的影響，這影響是在「回歸佛洛伊德」的中心（佛洛伊德的無意識與它的結構）經由一物件，那就是話語以及語言。

換個說法，截然對立於佛洛伊德過世後，精神分析運動所取道的死胡同，拉岡為羅馬帶來李維史陀的研究，讓他在解讀無意

171

識有了進展。

　　1953年，在羅馬，拉岡宣告了這條由李維史陀指出、以辯證的方式通往佛洛伊德臨床的康莊大道，在這臨床中，無意識的主體終於有了自己的命名儀式，不是神的兒子，而是無辜的小孩，捧著奶瓶，吸吮著象徵的泉源，接受了話語之鑰，就是語言，不曾停止將結構的組合現實化，為它的命運封上印記，有著他者論述所具有的隱晦未明的影響。

在精神分析的技巧中，詮釋的迴響與主體的時間性

　　這個次標題，節錄自《羅馬論述》結論那一段，引伸到語言以及主體性的理論。

　　語言是什麼？

　　「……語言的功能不是告知，而是引發。

　　我在話語中尋求的，是他者的回應。讓我成為主體的，是我提出的問題。為了讓我被他人認識，我只說出可以預見未來的過去。」（*E, 299*）我們在這裡看到了辨識無意識欲望的客體，以自己的語言向他者說話的理論。

　　從此，分析不再以讓一個人憶起兒童現實事件為目的，而是尋求主體的真實，以象徵的群聚做出演繹，在主體尚未出生之前，就在那裡迎接他命運的到來。

　　藉由回到鼠人[172-1]的臨床，拉岡給了他的論點一種形貌：

172-1　恩斯特・藍澤（Ernst Lanzer 1878-1914）。佛洛伊德第二著名的分析個案，持續約莫九個月（1907年十月到1908年七月），佛洛伊德在每星期三舉行的聚會上，多次報告這案例。出生於維也納的猶太裔家庭，藍澤在家中七個兄弟姐妹排行第四，跟他父親一樣，加入帝國軍隊，那時尚未受強迫症所苦，因著這疾病，他在1907年十月來到佛洛伊德那裡。這廣為大眾所認識的鼠人案例，被認為是佛洛伊德唯一治療成功的個案。

「分析的唯一目的就是讓真實話語（parole vraie）到臨，讓主體在過去歷史與未來的關係中實踐〔……〕。

是藉由回歸佛洛伊德，以及對鼠人的觀察，呈現了我們的論點。

佛洛伊德平心靜氣地，以事件的精確度，等待主體的真實。〔……〕。

攸關辯證關係的統覺（aperception）是相當確切的，佛洛伊德這時期的詮釋決定性地揭開了駭人的象徵，讓主體同時自戀地連結上亡父與理想女士，這兩個形像維持在一個對等的地位，是強迫症患者身上特有的，一個是讓這形像一直存在的想像攻擊，另一個是將另一形像轉化為偶像的駭人膜拜。

同樣地，辨認出過度主觀的強迫債務，是病患將這股壓力玩過火了，幾近妄想。這一幕，用來表明主體嘗試作到歸還卻徒勞而返的的想像措辭再完美不過了，讓佛洛伊德達到他的目的：讓他在父親不誠實的過去、與他母親的婚姻、『貧窮但漂亮』的女子、自己破碎的愛情，以及對好友不舒服的記憶中——藉由命中早已注定的安排，找到不可能填滿之象徵債務的裂縫，而他的官能症則是筆錄（這債務的借據）。」（E, 302-303）

鼠人這齣劇中，真實話語的到臨並不是藉由歷史的重建，[173-1] 而是藉由重現拉岡在幾個月前，引用李維史陀的科學詞彙，「官能症的個人神話」，架構了主體的症狀，無意識地更新了上一代早已決定的詞彙模組，跟他的出生比較沒有直接關係，而是他父親在選擇婚姻對象遇到的兩難，是貧窮但美麗的女孩，還是最後成

173-1　就這一點，要突顯的是，現代調查者策動之「歷史學家」的異議，圍剿佛洛伊德病患的自傳中不利於佛洛伊德的，將分析的經驗擺在一旁。

為他妻子、有錢又有勢的「鄰家女孩」。

在他對佛洛伊德的移情中重演婚姻的窘境，這病患終於弄清楚到底是怎麼一回事了，因為想像佛洛伊德有個女兒，「眼裡有金塊」，為了聲名要嫁給他，讓他跟佛洛伊德一起發現了，每個男人對婚姻的義務就是奴役自己自戀的命運，以及──對這案例而言──死亡的形像，在這裡則是女性的版本。[173-2]

藉由象徵的調節，轉移到佛洛伊德之瘋狂想像的版本。

「就是因為這樣，鼠人得以在他的主觀中引進真正的調解，藉著移情的形式，給了佛洛伊德一個想像的女兒，好與她結婚。而佛洛伊德在一個關鍵的夢裡，讓他看到真實的面貌：就是死亡，以蓋滿糞肥的眼睛盯著他。

同樣地，如果是因為這些象徵的約定，使得他的屈從的詭計降臨到主體身上，現實並不會讓他在完成這些婚禮時出錯……」（E, 303）

事實上，對這位年輕男子而言，在第一次世界大戰的泥濘戰場，他認出死亡是個媒介，可用來擺脫父親這個過於沉重的負擔，讓他可以從自戀地與父親連結之認同當中脫身，在那之前又 174 可將他關閉於其中了。

這裡我們將再度看到拉岡在羅馬論述中指出的模式，就是對職業分析師要求嚴謹分割，一邊是父親的象徵功能，另一邊是承襲父子關係的自戀認同，甚至是家庭中父親真實的所作所為。

佛洛伊德在鼠人提出的，不是父親對他愛情生活運作的真正的介入，而是「藉由死去父親帶來的禁制」──已經去逝──「反對他與思念的女士結婚」。拉岡指出（E, 302），在他母親成為寡婦

173-2　就這一點，請參閱《官能症患者的個人神話》（op. cit.）。

的那一刻，她向他提議與有錢的表妹結婚，佛洛伊德說，這個提議在當時成為病患官能症的促發理由。[174-1]

「我在話語中尋求的，是他者的回應。」

在加進父親的回應，兒子帶來了上一代的窘境，全神貫注在症狀中，從這個結構上像是神話的官能症得到滋養，就拉岡的說法，這讓佛洛伊德有了解答，是這奴役的關鍵讓個案察覺他無意識召喚的，現在可以在夢中被辨識（在眼睛被屎蓋住的女子剪影，還有其他的症狀），佛洛伊德再次以分析辯證來解讀，化解這個影響。

我們當然可以在這裡理解到，佛洛伊德佔據並體現他者的位置，在陰謀當中找到兒子與父親之罪的連結，不過不是為了送走移情裡的重複，因為如果這個分析師所佔據的位置可以作為接收兒子回應訊息的處所，這位置將安頓一位操作者（分析師），有能力反轉這些訊息，讓兒子最後可以明白，他自己必須負起從亡父口中「採集」有害訊息的責任，最確切的說法是，那是他自己找來的。

這個如同大寫他者的欲望的欲望理論，並沒有讓自願承受的奴役取代了卑躬屈膝；有鑑於此，我們不能把這稱為精神分析的經驗。無意識的被奴役驅動了症狀的苦痛，因為察覺了無意識主體，從拉岡著手的他者論述，進一步的匡正後，使得主體要為他所抱怨的負起全責，在他的症狀上有其地位，放棄他強加在他者的意願，在經驗中感受到的病態部分，以贏得自由。此舉並不是把無意識主體的理論，就是拉岡在羅馬如是宣告並以個案作說明

174-1　參閱佛洛伊德的〈強迫官能症案例之摘錄〉（鼠人），收錄於《五個精神分析的案例》（ *Cinq psychanalyses, op. cit.,* p. 228）。

的，當成是某種回歸中更神聖形像的推動理論。重要的是，在這裡讓大家明白，拉岡回歸佛洛伊德的基礎中，有多少是取自李維史陀的研究，且對他而言，有如推動他研究無意識主體之理論的回答。

他虧欠李維史陀的，正是被他納入大寫他者這概念的影響，也就是構成話語以及語言這範疇的全部，在當中無意識的主體——不管是不是群體的——不過只是個功能，以反轉的形式接收自己的訊息。

藉由這一段的議題，我們現在可以更加理解換過名詞的定義公式，拉岡在1953年後將這公式稱為無意識的主體。

讓我們再回顧這段已經找到位置，也就是1953年《羅馬論述》思路下的公式：

「語言自行表達的形式，同時也界定了主體。他說：『你從這裡出發，當你看到這個，你就往那邊。』換句話說，他參考他者的論述。他就這般被包覆在語言的更高階功能下，因而讓說者授與他的接受者新的現實，比方說，一句：『你是我的太太』，主體為自己蓋上已婚男性的章。

這其實就是人類所有語言，甚至在主體還未到來之前，衍生的基本形式。

在我們開始行動，要他人理解我們視分析為辯證這觀點時，這悖論讓我們最敏銳的同事不免要予以反駁，他如是闡釋：人類的語言是一種溝通，發送訊號的人從接收者身上，以反轉的形式 176 接收到他自己的訊息。這公式只能從反駁者的口中取得，進一步看到對我們思考帶來的衝擊，也就是語言永遠都含有自己主觀的回應，說穿了，就是『如果你不曾找到過我，也就不會找我。』」

（*E*, 298）

如果不是李維史陀的影子在拉岡的回歸中過於突出，那麼我們對這個成為探討拉岡回歸佛洛伊德的公式的探討，又會為我們帶來什麼？

現在最適合問，拉岡這裡說特別的對話者是誰，畢竟如果他能在1953年宣告的公式中，看到他自己想法帶來的衝擊，那麼他在1966年，也就是十三年後，在《文集》（*Écrits*）的序中第一頁所透露的，就是這位對話者：「……我們推動的原則：在語言中，我們的訊息來自大寫他者，這宣告到另一極端：以反轉的形式。」（別忘了，這原則是應用在他自己的宣告中，被我們如是傳遞，是一個他者，傑出的對話者，接收到了他最佳的衝擊。）（*E*, p. 9）

大寫他者是在1966年——《文集》出版的那一年——成為大寫的，在拉岡1953年定義無意識主體的公式中接收到「衝擊」（frappe），不停地在他的研究中被提及，現在被他小心地歸回傑出對話者的思想，十三年後依舊護著這位匿名者。

是他優秀弟子中的一位？像是希波利特這樣的一位哲學家，在他的講座中反駁他？或更直接地指向他曾引用他們句子的哲學家的其中一位？

需要更長的時間，準確地說，二十一個年頭，讓拉岡回到羅馬，為他的弟子揭開這傳說中的完形，就像我們研究中指出的那樣，引領著拉岡的回歸佛洛伊德：

「就是每個人用反轉的形式接收訊息的這故事。我很久以前就這麼說，被取笑了。其實，我歸欠了李維史陀（我們特別強調）。他喜歡我的一位好友，就是他太太莫妮（Monique），為了叫她的名

字，他曾對她說過關於我在講座裡所表述的，就是，每個人都是以反轉的形式接收自己的訊息。莫妮重複說給我聽。對我當時想要講的來說，沒有比這個更讓我興奮的公式了。是她讓我再度上線。你們都看到了，我找到了，我就好了。」[177-1]

1974年，法國巴黎佛洛伊德學派（l'école freudienne de Paris）的大會中，拉岡第三次來到羅馬，揭示了匿名者，就是讓他得以在1953年定義無意識主體的那一位，因為他給了拉岡大寫他者的線索。象徵功能的大寫他者建構了語言以及其他所有社會交換的網絡，讓主體有了話語。

在這裡，他總算償還了他跟他朋友、法國人類學大師簽訂的象徵債務，沒有他，就沒有回歸佛洛伊德的成就，也沒有這些著作，更不會有法國精神分析歷史中持續發展的動盪。

177-1　《巴黎佛洛伊德學派通信集》（ *Lettre de l'EFP*, 16, 1975, p. 177-203）。

【第三章】父親的名字、精神病以及畏懼症

我們在前面看到了拉岡從法國人類學擷取的象徵功能，再連 179
結他講座系列第一冊，主體性的定義以及構成理論的「雲彩」之
整體文章的重要性。

我們曾分析過受到李維史陀思想衝擊的拉岡公式的重要性——
「主體從象徵大寫他者以反轉的形式接收他的訊息」，我們也曾特
別指出，拉岡的研究，一直到L圖形，都可以在適當、必要的變更
後（mutatis mutandis），有如重新理解鏡像般地閱讀拉岡如何以理
論當縫線，修修補補，將這公式縫合。

不嘗試逐字研讀講座系列，我們追隨著拉岡閱讀佛洛伊德臨
床個案的行程表，先是撬開精神病，再來是畏懼症，來呈現拉岡
與李維史陀的關聯，後者如何在他1953年至1957年間的研究中，
無處不留下深刻的痕跡。精神分析重新繪製地圖後的兩塊臨床新
大陸，經由結構的分析，當中一個核心的操作，正是**父親的名字**
這概念。這是我們必須回顧的。

I. 從鼠人到小漢斯：父親的名字這議題

《官能症患者的個人神話》是拉岡在1953年撰寫的，當時他也
「發明」了**父親的名字**這個概念，之前我們說過，[180-1]這發明是拉 180
岡借用李維史陀為毛斯寫的序，因這位人類學家在1950年的這篇

180-1 參照《拉岡與社會科學》（*Lacan et les sciences socials, op. cit.*, p. 217-222）。

文章中，烘托出「語意學功能（function sémantique）的任務，是讓象徵思考得以行使，繞過本身的自相矛盾。」[180-2]

　　這功能在人類學詞彙中，有自覺性的表達，是下面的系列，**瑪哪**（mana），**王卡**（wakan），**歐倫達**（orenda）等等。有這麼多「東西的靈魂」，就李維史陀的看法，它們「祕密的或神祕力量的特性」，讓毛斯跟涂爾幹困惑不已，因為他們最基本、也是最重要的出發點，均讓他們無法避免過度簡化的「將社會現實理解為人類的作為，不管野蠻與否。」[180-3]

　　李維史陀將法國人類學創始者的發現加以延伸、讓他介紹之概念，「懸浮符徵」（signifiant flottant）在無意識的重要性可以被回復，是一種符徵與符旨維持在一個「互補關係」的必要條件，不然象徵思考就無法行使。

　　對李維史陀來說，符徵與符旨之間總是有種「不足」（inadéquation），「惟獨神奇的悟性能予以消除」。

　　亡父的大能或是**瑪哪**，如土著所言，可以消除這種不足。不過，李維史陀沒有被研究對象困住，他結構式的分析所使用的詞彙，是「單純形式」（simple forme）的決定性行動、「一種純粹狀態的象徵」（d'un symbole à l'état pur），又或者是確保符徵與符旨之間連結的語意學功能。

　　「構成整個宇宙的象徵系統，僅是**零的象徵價值**（valeur symbolique zéro），也就是說，一個補足已具符旨之象徵內涵之必要的符號，可以具有任何價值，前提是它仍是備用保留的一部分，尚未成為語音學家所說的，族群的一個用語。」[181-1]

181

180-2　李維史陀《社會學與人類學》一書的前言（p. XL-IX）。

180-3　*Ibid.*, p. XL-VI.

181-1　*Ibid.*, p. L.

　　定位讓象徵思考得以行使之「懸浮符徵」之語言與無意識價值，就我們的看法，是一種優雅的定義，拉岡在1953年以父親的名字這概念展開，這種模稜兩可讓李維史陀與拉岡忽略的被想像成是，拉岡在佛洛伊德與羅馬天主教之間成就的「十字架中心點」。

　　我們曾多次強調，就是在他為特例符徵（signifiant d'exception）的結構主義這理論背書的當下，拉岡捨棄了那時仍舊支持他父親理論的克婁岱－涂爾幹基礎。

　　「在這領域的研究學者必須習於以兩種不同的觀點去面對他們的研究。不論何時都得暴露在土著對自己社會組織的理論〔……〕以及社會真實的運作這兩個層面的混淆下。」[181-2]李維史陀在1952年已經這麼說過。

　　還有，不應該混淆了父親的名字這操作理論的價值，這讓拉岡（李維史陀的讀者）不自覺地確定了符徵與符旨之間的縫合材料，藉由教會的父親名字，就是一神教信徒受洗後的一個名字，喚醒了「東西的靈魂」，有意無意地讓官能症思考得以運作。

　　就這點，關於父親的名字這概念的理論價值，我們要知道，如果我們在拉岡身上看到的是從李維史陀來的，那麼在社會中──準確地說，在組成教會的強迫症狀──擷取他父親的名字的符徵，擺在李維史陀提出之人類學詞彙如瑪哪或是歐倫達一旁，在我們看來，是拉岡的詮釋，對精神分析研究的臨床領域來說，這些事件是最重要的；不過，這只是詮釋，並非發現。

　　有鑑於支持他研究的認識論，也就是在1955年至1956年所進　182

181-2　李維史陀，〈巴西中部與東部的社會結構〉（Les structures sociales dans le Brésil central et oriental [1952]），收錄於《結構人類學》第一冊（*op. cit.*, p. 145）。

行的精神病研究，分析了**父親的名字**的喪權（forclusion）像是種操作的演繹。讓大家——不小心——看到這個操作版本在當中不經意地延續著官能症。

在那裡，這個操作必須是衰退的——喪失了權力——拉岡才有辦法理解到它臨床的重要性；就這點來說，是再次發現。

在他自己的文化涵養中，拉岡是如何用**父親的名字**，明示了結構以及語意的功能？

1956年六月六日，面對他的聽眾，他先提出，他認為索緒爾語言學理論不能「界定」運作於官能症患者身上流動的符徵與符旨之間的「對應性」，拉岡說，甚至「符徵與符旨之間的關聯向來都是流動的，也會一直不斷地變化。」（L III, 297）

當時他為了向聽眾傳達他想要對他們所說的感到有些困窘，而以些許戲劇化的方式吐露他的苦惱。

接著，他讓自己進到分析的場景，並進入佛洛伊德所謂的自由聯想的規則。

「嗯，我對自己這麼說——**要從哪裡開始呢**？我開始想一個句子，一種類似莎士比亞的調調，靈感不再，來回游走且不停重複——「To be or not...to be or not...」——停頓之後，又回到原點——「To be or not...to be.」——我先想到「oui」。因為我不是說英文，而是說法文的，我接著想到的是——**是，我到他的殿中崇拜永恆**。

「要說的是，符徵是沒有辦法單獨存在的。」（L III, 297-298）

拉岡如是下結論：「句子被說出了才存在，它的意義是後來想起來的。我們最後都要來到這著名的永恆身邊。」（L III, 297-298）

讓自己處在自由聯想，拉岡像是不經意地「栽進」永恆的全

能形像裡，好使符徵的單位環節可以關閉，讓造成長久迴響、難忘句子的不同元素就定位。

他藉由探討拉辛（Racine）的悲劇《阿塔莉》（*Athalie*）[183-1]，指出如何調動堅定不搖的符徵，「對神的畏懼」（la crainte de Dieu），將它擺在對話者的口中，被任命的何亞（Joad）讓亞伯納（Abner）支持他的動機。 183

他接著說：

「符徵的功效，**畏懼**（crainte）這個字的效能，以這個字的曖昧不清與模棱兩可，改變了一開始的**虔誠**，甚至不論何時都能全盤翻轉，一直到最終的**虔誠**。這種轉變就是這類的符徵秩序。任何意義的累積、重疊、總合，都不足以為其辯護。藉由創造符徵，這場景安然地在情境的轉變中發展〔……〕。

不管是不是經文、小說、戲劇、自言自語或是任何形式的對話，你們允許我以空間的妙計向你們介紹符徵的功能〔……〕。所有對論述的具體分析，都將圍繞在這一點，我稱它為縫合點（point de capiton）。」（L III, 303）

縫合點：這名詞是鬆懈的，預示更美好的將來，不過我們研究所關注的，將注意到如果李維史陀在符徵與符旨之間提出一種「補充」，那麼拉岡就可以用這工匠的語彙縫製床墊，公式化、縫

183-1　拉辛的悲劇在猶太神殿入口開場，兩個不太可能碰到的人，大祭司何亞與猶太王的大官亞伯納面對面。猶太王受他嗜血妻子阿塔莉不好的影響，開始崇拜偶像。

「是的，我到祂的殿中崇拜永恆。」亞伯納講的這句話是這齣戲的開場白，當時他還不是那麼確定，但還是警告何亞阿塔莉暗中計畫對付他的陰謀。

「我畏懼神，親愛的亞伯納，我不畏懼其他的……」大祭司如是說到，接著又用完全反過來的句子說：「是你說，我怕神，祂的真理感召了我。」

「這是神藉由我的口對你如此回應……」

對神的畏懼從一個人的口中傳到另一人的口中（《阿塔莉》，第一幕，第一景，拉辛 [Paris, Gallimard, 2001]）。

合了浮動的符徵與符旨。

「當床墊製作師父的針，從滿是威脅之信實的神插進，拉出，就完成了，年輕小夥子說——**我要效忠我的軍隊**。

184　　假使我們當它是樂章，分析這一幕，我們將看到，是這一點，在這兩個角色與文章中真實運轉，在一直在變動的意義群當中，接合了符徵與符旨。〔……〕

這縫合點就是**畏懼**這個字，以及它超越所有意義的內涵。」（L III, 303）

李維史陀就是在那裡，在符徵與符旨之間，做出了結構性的位移，「惟獨神奇的悟性能予以消除」，又或者，更普遍的說法，這位人類學家在那裡定位了讓象徵思考得以行使之特例符徵的語意功能——不去區分符徵與符旨。從這開場白的例子，拉岡提出了縫合的概念，對「神的畏懼」進行演繹。

還有，這例子是拉岡的東西，也是他的針——我們在先前看到他從「東西的靈魂」著手（為亡父的位置建立人類學的索引），更確切地說，從一特例符徵之零的象徵價值（valeur symbolique zéro）著手，很快地便撬開佛洛伊德體系，讓畏懼神的例子，突顯出李維史陀所分別之特例符徵的要職。

1956年六月六日的同一場演講：「縫合點的圖示對人類經驗相當重要。」（Le shéma du point de capoton est essential dans l'experience humaine.）拉岡緊接著說，他粗魯地從手工藝這領域的字彙轉向人類情境的普同性，好使得他可以依著論述的思路叫出佛洛伊德。

「縫合點的圖示對人類經驗相當重要。

為何佛洛伊德要在伊底帕斯情結中賦予人類經驗最底限的這

個圖示？對我們來說，其價值從來沒少過，卻總是像個謎。為何伊底帕斯情結如此得天獨厚？為何佛洛伊德一直以來都是這麼堅決地，要在所有的地方看到它？為什麼那裡的結在他看來是這麼地重要，即使在最微細的觀察中也不能忽略它？——不正是因為父親的概念跟畏懼神是那麼地相近，讓他在經驗中得到這麼敏感的元素，就是我所說的，符徵與符旨之間的縫合點。

　　我可能花了相當的時間跟你們解釋這個，不過我還是相信，這會有個雛形，讓你們了解在精神病的經驗中，這圖示如何運作，讓符徵與符旨以完全切割開來的形式呈現。」（L III, 304）

185

　　拉岡的針，在佛洛伊德體系的重點，也就是伊底帕斯情結（讓佛洛伊德堅信的一種普世性）再次出現。與李維史陀體系的結是打在佛洛伊德不變的父親觀點，只是拉岡的裁縫在這裡蛻變成例外的符徵，它的「不存在，或——更貼切的說法——喪權（forclusion）」帶來了精神病不同的臨床表徵，一種心智的自動行為（l'automatisme mental）。

　　讓我們回顧一下史瑞伯[185-1]這個案，拉岡認為他「就各方面看來，缺少了**身為父親**（être père）這個符徵。」（L III, 330）

　　不單是這位大法官的精神病向拉岡揭示了這符徵的闕如，畢竟他在那之後，以一種無法被反駁的勝利姿態，將這個符徵的喪權放在精神病臨床的核心。

　　就是1956年的六月，在一兩次的講座上，拉岡在精神分析的

185-1　史瑞伯（Daniel Paul Schreber 1842-1911）。出生在德國基督教的中產家庭，後來成為頗具聲望的法學家。在1884年，（當時他已經是薩斯法庭的首席法官）出現過心智疾病的主要病徵。撰寫了在1903年出版的《一個精神病患者的回憶錄》（*Mémoires d'un névropathe*），死在萊比錫（Leipzig）的安養院。佛洛伊德分析他的回憶錄，展現他自己精神病理論的有效性。
　　請參照佛洛伊德的史瑞伯個案，收錄於《五個精神分析的案例》（*op cit.*, p. 263-324）。

領域中引入新的精神病理論，它的結構有賴父親的名字的喪權，也就是說，零的象徵價值不見了，然而少了這個，就無法連結起符徵與符旨。

將這個精神病特有的象徵缺失獨立出來，拉岡以相反並互補的方式，讓這符徵的價值出現，就是讓官能症的象徵思考得以行使的價值。

我們研究所關注的，是要知道如果象徵化過程不可或缺之零的象徵價值，這操作的概念是拉岡從李維史陀淬取而來，又用於分析師身上：

（一）顯示這操作在「羅馬人的」官能症症狀得到的名字（父親的名字）；

（二）重新理解佛洛伊德的伊底帕斯為官能症的縫合點；

（三）從這操作的失效，重新整理精神病的臨床。

不過，重新理解佛洛伊德的伊底帕斯是官能症的縫合點，難道不是一種邏輯的必要性，讓拉岡加入佛洛伊德，為的是讓這個情結的普同性被世人相信？

不是的：「沒有人會停在這點——而是，在我們建構之宗教思想的深處，有個念頭，要我們活在畏懼與戰慄中，罪惡感的渲染在我們官能症精神病態的經驗是這麼地根本，除非我們可以預測它在文化的層面是怎樣的。這樣的渲染是這麼地根本，我們對官能症的了解就是從這裡開始，並且看到它是以主體，以及互為主體的形式架構而成的。」（L III, 324）

雖說拉岡讓官能症的假設開放，也就是在其他文化中，不單只是以「畏懼神」被結構化，還有不同於佛洛伊德在臨床用畏懼

父親跟伊底帕斯情節定位的縫合點，不論是個案的或是社會的。[186-1]
不過，為了杜絕精神病，還能要求的，就只有能讓象徵思考得以
行使的語意功能——不論是它採取的方式，還是它為官能症上的色　187
彩，甚至是有著「零的象徵價值」的「最純粹象徵」。

　　對拉岡來說，這運作的普同性不是它的伊底帕斯形式造成
的，不過這運作卻讓他的研究往一個方向發展。

　　最後，我們要突顯拉岡與李維史陀間令人震驚的相似性，因
為在那幾年，這位人類學家對一個主題有著相當不尋常的注意
力，他稱之為「零的制度形式」（les formes institutionnelles zéro）。

　　這些形式建構了一組神祕的象徵客體（objets symboliques），
讓李維史陀一直好奇不已，雖說它們不曾被當成某特定文章的內
容，在這位人類學家的著作中也只是輕描淡寫地帶過。

　　拉岡必須相當謹慎且專注地閱讀，才能理解李維史陀在這方
面的發現，並且默默地，但毫不拖泥帶水地將這些帶到自己研究
的中心。

　　什麼時候、在哪裡、用什麼方式，李維史陀再次回到這個引
發了他自己以及拉岡注意力的、例外的制度形式？

186-1　關於這觀點，還有拉岡與李維史陀時期相近的看法，我們可以提出波洛洛族（Bororob）
　　　讓人類學震驚不已的「自然地面對超自然」。我們想到波洛洛社會的「神殿」同時也是工
　　　作室、俱樂部、宿舍，或是一個過渡的家。這是種最不實際的自然態度，讓人類學家備感
　　　衝擊，乃至於他對讀者坦承：「我與宗教的接觸要回到已經沒有信仰的童年時期，那時是
　　　第一次世界大戰，我住在爺爺家，他當時是凡爾賽（Versailles）地區的猶太教長，房子就
　　　在猶太教堂隔壁，有一條長長的內通道將它們接通，這叫人無時不讓人感到焦慮……」
　　　（李維史陀，《憂鬱的熱帶》）
　　　這證實了，在我們的社會，沒有信仰也會經歷拉岡選用的「畏懼神」，而這個畏懼又不是
　　　真的普同的。

II. 零型的制度形式

在1956這一年，拉岡的講座致力於精神病的臨床，李維史陀出版了《二元構造存在與否？》（*Les organisations dualistes existent-elles?*），就像我們所說的，他在當中插入、並且確認了他在1950年的發現——零型的制度形式。

這次是分析波洛洛族（Bororo）[187-a]的婚姻規條，李維史陀指出這部落的分區（北部／南部），根據他的說詞，是「不明的」，「唯一的功能就是讓波洛洛社會繼續存在。」（*AS* I, 176）

他又補充說明：

「這已經不是研究第一次讓我們面臨制度形式了，我們可稱之為**零型**（de type zéro）（我們特別強調）。這些制度沒有任何的內在本質，只是為它所建造的社會系統帶來有利生存的條件，在當中它的存在——本身缺乏意義——被當成是全部。社會學因而碰到一個基本議題，是它在語言學經常碰到的，只是語言學並沒有在它自己的地盤察覺到這一點。這個問題的本質在於不具意義而存在的制度，除非賦予擁有這制度的社會一個意義。」（*AS* I, 176-177）

以記錄的方式，李維史陀在這文章當中喚起1950年攸關零形制度的發現，他是這麼說的：

「因此，有好幾年了，我們被帶到**瑪哪**的定義。」（參見李維史陀，〈馬歇‧毛斯的伊底帕斯導論〉〔Introduction à l'Œuvre de Marcel Mauss〕，收錄於毛斯的《社會學與人類學》〔*Sociologie et anthropologie*, Paris, PUF, 1950, p. XLI-LII[188-1]〕以及《結構人類學》〔*AS* I, 176〕）

187-a 中譯註：李維史陀在巴西的波洛洛部落進行長時間的人類學研究，爾後出版了《憂鬱的熱帶》一書。

　　這個時期的李維史陀並沒有忘記提醒大家，要讓他在社會制度這個層面的發現更加豐富，要知道他把這些視為語言，而我們將看到，他在1956年的文章造就一個研究社群，就這一點，他認為他聯結了社會學家以及語言學家，但從來就沒有精神分析師，也不涵蓋拉岡的研究，雖說他早在1953年就開始擬定父親的**名字**這理論。也沒有什麼阻止過（也沒在阻止）他將制度與階級的研究帶到零的象徵價值。

　　就此而言，拉岡至少曾以一種或是另一種方式與他赫赫有名的朋友交談過他的研究發展。

　　我們無法完全排除這個可能性，因為早在1956年五月二十六日致力於**縫合點**之重要講座的前十五天，拉岡接受沃爾（Jean Whal）的邀請，到法國哲學學會評論李維史陀的報告，題目是《神話與儀式的關係》（*Les rapports entre la mythologie et le rituel*）。[188-2]

　　在這個評論中，拉岡提到李維史陀對他研究的認識。

189

　　1956年五月二十六日，在李維史陀的「精采的報告」之後，拉岡著手他的論點，對我們來說相當珍貴，因為拉岡證實了他從李維史陀得到的收穫，特別是符徵在符旨之上這一點：

　　「如果我想要賦予李維史陀論述帶給我的支持以及意義一個特性時，我會說是他所謂的重點〔……〕我稱之為**符徵**的功能這個

188-1　（北部／南部）的區分早在《憂鬱的熱帶》中講過，不過它讓這位人類學家有了以下的省思：「不幸地，沒有任何觀察可以幫助我們理解這個我們已經討論過的二分法的角色，它甚至對真實性也如此作用。」（《憂鬱的熱帶》）
　　　李維史陀只用一年的時間重新理解這區分，當它是象徵客體，其社會任務正是確保波洛洛社會的存在？
　　　藉這機會，要記得《憂鬱的熱帶》是在1955年出版的，內容是以李維史陀在巴西長達十五年的人類學探險材料作援引，或多或少是先前已經記錄的摘要。

188-2　在《法文社群的哲學公報》（*Bulletin de la Société française de philosophie*, t. XL VIII, 1956）。

名詞在語言學的意義，就這符徵本身，我不認為只是因法則的不同而突顯，而是因它加諸在符旨上的而顯得重要。」[189-1]

拉岡明確地認同李維史陀將索緒爾連結符徵與符旨的數學公式反轉（S/s，而不是s/S），是拉岡引用這反轉，並不像有時候人們認為的那樣，其實他並不是創始者。這個在思想史上的重要反轉——對拉岡來說，是不折不扣的科學啟發——事實上是李維史陀在1950年寫給毛斯著作的序中所成就的：

「象徵比它所象徵的更真實，符徵在先，並界定符旨。關於瑪哪，我們將再次碰到這問題。」

這是第一步：

「李維史陀不論何時何地都在向我們顯示，象徵結構凌駕可感知的關係〔……〕。讓結構變為可能的，是符徵的內在理性（raisons internes），讓某些交換形式可以被理解或不能被理解，是全然的數學理性；我相信他在這些名詞之前，一點也不退卻。」

零的價值佔有代數的重要性，我們已經強調過它在人類學以及精神分析的重要性，不過除了這些，還有更普遍使用的「小寫字母」（petites lettres），或者是一組代數，讓拉岡在此有了結構主義的正當性。

拉岡接著說：「第二步，多虧了他，在今天來到這裡以前，我已經克服了，就是我們從他得到的神話主題（mythème）的發展，其中對符徵的強調，我當它是神話概念的衍生。」[189-2]

190　　拉岡在這裡提出李維史陀在1955年底寫的文章〈神話結構〉，

189-1　J. Lacan, *op, cit.*, p. 114.

189-2　J. Lacan, *Bulletin...*, *op, cit.*, p. 114.

190-1　參見李維史陀，〈神話結構〉，1955年刊載於《美國民間故事期刊》（*Journal of American Folklore*）十月／十二月號，並重新載入《結構人類學》第一冊。

確切地提供有點距離的參考。[190-1]

　　李維史陀在神話結構中相當重要的文章，實際地提出以神話主題（mythème）的概念分析神話，用新的方式重組構成神話之象徵形構的所有原件，當中結構是不可或缺，而非任意而為的。

　　李維史陀在這文章中，接著宣告符合神話的結構公式：

$$Fx\,(a) : Fy\,(b) \cong Fx\,(b) : Fa - I\,(y)$$

　　「且不管上面這個公式還需要什麼樣的註明與修正，看來，到目前為止，它讓所有的神話（被視為所有版本的總和）都可以還原成符合這模式的關係，」李維史陀在還未將這公式應用在伊底帕斯之前，就這麼宣告，「以下的公式解釋一切，如果我們還記得佛洛伊德認為要有兩次創傷（而不是只有我們經常相信的一次）才能造就構成**官能症的個人神話**（我們特別強調）。」（*AS* I, 252-253）

　　拉岡非常認真地讀過這篇野心勃勃的文章，畢竟李維史陀提出的不只是一個神話的公式，而是**所有神話的公式**──根據他的說法是，要把這公式理解為依據一群變形、不同形像的律法所組成的全體，以明瞭神話是文化的唯一基質。[190-2]他小心翼翼地處理「伊底帕斯神話」，或者說，「構成官能症的個人神話」。

191

190-2　李維史陀的知識企圖對當代的知識分子來說是令人印象深刻的，直到現在亦然，托多洛夫（T. Todorov）寫到：「李維史陀讓我們印象深刻……比方說，在『神話的結構分析』[……]勾勒出眾所皆知的公式……被視為所有神話不可還原之結構的代表！令我歎為觀止……」收錄於《踰越者畢生的義務與樂趣》（*Devoirs et délices une vie de passeur*, Paris, Le Seuil, 2002, p. 84）。
　　史庫布拉（L. Scubla）的博士論文有探討這段公式的歷史，狄佛（Emmanuel Désvaux）的著作中也仔細描述了李維史陀對這公式的使用。
　　關於李維史陀應用這公式在希臘神話伊底帕斯的結構形式，可以參考斐南（J.-P. Vernant），《古希臘的神話與社會》（*Mythe et société en Grèce ancienne*, Paris, La Découvert, 1974）。

在這篇文章當中，李維史陀依舊忽略拉岡1956年接受沃爾之邀所做的報告。

他忽略了嗎？他忽略拉岡以個人神話這詞彙所做的官能症演講，就像他當時所做的？他忽略拉岡在這個會議開始的父親的名字的研討？

他忽略了這場會議？

拉岡並不這麼認為，1956年五月二十六日，在他明確地指出從李維史陀那裡借用的兩個理論後，他這麼說：

「今天走到這裡，對我來說，事情的鮮明對比算是彌足珍貴；就算李維史陀**不曾忽略**（我們特別強調）我剛才嘗試將這個理論應用在強迫官能症的症狀，並且大膽地說，結果極為成功，特別是應用在佛洛伊德對『鼠人』這個案的精采分析。且就在我**明確命名**（我們特別強調）為『官能症患者的個人神話』的會議中，我甚至可以依據李維史陀的公式，縝密地將這個案形式化，一開始是跟b相關的a，在c跟d的關聯中，找到了第二代，與之交換配對，但並非沒有保留無法抹消的殘跡，以否定這四個名詞像是相關的方式強加在團體的改變，取而代之地被理解為我所說的符號，在解讀神話的全盤問題時，遇到的死穴。就像神話在那裡為我們指出一個議題，以符徵形式套入公式，而這議題本身必須在某部分是開放的，用不可解的符徵回應不可解的，並在這個對等關係中重新找到突出點，造就（這就是神話的功能）了不可能的符徵（le signifiant de l'impossible）。

或許我跳得太快了，今天是不是也保留些，就像之前那樣？」[192-1]

以一種因著尊敬而要求準確的風格，拉岡確定李維史陀並沒

192

192-1　拉岡，《法文社群的哲學公報》（*op, cit.*, p. 116）。

有忽略拉岡打從1953年，就注意到可以將這位人類學家的方式應用在鼠人的臨床，並且提醒大家，他在這篇文章中領會到，鼠人（Ernst Lanzer）——佛洛伊德的強迫官能症案例——的官能症結構就像是個人神話。這個公式不可能不曾引起李維史陀的注意，雖說我們了解他並不知道拉岡**父親的名字**多虧了他對例外符徵的**零的象徵價值**所做的分析，畢竟在這場官能症個人神話的會議當中，將這個觀念應用在精神病，決定性地澄清這論點的，是在五月二十六日的對話後，也就是十五天後，才付諸行動的。

我們的研究所關注的，至少必須要確認這時期，拉岡與李維史陀的知識論觀點是一致的，視官能症為個人神話，並且回到——我們前面有提過——李維史陀從1949年起在象徵效能用「個人神話」的句法，來分析官能症。

關於1953年對官能症個人神話的詳細闡述，我們留意到拉岡在1956年確認了他在李維史陀研究的光照下，重新詮釋了強迫官能症的「全然成功」，就像我們之前提到（參閱第二章），拉岡在1953年七月十四日寫給魯文斯坦的信中證實了，他對他分析師吐露他在這研究中得到了支持，緩和了失望的情緒，甚至是與精神分析團體切割後的厭惡體驗。

如果1956年五月二十六日這場會議的歷史旨趣為的是從拉岡的口中擷取所有來自李維史陀的人類學理論，當然是「主觀的」，這同時也明確指出，多虧了這位人類學家的研究，讓這位分析師得以重新詮釋鼠人這個案。

事實上我們都看到，拉岡重提李維史陀連結a、b、c、d這些小寫字母。且不管1953年《官能症患者的個人神話》這篇文章說了些什麼，在我們看來，這幾個小寫比較不能引領我們通往**親屬**

193

關係的基本結構的大道，反倒是通往1952年〈巴西中部與東部的社會結構〉[193-1]這篇文章當中，這位人類學家再次翻閱波洛洛的檔案，用相當普遍的觀點，找出調解婚姻、聯盟的結構，以及這些聯盟神祕起源之間存在的相似性。

李維史陀在此分析：「……父系親屬的婚姻，在相互性中形成『限制』，只以二對二的方式連結團體，意味著每個世代在接下來的循環中引起大逆轉〔……〕。父系親屬的婚姻帶來一個輪替的稱謂，表達了對接續世代的對立，以及對替換世代的認同，就像是兒子以對立於父親結婚的方向娶妻……」[193-2]

娶沒錢的女子，還是娶有錢的女子——跟他的父親一樣——造成了鼠人痛苦的窘境。

讓鼠人進退兩難的官能症的情境，跟調節波洛洛人婚姻的是否一樣？

有可能，不過李維史陀是在分析社會學的規條以及神祕領域相似之處時，使用到上述的小寫。

還有，事實上，這篇文章指出了人類學的分析是處在「聯盟的神祕起源」這層次，說得更明白些，分析一個聯盟儀式過渡或是轉移到另一個聯盟的調節秩序，在李維史陀的筆下，有著圖示的形式，當中的表意文字與拉岡在1956年五月二十六日提出的小寫字母相連結。這個圖示與拉岡L圖示的相似度令人印象深刻，我們稍後就可以證實。

193-1 《結構人類學》第一冊（*op. cit.*, p. 135）。
193-2 *Ibid.*, p. 135.

1952年的文章——廣義來看，對波洛洛人交換規條的結構分析，有直接影響到拉岡在官能症個人神話這會議的講稿嗎？我們無法將這個假設置之不理，就像我們不能忽視這個想法，也就是　194

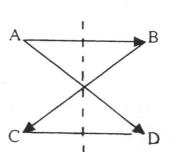

參考李維史陀，（*AS* I, p. 139）1952

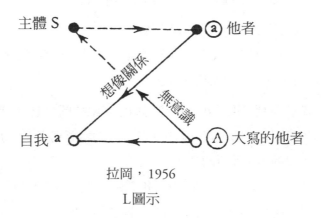

拉岡，1956

L圖示

波洛洛人的象徵組織，以及他們的神祕之處，經由李維史陀的興趣並藉由他，在這個時期引起拉岡的注意。其實波洛洛社會一直是李維史陀的研究重心，從1940年開始，這個社會的分隔（北部／南部）對他而言就像是個謎，迫使他在1956年奮力地挖掘這個謎

底，以堅決的方式予以解答，使之成為**零的制度**的原型，在我們看來，極有可能是拉岡在1950年讀過李維史陀為毛斯的《社會學與人類學》所寫的序後，激發並促使他在1953年對**父親的名字**的省思。

兩者共有一種類似的朦朧的憂慮，讓我們不得不做出這樣的假設，也就是說李維史陀對波洛洛人的「亦步亦驅」滲透到拉岡與他的對話，藉由拉岡對李維史陀的移情，並以波洛洛的象徵形構（les formations symboliques），來思考被佛洛伊德視為範例的被分析者——朵拉、鼠人、史瑞伯大法官，還有即將討論的小漢斯——他們的精神形構；他們之間，相同的議題，均如同李維史陀漂亮的說法，「神話的反思是經由人類做媒介。」[194-1]

195　　簡單地說，我們在這個移情的邏輯中得以：

（一）認定官能症為個人神話，並且

（二）認定制度的存在有如（官能症）象徵思考的必要條件，引領　　　著拉岡與李維史陀的信念。

讀者將會發現，我們把**父親的名字**跟拉岡於1956年重組的精神病臨床擺在一起，置入李維史陀提出的零形制度這類別。

此舉難道是隨意的？

不是的，因為拉岡於1956年五月二十六日在哲學院提到〈神話結構〉這篇1955年的文章裡，李維史陀問及是否有其他的語言事實，朝向零的價值：

「請允許我用小小的括號，像重點般，闡明神話相對其他所有

194-1　我們只要任意地選擇《神話》（即《生食與熟食》[*Le crue et le cuit*, Paris, Plon, 1964]）這書　　　中前幾篇文章所參考的神話來確定這個處處倚賴，像是抓鳥人（dénicheur d'oiseaux）這個　　　波洛洛神話，其中有母子亂倫以及亡父的形像，這個可以稱之為「波洛洛伊底帕斯」的神　　　話，在這篇文章，對李維史陀來說，已經成了所有神話的分析者。

的語言事實所提供的原創性。我們可以將神話定義為這種形式的論述，當中**翻譯即背叛**（traduttore, traditore）這公式的價值，都將導向零……」（*AS* I, 232）

　　相對於翻譯詩詞的困難度，[195-1]李維史陀認為「……神話的價值在於再怎麼差勁的翻譯都還能繼續存在。哪怕我們對一個神話居民的語言以及文化是無知的，一則神話對全世界所有的讀者而言，就是一則神話。神話的要旨不在文體、不在敘述的方式、也不在句法的使用，而是在它所講述的**歷史**。神話就是語言；不過它是一種作用在相當高層次的語言，我們或許可以這麼說，神話的意義成功地**扯掉**在開始之初讓它轉動的語言根基。

　　李維史陀從他對神話的分析得到兩個結論：

196

　　「一、就像所有語言的存在，神話是由基本的單位組成的；二、這些基本的單位涵蓋了平時就參予語言結構的音素（phonèmes），詞素（morphèmes），以及意素（sémantèmes）。神話與這些的關係，就像意素跟詞素的關係，也像是詞素跟音素的關係一樣。每一個形式都跟他的前一個形式，在更高度的複雜性，有所區別。因此，我們稱呼這些在神話中出現的元素（也是最複雜的那些）為：最大的基本單位。

　　要如何進行，才能辨識並獨立出這些最大的基本單位或是神話主題？〔……〕這必須在句子的層次尋找。」[196-1]

195-1　李維史陀在這裡表現出他與雅克森（R. Jakobson）的相似之處，他是這麼說的：「…就定義而言，詩詞是無法翻譯的，唯一的可能性就是具創意的置換[……]。假使我們必須將慣用的句子 Traduttore, traditore 翻譯成法文 "le traducteur est un traître"（『翻譯者就是背信者』），將會剝奪掉這句義大利俏皮話的雙關語價值。」節錄自〈翻譯的語言學面向〉（Aspects linguistiques de la traduction [1959]），收錄於《一般語言學文集》（*Essais de linguistique générale*, Paris, Minuit, 1963, p. 86）。
196-1　《結構人類學》第一冊（*op. cit.*, p. 233）。

　　這必須在句子的層次尋找，李維史陀在1955年底這麼說。不正剛好是拉岡在1956年六月六日的會議中，提出「縫合點」，並且「湊巧地」落在對神的永恆與畏懼上，再次借用的嗎？

　　1956年六月六日，拉岡不可能沒有想到關於神話結構的文章，這早在十二天前，面對李維史陀時，就提到了。在這篇文章中，就像我們看到的，其企圖心是旺盛的，而我們一開始就認為，李維史陀再次嘗試細分佛洛伊德的官能症臨床，將佛洛伊德的伊底帕斯納入神話版本，而所有的版本都應當一起被詮釋，好讓呈現出來的普世結構被看到。

　　就這一點，李維史陀這麼說：

　　「佛洛伊德以『伊底帕斯』這名詞帶出的問題，顯然超越『就地生成』（autochtonie）的以及雙性繁殖的輪替。不過，不變的是，兩個如何生出**一個**：是怎麼一回事，我們不會只有一個原生者，而是一個母親，加上一個父親？」（*AS,* 240）

　　依循這個邏輯，神話被當成一種工具，用來「……調解排他關係以及不相容的情境；以伊底帕斯為例，有一部分相信人類是岩生的（可以從大地母親冒出來的神話中得到證實），另一部分是相信自己是男人與女人的結合所生下的（就像社會法令對親子關係的要求），斐南（Jean-Pierre Vernant）日後有加以說明。[197-1]

　　這裡的重點在於看到括號所指出的，也就是李維史陀描繪的「要加上一個父親」，是所有親子關係的法令。

　　以另一種形式來看，「要加上一個父親」，正是在官能症患者身上找到零的價值的那個父親，就拉岡的說法，這父親的不在場或是喪權宰制著精神病患。依據這觀點，我們或許可以名正言順

197

197-1　J.-P. Vernant, *op. cit.*, p. 239-240.

地說，在臨床的層次，我們清楚看到親屬關係中的妄想，是一種運作，可以當成填補父親的名字付之闕如的企圖。

不論如何，我們理解到，「加上一個父親」的問題，在李維史陀看來，就是所有神話喚起的親子問題。

我們研究必須處理的第二重要元素是，在1955年的這篇文章當中，李維史陀提出了一種零的價值，在翻譯的範疇中，成為神話語言的特性；這語言作用到一種程度，「再差勁的的翻譯，神話的價值都還能繼續存在」，並當下以連鎖的樣式運作，加入這些特例符徵的作用，讓象徵思考得以行使。

歷經艱辛，我們把拉岡的「發明」，父親的名字，擺在零的象徵價值或是特例符徵這類別，現在我們正要捕捉「李維史陀式」的一致性，在面對神話時，有種像是象徵的形構，用來填補不在場的，亦或是衰落的父親的名字，假使我們對李維史陀有信心，　198我們會說，神話的穩定度——把幾乎沒有價值的翻譯列入索引——在周遭皆是固有名詞，在所有可能發生的世界中，擔保這形式的永久認同。[197-2]

就這個論點，拉岡似乎在跟我們說「要對李維史陀有信心」，在隔年，也就是說，講座的第四個年頭，將精神病的領域擺到一邊，打開了客體關係的檔案（成為講座系列第四冊的題目），以及詮釋畏懼症的結構手法，更確切地說，小漢斯的疾病，其「臨床表現」，扣合上對佛洛伊德典範般的個案研究，這就是拉岡在李維史陀研究的光照下所做的，也是我們這個研究的步驟：朵拉的歇

197-2　在《專有名詞的邏輯》（*La logique des noms propres*, Paris, Minuit, 1980）這本書中，克利克（S. Kripke）說明專有名詞是種「刻板的命名者」，「在所有可能的世界中」，指涉始終相同的客體。

斯底里、鼠人的強迫性官能症、史瑞伯的精神病以及小漢斯的畏
懼症。

III.客體關係：講座系列第四冊1956-1957

在第一場講座裡，拉岡要大家看到，「風風雨雨的幾個年
頭」，他走到哪裡了，並以前所未有的方式，用李維史陀式的調調
論證。這對我們的讀者來說已經是耳熟能詳了。

「我們詳細的闡述在一個圖示中達到最高峰，我們可以稱它
為L圖示（le schéma），就是以下的這個：

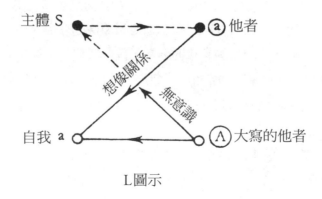

L圖示

這圖示先是列出了主體與大寫他者的關係。在分析一開始就
被建構，與真實話語的關係，是主體從大寫他者以無意識話語的
形式，接收自己訊息所借助的關係。」（L IV, 12）

在這講座的起頭，我們看到在更高層次提出的圖解意涵，以
及拉岡－李維史陀式的公式，來自大寫他者反轉的形式，已經被
轉換成「無意識話語」。

我們的讀者知道為什麼。

接著拉岡在這講座中著手客體關係，審閱精神分析領域沿用 199
之客體概念，像是克萊恩的客體理論、溫尼考特[198-1]的過渡客體，
又或者多鐸（Françoise Dolto）所說的身體形像，為的是要讓吸引
所有精神分析經驗之客體的本質被看到，且非它莫屬，這就是騙
取主體欲望的：陽具（le phallus）。

在第一階段，陽具事實上是攫取目光的客體；是一個形式或
是一個影像。這個客體在主體自戀成熟的時刻，有了想像式的存
在。在這個階段，主體在它的位置經驗到絕境，最後在伊底帕斯
情結找到它的議題，讓它背負起亂倫禁忌的制度，將它帶到他在
社會交換的象徵路線或是象徵網絡的位置上。

伊底帕斯在這裡倒成了讓主體在社會法律制度裡成熟的仲介
者。這麼一來，客體的（陽具的）想像地位與調度它流動之律法
的象徵區位得以接合或是「縫合」。

另一個說法，這是象徵區位為流動之想像客體「立法」的時
機。

根據李維史陀，我們看到這交換的律法，將人們放在授予或
是接受女人的位置上，讓女人成為交流的客體。

在此，不同性別的註記，在拉岡的代數公式裡，給了女人想
像陽具的地位，在人群中流動，而這個組織是在象徵區位的權力
下樹立的，是佛洛伊德以亡父創辦的、或多或少的男性中心

198-1　溫尼考特（Donald Winnicott 1896-1971），英國的醫師與分析師。1923年主攻小兒科與
　　　精神分析時，被派丁頓‧格林兒童醫院（Paddington Green Children's Hospice）任命為助
　　　理醫師，達四十年之久。接受史崔齊（James Strachey）分析，被視為大不列顛的兒童精神
　　　分析之父。他賦予母親的重要性，讓他被列入兩次世界大戰期間的佛洛伊德學派，對父親
　　　的著重則很奇特地被減少。他的分析技巧一直以來都跟國際精神分析學會的標準對立。

（androcentrique）。

200 這個同時顯明（伊底帕斯）個案臨床以及社會臨床的分析在功能上並非沒有殘餘，畢竟，我們與拉岡一起看到了朵拉如何排斥她在客體交換的位置，這跟她自己的想像結構——來自遙遠的他處，來自鏡像——不相容，讓她認同一位男性（他父親），使她的女性特質成為一個謎，激發她對K女士的迷戀……

五年之後，拉岡又再次提到這議題，不過這次的處理將重點擺在朵拉對他父親的愛意，在拉岡看來，這跟她的無能有緊密的關聯。

照這個邏輯看來，沒有父親的陽具會引起愛意，或者，更結構的說法是，陽具在這裡看起來有多缺乏，就多具有價值，這也就是佛洛伊德臨床中欲望客體的典範形式。

拉岡在此舉出兩個公式：

（一）「客體的匱乏……（正是）主體與世界的關係中，精力的來源」（L IV, 36）；

（二）「給予他人自己所沒有的，是愛最極致的表現。」（L IV, 140）

拉岡在這場講座，在在提醒區隔陽具以及陰莖的概念是絕對必要的，縱使陽具的想像形體跟去掉其他屬性的勃起陰莖（pénis）是一致的。

這麼一來，人們可以在愛中給予他人所沒有的，並且，陽具客體在精神分析中最佳的呈現，莫過於匱乏的類別，最適當的理解方式為：有陽具，必然就沒有陰莖，反之亦然。

對李維史陀提出的問題

為什麼不去想像一個女性交換男性的社會呢？

拉岡的想法就像他所提出的那樣，要質問李維史陀論文的價值，他說，這位人類學家以男性中心的觀點分析交換的邏輯，無法自圓其說：

「如果你們交換圈子中的事物翻轉，也就可以說是女性的世系製造了男人，並且交換他們？並竟，我們早就知道，我們所說女性身上的匱乏，並不是真實的匱乏。我們都知道，她們可以有陽具，也擁有陽具，更甚的是，她們予以製造，她們製造男孩、製造男權主義。因此，人們可以用相反的秩序描述世代以來的交換。人們可以想像一個母系社會，有著這麼一條律法──**我生了一個男孩，我可以得到一個男人**。」（L IV, 191）[201-1]

李維史陀的回應是來到親屬系統存在的情境，這情境也在系統之外，在當中，他撬開了父系制度，這點我們讀者在零的象徵價值已知悉。

「李維史陀是這麼回應的。人們當然可使用形式的看法，以相同的方式，用相同的參照主軸、定位系統，全然對稱地描述女性，只是這麼做會出現一大堆無法解釋的事情（尤其是這個零的象徵價值）。在所有案例當中，包括母系社會，政治權力仍舊是男性中心，由男性以及男性的子嗣做代表。有些交換中相當奇特的異常、改變、特例、矛盾，都出現在親屬基本結構這層面的交換律法，只能用親屬以外的關係當參照予以解釋，都是在政治的前

201-1　我們要指出，1956年以英文出版的《家庭》（*La famille*），在1979年的翻譯版中（*Claude Lévi-Strauss*, Paris, Idées/Gallimard），李維史陀以想像女性讀者的角度，在當中提出跟拉岡一樣的問題。在《廣闊的視野》（*Le regard éloigné*, Paris, Plon, 1983）一書中，作者在新的譯本中做了些許的更動

提下，也就是說，權力的秩序，更確切地說是符徵的秩序，在當中，權位與陽具被混為一談。因著在象徵秩序具有的理性，超脫個人的發展，有或沒有想像與象徵的陽具在伊底帕斯這個層次有著經濟學的重要性。這同時也促成了閹割情結的重要性，還有陽具母親（la mère phallique）這眾所皆知之想像的崛起……」（L IV, 191-192）

202　　　人類學的規則遠遠超過伊底帕斯的規則，拉岡用以下的語調如是宣告：

「前伊底帕斯的結束，伊底帕斯的起頭，指的是什麼？

不就是孩童承擔了陽具般的符徵，以某種方式，讓它成為象徵秩序中交換的器皿，主管子嗣制度。整體而言，他面臨的是讓父親功能成為戲劇主軸之樞紐的秩序。」（L IV, 200）

換句話說，在社會的層面，男性中心的政治權力是親屬結構以及（男性間）交換女人運作的前提，不過這個決定因子在案例的層次隱含的是，進行順利的父親功能，也就是零的象徵價值，讓孩童得以承擔起陽具的符徵價值，以及他在子嗣、在社會交換或更廣泛而言，在社會制度的位置。人類學指出，這些制度像是語言一樣地被建構。

當父親功能被降級，孩童將凍結在（前伊底帕斯的）想像區位，被全能母親給吞噬。在喪權，或者完全沒有**父親的名字**這符徵，我們看到這孩童如何「試圖」以妄想來解決。

不過，在講座第四冊，拉岡加了一個新的解決方案。

以畏懼症作為解決方案

畏懼症「……是兒童與母親關係帶出之艱難問題的另一種解

決方式。〔……〕為了要有三角關係的三個名詞，必須要有一個封閉的空間，一個象徵世界的組織，就叫做父親。那麼，畏懼症最是隸屬這秩序。它涉及這被圍起來的關係。在特別危急的時候，沒有其他本質的解決之道是開放的，畏懼症成了求救的呼喊，喚來獨一無二的象徵元素。

是什麼構成它的獨到之處？

不論何時，我們都會這麼說，是極度的象徵化，也就是說，全然遠離想像的。因著它求救的呼聲，維持住孩童與母親之間陽具造成的裂痕所威脅的一致性，畏懼症所採取的元素有著**真正神話的特性**（我們特別強調）。」（L IV, 58）

這個洞，或是母親張開的嘴，在講座中有著狗的輪廓，嚇壞了畏懼症的孩童，接著進場的是小漢斯[203-1]的焦慮，帶著不時出現被馬咬傷的念頭。

馬，小漢斯的畏懼客體，被佛洛伊德詮釋為勃起的圖騰，在伊底帕斯的競爭當中與父親對立，由孩童精心策劃；並且以伊底帕斯的邏輯，或多或少複製了《圖騰與禁忌》中弒父行為的勝出者。

拉岡並沒有真正接受這種畏懼客體與父親的疊合，因為他將導致畏懼症的重心擺在吞噬恐懼，依據他的說法，要依據孩童當時遭逢的前伊底帕斯階段來詮釋。

拉岡指出，在這個時期，孩童為了知道是不是擁有陽具所提

203-1　小漢斯（Herbert Graf 1903-1973），奧地利評論家以及音樂家葛拉夫（Max Graf 1873-1958）之子。葛拉夫在1900年碰到佛洛伊德之後，有好幾年的時間參加每週一次由佛洛伊德第一代弟子所組成的聚會。小漢斯從三歲開始就被他父親觀察。報告給佛洛伊德的這些觀察成了小漢斯分析的一部分，佛洛伊德在1908年三月三十日直接與他會面。這是佛洛伊德分析畏懼症的範例。

出的問題, 在思辨的區位展開,在發現母親沒有陽具的當下出現焦慮,孩童想像母親的失落,將自己變成「(她)想像的欲望客體。」(L IV, 82)

「從什麼時候開始,畏懼症變得不可或缺?就在母親沒有陽具的時候。」(L IV, 73)

畏懼症的發作該用伊底帕斯的弒父來詮釋,拉岡說,因為早在跟父親競爭以前,正是因為父親對孩童處在被母親吞噬的想像威脅「沒有回應」。

204　換句話說:少了父親立法功能正常的運作,想像陽具藉由固定其流通之象徵區位而產生的蛻變並沒有真的到來,孩童持續在焦慮中體現客體的想像版本,在這想像中,母親隨時會闔上她的血盆大口。

馬,在這詮釋的邏輯,也是母親。

縱使畏懼客體的職責在於吸引整個結構,拉岡認為只是把它當作——不同於佛洛伊德——母親的替代品並不適切,它是一個符徵,必須依據畏懼症成型的時序發展予以詮釋,而這個結構不是別的,正是一種「**神話的蘊釀**」(我們特別強調)(L IV, 304),其重要性在於補足珍貴的零的象徵價值,也就是父親名字的功能。

當下明確地用李維史陀1955年「神話結構」引證(L IV, 277),拉岡此時將這位人類學家提出的神話分析模式,應用在佛洛伊德小漢斯這臨床案例。

對拉岡最後造訪的佛洛伊德個案感到興趣的讀者,可以閱讀講座系列第四冊,特別是第四章節〈小漢斯畏懼症觀察當中的神話結構〉。

而我們探討的目的是為了指出拉岡的回歸佛洛伊德中,所有

來自李維史陀的部分。我們只需提醒大家這一系列符徵的分析，
讓拉岡這評論的結語[204-1]成為回歸的典範時刻。

馬的符徵

「佛洛伊德很明確地告訴我們，假使我們把馬當成是馬本身以
外的，在這個情境之下，我們就可以試圖用畏懼的客體將畏懼定
性。這遠超過於紋章學的形體，有其優勢，位居中心點，承載著
所有形式的意涵──在所有之上，是符徵的意涵。」之後，他又
說：「我在這裡嘗試提出的重點，並不是這個，且總是被忽略，
那就是，在小漢斯發展的一個關鍵時刻，某個符徵被帶了進來，
有著極化、具體化的功能。無疑地，是種病態的方式，但卻有著
完整的結構。馬從此被用來強調以符號示意的外在世界。讓我再
次提醒你們，佛洛伊德後來提到小漢斯的畏懼時，說到馬這符號
的功能；這個符號為小漢斯重新建構世界，深深地刻劃了各種限
制，是我們現在要去了解的性質以及功用〔……〕。這都有賴於這
個元素是個符徵，馬。」（L IV, 305-307）

或許我們可以回想一下李維史陀將零的制度定義為曖昧的方
式，將能體驗到拉岡所說的這一點：「要了解馬的功能，不是去
找到馬的對等物〔……〕。當馬被視為畏懼的中心點，是個新名詞
之時，正好先有**晦澀的符徵**（signifiant obscur）（我們特別強調）的
性質。在剛剛的文字遊戲中，你們幾乎可以全盤接受──在某些面
向，是**沒意義的**（insignifiant）。它最深切的效用在這裡──像是
犁鏵，其功能是以新的方式改寫真實。」（L IV, 307）

204-1 「這是小漢斯觀察到的世界。如果說，這五個案例，我將他擺在我進行之評論工作的最後
　　　一個，這不是沒有道理的……」（L IV, 205, *op. cit.*）

小漢斯的畏懼就像個人神話

「直到目前，我們在這個神話進行的策劃，也就是小漢斯觀察的根本特質裡，想要探究的到底是什麼？」（L IV, 304）

「雖說個人神話無法復原到等同於一個神話，但他們卻有個共同的特徵——用來解決僵局，像是小漢斯在他父母之間的僵局。個人神話些許地重現了神話發展的固有特徵，是我們隨處可見、隨手可得的。整體而言，是藉由不斷串連所有不可能形式之解決方案以面對一個不可能的情境。

206　　在這當中，神話的創造回應了一個問題。運行一周後，同時代表著可能以及不可能得到的出路。這運行路線一旦完成，有些事情就被實踐，意味著主體已經進到問題當中。」（L IV, 330）

漢斯、部落的鬼神

「……小漢斯〔……〕是位形而上主義者。他將問題帶到原來的位置，也就是說，少了某些東西的地方。在那裡，他問這種存在的匱乏（manque d'être）的理性在哪裡，這裡的理性是人們所說的『數學理性』。且不論那會是哪個原始部落的集體鬼神（我們特別強調），他還是去了，表現出一種我們熟知的嚴厲，藉由一組選好的符徵，跑遍可能的解決方案。」（L IV, 330）

三個父親以及一位代理父親

「伊底帕斯情結的精神分析理論教會了我們什麼？〔……〕

這裡有個事件——讓情境得以在正常的前提下發展〔……〕，一部分，需要有真正的陰莖、真實的陰莖、父親的陰莖發生作用；另一部分，與第一個陰莖相較勁的兒童陰莖，在『Vergleichung』[206-1]

中再次得到功能、真實、尊嚴。要這麼做，必須經由一個叫做閹割情結的廢除。

另一個說法是，就在他的陰莖暫時被廢除的時候，孩童被應許以後可以得到完全的父親功能，也就是說，成為一個自認為正當擁有男性表徵的人。就表面看起來，這**正當性**對人類主體身上性功能得以幸福運作是最基本的。」（L IV, 363-364）

「**象徵的父親**，就是**父親的名字**。是象徵世界以及它的建構不可或缺的調解元素〔……〕。要說人類語言最基本的，就是**父親的名字**〔……〕。

要有象徵的父親。要有真實的父親〔……〕。主體要真正經歷閹割情結，一定要有個真正的父親參與其中。他必須承擔起父親這閹割者的功能〔……〕。只需父親本身的存在，就能履行他的想像功能，這在經驗上是難以忍受的，當她（母親）被當成閹割者的時候，是令人厭惡的，而只能在這個角度──閹割情結才能被經歷〔……〕。

這裡就是所有問題的所在。小漢斯要找的就是這父親的代理人，無論如何都不會想要閹割他。這才是觀察的重點。」（L IV, 364-365）

拉岡將父親的功能分配為分析的三個區位，並且將這位代理父親擺在想像閹割者的位置。

不過重新給予母親他在1938年已經給過的閹割地位（不同於佛洛伊德），他定位了被咬傷的焦慮。[207-1]

「如果真的有閹割，那伊底帕斯情結必定就是閹割。不過閹割

206-1　這個詞在德文的意思是「比較」。
207-1　請參閱《拉岡與社會科學》。

可不是毫無原因，糊裡糊塗被意識到的，它跟母親的關係可不輸給跟父親的關係。來自於母親的閹割——我們在原初情境的描述中會看到——對孩童來說，隱含的意義是被吞噬以及被咬傷。來自於母親的閹割在先，從父親而來的閹割取而代之。

或許後者並非比較不可怕，但絕對比前者更有利，因為比較容易可以有所發展；不同於母親的狼吞虎嚥與吞噬，在父親這邊，有可能會有辯證的發展，有可能會有競爭，有可能會有弒父，有可能會將父親去勢。在這一邊，伊底帕斯的閹割情節是豐富的，但是在母親這邊，就不是這麼一回事了。最簡單的理由就是，不可能將母親去勢，因為她沒有什麼可以被去勢。」（L IV, 367）

再次思考家庭情結的啟發，再三確認閹割情節當中母親的遠久性，還有母親在推動律法所扮演的角色——在肢體破碎焦慮這基礎，拉岡這次讓選擇「會咬人的馬」成為母親的第一個取代物，給了漢斯的焦慮一個形體。根據拉岡的看法，每當孩童察覺到母親所缺少的，這個焦慮就被啟動。焦慮在選擇馬，也在選擇咬傷之前。

策劃被馬咬傷的威脅其用意何在？

（一）在選擇咬傷這威脅當下，孩童移置了擔心自己受傷的衝擊，並且

（二）在選擇馬的同時，他選擇了一個可以讓它時而象徵父親、時而象徵母親（或是他們不在場）的符徵，又或者，就拉岡的看法，一個「以隱喻來調解」的粗糙形像。

馬：母親，接著父親

「如果我們把畏懼症配置其功能所圍繞的符徵稱為大寫的I，那麼被象徵化的東西，就可以稱作小σ，這就是不在場的父親，$p°$。

成為——

$I(\sigma p°)$

這並不意味著馬這符徵所涵蓋的都在這裡了，還差得遠。」（L IV, 346）

特別是在畏懼症的邊緣，我們看到馬象徵的是母親。

來自於威脅的攻擊

「源自於母親的咬傷，被當作工具使用，取代了閹割的介入，方向因此改變了，因為不是針對陰莖，而是藉由另一個可以使最後一個幻想改變的東西。必須相信這個改變本身程度上就已經足夠了，特別是足以減低畏懼症。終究，漢斯也改變了。這就是結果。」（L IV, 368）

這裡的賭注是：選擇一個適當的符徵，用來比擬母親的吞噬，將危險置換掉。

這不就是父親的名字，或是父親的隱喻嗎？

畏懼症有如父親的隱喻

拉岡先是寫了一個公式，呈現小漢斯的妹妹安娜誕生的僵局。

我們按照順序以及這僵局用詞的邏輯寫下：

209

（母親＋陽具＋安娜）M～咬傷＋陰莖（胸部）。

拉岡的寫法是：

$$(M + \varphi + A)\ M \sim m + \Pi \qquad (\text{L IV, } 380).$$

他補充說明：

「問題一旦如此呈現在眼前，因為沒有其他的辦法，他只好祭出馬這個具調節功能之隱喻的元素，寫為 'I，一種不平的情感。」（L IV, 380）

拉岡結合僵局以及「解決方案」，用以下的文字，編彙了畏懼症的公式：

$$\left(\frac{\text{'I}}{M + \varphi + \alpha}\right) M \sim m + \Pi \ (\textit{ibid., } 380).$$

如果說畏懼症是一種神話的形構，而神話在李維史陀的筆下化為公式，拉岡此舉就並非多餘的，這個舉動用重要的結論為我們作註解，因為他指出：

「這個公式，**等同於父親的隱喻**（我們特別強調）……」（L IV, 380）

這對我們的論點而言綽綽有餘，證實了對拉岡來說，畏懼的客體（這裡是馬）必須當成符徵予以詮釋，它吸引集中了畏懼症的神話架構，其中豐富的臨床價值補足了父親功能的不足，或是換個說法，填補讓象徵思考得以運行之語意功能的不足。

為何要經歷這些呢？

我們走這最後一趟，並非為了讓拉岡對小漢斯的畏懼症、乃

至於全部的畏懼症所做之結構詮釋更加眼花撩亂，而是為了確認　210
拉岡賦予幾近神話之畏懼症的價值，如同補足殞落的父親功能的
背後運作者，就好像是李維史陀對神話所作的，他透過某些關聯
將神話劃歸為具有零的價值的體制，類似事物的靈魂（l'esprit des
choses），以及例外的符徵；我們自己也加入了**父親的名字**，其語
意功能調節了符徵與符旨的縫合重疊，甚至使象徵系統運作（就
這個項目，還有零的象徵價值的各種形式）。

　　從這個論點，畏懼症的神話讓有著這結構的主體得以參與──
用自己的風格──慣用的（官能症）語言以及社會連結。根據拉岡
的說法，畏懼症的神話揀選一個職務代理，如同精神病中以妄想
嘗試痊癒的作法。另一方面，拉岡提及小漢斯的畏懼症，以雷同
的方式提及妄想以及神話。

　　「讓人訝異的，是妄想繼續發展所接合的部分。

　　我所說的**妄想**，幾乎就是口誤，因為這和精神病無關，不過
這種用詞的方法不恰當。〔……〕。我們持有的〔……〕印象是
〔……〕個案小漢斯建構的念頭──有它自己的動能，自己的計
畫，自己的場合。可能回應了一個需求，或者一個功能，不過可
以確定的是，絕對不是可以用來證明一個本能、一個衝動、一個
特定情感的主題轉移，甚至是單純表達的活動。它的機制完全是
另一回事，有賴於神話的結構研究。」（L IV, 290-291）

　　假使拉岡有所保留地把小漢斯觀察當成是他評論**五個案例**的
最後契機，我們怎能沒有察覺到他對李維史陀參照在此所累積
的，並回過頭來，在他對精神分析之父典範個案的造訪中，虧欠
這位人類學家的研究，是一目了然的。這些都是：拉岡在他的**回
歸佛洛伊德**當中採取的基本行徑。

211 　　不過，此時我們還是要問，李維史陀所謂神話的結構分析，讓拉岡領會了些什麼，對佛洛伊德神話做的臨床處置，不就是為了衡量（藉由李維史陀的）「回歸佛洛伊德」在神話的根本問題上，有（或沒有）拉近了拉岡與佛洛伊德彼此的距離，也就是說，起源的問題，對佛洛伊德體系而言，則是父親的問題。

亡父的神話及其代理

圖騰與禁忌以及超我

　　1957年三月六日，拉岡指出對他而言，佛洛伊德的關鍵問題是什麼：「佛洛伊德的所有詰問都被概括為：身為一位父親，到底是什麼？」（L IV, 240）

　　藉由孩童的畏懼窘境，拉岡讓我們再一次看到了父親功能在主體結構的首要位置，也讓我們再次證實了這功能，特別是在被降格的個案中，可以藉由連結符徵與符旨的神話以及症狀之編造找到代理。

　　1957年，繼續圍繞著佛洛伊德，拉岡指出佛洛伊德的著作「……對他來說何其珍貴，在他看來像是場演出，相當成功，《圖騰與禁忌》是貨真價實的現代神話，建構這神話是用來解釋他學說中懸而未決的部分，也就是——『父親在哪裡？』（Où est le père?）」（L IV, 210）

　　拉岡指出，為了澄清起源的問題，佛洛伊德製造一個神話，用「父親在哪裡？」取代「父親是什麼？」（Qu'est-ce qu'un père?）這個問題。接著又說：「……為了讓所有的父親繼續存在，在進到歷史之前，真正的父親，唯一的父親，獨一無二的父親，就是

亡父（le père mort）；更甚者，是被殺死的父親（le père tué）。」
（L IV, 210）

　　拉岡完美地區分佛洛伊德的父親們與唯一的父親之間的斷裂，這唯一的父親為佛洛伊德體現了基要問題的答案，讓問題成為「這位大寫的父親（Le père）是什麼？」

　　佛洛伊德在《圖騰與禁忌》中說，這位父親就是兒子們在進到情感社會這歷史之前被殺的那一位，而這最早的弒父，成了社 212 會規則的創始（此舉啟動了亡父的名字），就拉岡看來，正是超我的源頭，是一種符徵，其特殊的功能就是將人與符旨連結起來。

　　原初的父親（Le père originarie）「……已經被殺了。如果不是為了將他保存起來，那又會是為了什麼呢？」（L IV, 211）

　　這有著專制超我的形式，「僅代表自己，就算在沒有罹患官能症的人身上也是如此，符徵在人跟符徵的關係裡，刻劃、烙印、蓋上戳章。」（L IV, 212）

　　這個環被扣上了。

　　佛洛伊德的弒父神話回應了「父親是什麼？」這個問題的答案是：亡父，還有從而衍生出來的超我，是個符徵，縫合了兒子與符徵的整體，一如症狀所作的一般。讀者對這個編造出來的新公式一點都不訝異，鑑於拉岡賦予畏懼症神話，以及精神病當中有著一成不變神話（如《羅馬論述》）的組織結構，如同被降格之父親功能的代理，在《圖騰與禁忌》中有著神話形式。這些都藉由超我連結人類跟律法的關係，或者是拉岡指出的，符徵與符旨之間的縫合重疊。

症狀如同代理的神話形構

在這邏輯裡，《圖騰與禁忌》的神話被解讀為父親功能的創始神話，以及人類與符徵之關係的慣用運作模式。父親功能一旦發生降格，就可以在臨床看到身為代理的症狀（畏懼、妄想，以及其他形式的症狀）。不過，真正要看到的是——佛洛伊德神話這麼寫——圖騰功能的降格回應了症狀的崛起，當中的結構外型指出，只有神話的形構（畏懼、妄想等等）才可以補足、代理神話，甚至是，姑且不論主體結構，人類終究是神話的動物，比較適合用創始神話的各種版本詮釋出現的症狀，最根本的作用是將欲望與律法做連結，還有——拉岡的用詞——讓符徵與符旨可以縫合重疊。依照這個論點，所有這些症狀或是神話形構組成了父親功能的各種形式，且很自然地，讓不同結構的生存模式得以行使（官能症，精神病，性倒錯）。不過，要強調的是，人類在這裡找到他的一致性，並且我們也在那裡定位出創始時刻，當中拉岡介紹的症狀形構——總是有著神話的外型——就如同超我或是亡父的遺產帶來的縫合等同物。

隔了一段時間之後，他在講座系列第二十三冊再度回到症狀有如**父親的名字**之等同物這個議題上，合情合理地、小心翼翼地將之命名為「罪狀」（le sinthome）。

不過早在1957年，拉岡提到的畏懼症、妄想症甚至是更廣義的症狀，就已經有縫合點的價值，習慣上被演繹為欲望與律法的結合，由原初弒父的慣有遺物——超我，蓋印證明。

所以我們看到，假使拉岡在這裡，視擺成一系列的症狀形構為一系列的神話，都還必須要用李維史陀的結構邏輯予以理解，那麼他也已經在佛洛伊德的邏輯中心裡，明確指出所有畏懼組織

均是（舉例來說）兒童弒父欲望的現實部分；[213-1]沒有駁斥佛洛伊德，拉岡將症狀的神話組織系統化，並且將《圖騰與禁忌》中不同年代的父親功能納入**現代神話**（mythe moderne），發現了例外的符徵這操作的產生，讓象徵思考可以用社會的（圖騰的）症狀而非個人的症狀運作。

　　於是我們可以說，對拉岡，還有對李維史陀來說，一直以來，社會神話回應的是人類與律法的連結，且症狀本身就是個人神話，不過拉岡明確指出這些代理操作讓符徵與符旨之間得以縫合重疊的方式。這縫合不只是讓象徵思考得以行使，更確切地，根據所選用之神話形構的種類，這些操作讓畏懼思考，就如同強迫思考或是精神病思考一樣，得以運作。 214

　　如果說回歸佛洛伊德就像是拉岡在1951年宣告的那樣，在精神分析領域中，搭起「現代人與古老神話」之「橋樑」的方式，那麼我們看到的將是他更加精確的分析，因為他喚醒了佛洛伊德著作裡父親功能的神話系譜，也多虧了李維史陀，讓得以補償的運作機制出現，以便行使象徵思考（父親的名字），加上他呈現一系列的症狀，還有如同代理的神話形構，在分析經驗中，他提出了鑑別象徵思考不同表現模式（官能症、精神病、性倒錯）的臨床。

　　從這觀點看來，神話像是懸掛在人類生命之上的運作機制，而伊底帕斯——當他為一個主體或是為一個民族而存在時——就像是種「革新再造律法的淨身洗禮。」（LVI）[214-1]

　　在這時期，我們看到在拉岡身上，神話功能是最主要的；他 215

213-1　參閱佛洛伊德1909年的個案小漢斯，以及阿舜（P.-L. Assoun）的《關於畏懼症的精神分析課程》（*Leçons psychanalytiques sur les phobies*, Paris, Anthropos, 2000）。

依舊限制伊底帕斯的權限，並說，伊底帕斯的特性有其限制，並非普世皆然的，態度始終如一。

他的臨床鑑別診斷比起跟佛洛伊德，更加接近李維史陀，因為他嘗試讓大家理解神話形構的多重性（在人類學還有臨床的層面），而佛洛伊德在這裡要證實的是《圖騰與禁忌》對全人類的歷史特性以及根基，就像他確信伊底帕斯的普同性。

1961年，拉岡在同一條研究路線上提出一系列的神話，在他看來，適合用來區分西方主體結構的演化歷史。

這個系列連接了——圍繞在弒父的知識——《圖騰與禁忌》、《哈姆雷特》、《辜方騰三部曲》。

佛洛伊德視為普世的《圖騰與禁忌》「伊底帕斯」部分，在拉岡看來只是神話以及儀式的形態，按照李維史陀，在歷史與地理有所區別。

他的回歸佛洛伊德引領他到佛洛伊德著作之象徵功能這核心，不過緊隨著李維史陀，他讓佛洛伊德神話以及在活人之伊底帕斯儀式的統轄有個形態。

所以說，他的回歸並非教條式的，他跟李維史陀的結合更不是如此，因為就像我們在後記所說的，差距讓他們在人類學分道揚鑣，特別是在他發明了客體（a）的當下，使得客體的宇宙不再完整，就如同世界一般。

214-1　拉岡的文章這麼說：「很明顯地，這對佛洛伊德來說最原始的弒父罪行，就像先前看到的那樣，有如地平線，原初這議題[……]最原始的弒父碰到的最後一道柵欄。佛洛伊德將它擺在部落或是猶太傳統的起源，有著易辨識之神話條件的特點[……]。另一方面是原始律法以及原罪之間的關係，還有伊底帕斯這位悲劇英雄所上演的，當他製造了伊底帕斯悲劇，當他殺了父親，與母親配對，當他某種程度，以類似淨身的形式，在悲劇的層面革新再造律法時，我們每一個人或多或少就成了他真實的存在。」（節錄自《欲望和它的詮釋》 *Le desire et son interprétation* [1958-1959]），收錄於講座系列第四冊〔未出版〕）。

　　不過在進到拉岡研究的這個新階段以前，還是要花些時間指出，拉岡造成精神分析領域騷動不已的**回歸佛洛伊德**，虧欠了李維史陀什麼。

結　論

觀點：李維史陀的理想以及潛抑　　　　　　　　　217

　　我們有必要把我們對拉岡回歸佛洛伊德的分析，在總結時放到研究這主題時提到過的論文，畢竟那時期的分析師所提出的哲學以及語言學著作，或多或少影響了那些不同領域的文章，激發了拉岡嘗試去澄清一些觀點：最重要、排名第一的是黑格爾（1807）的《精神現象學》（*Le phénoménologie de l'esprit*），再來是排名第二，索緒爾的《普遍語言學課程》（*Cours de linguistique générale*，1915年在日內瓦出版）。

　　首先，所有的事證都指出，拉岡是科耶夫[217-1]在高等社科院體制下開辦之黑格爾講座的「忠實聽眾」，為期約莫三年（1934-1937），所以拉岡在自己第一年的講座（1953-1954）上看到希波利特就會感到相當安心。在此，我們也需要特別說明希波利特是位哲學家，多虧了他，1937年以德文出版的《精神現象學》才有　218
了法文譯本（1941, Édition Montaigne）。

　　其次，同樣要確認的是，在拉岡回歸佛洛伊德的書寫當中，

217-1　科耶夫（Alexandre Kojève 1902-1968），出生於莫斯科，先是移居到德國，接著搬到法國。1933年，當時還是索邦大學的學生，被寇依爾（A. Koyré）看中，到高等社科院代他授課。他對《精神現象學》（*La phénoménologie de l'esprit*）的評論在巴黎造成巨大的影響，改變了人們對黑格爾的閱讀。巴塔耶（G. Bataille）、凱伊瓦（R. Caillois）、希波利特、凱諾（R. Queneau）還有拉岡都曾是他的聽眾。

經常出現對黑格爾的參照，特別是「欲望，如同他者欲望」的理論，讓（主體起源的）研究者自然而然地走在黑格爾的路線。

這也是為什麼歐基里維耶（Bertrand Ogilvie）可以在他《拉岡：主體概念的形成》（*Lacan. La formation du concept de sujet*）[218-1] 這本書中這麼寫：

「欲望，並非欲望他者，而是欲望著他者的欲望：就這點，科耶夫以及他對黑格爾的閱讀提供拉岡一個方式，讓主體反應的（réactionnelle）結構跟讓他如此反應的、偶然的情境並不相干，而是以很基本的方式，結構包含著主體。主體並不是先存在於充斥著令他目眩神迷的各種形式的世界：主體是經由它們、並在它們當中被建構的。」[218-2]

這般強調很是中肯，黑格爾的影響是無庸置疑的，不過，或許可以明確指出他造成的衝擊是哪一點，其出處，甚至是何種功用；畢竟欲望如同他者欲望的僵局是拉岡1938年，特地以侵入情節（與鏡像同步，所以是主體結構的想像區位）的臨床形式加以背書的，儘管如此，拉岡也在同一時期建構了「以父親當解決方案」，更得體的說法是，兒子蛻變為父親，讓伊底帕斯的主體可以打破這個僵局，從這個妄想的階段達到主體的成熟，更能進入文化產業的製造。

如果黑格爾的這個公式沒有為鏡像僵局帶來靈感，1938或1950年的出路就更少，因為在黑格爾看來，是主子與奴隸的論述構成主體的僵局，他寧可把死亡當成「解決方案」。

可以從父親，抑或是死亡得到解決方案？

218-1　歐基里維耶（Bertrand Ogilvie），《拉岡：主體概念的形成》（*Lacan. La formation du concept de sujet*, Paris, PUF, 1987）。

218-2　*Ibid.*, p. 105-106.

　　我們跟拉岡一同前進：從他的《回歸佛洛伊德》（顯然歐基里維耶並沒有讀過）開始，拉岡改變了父親這議題的概念體系，以象徵的父親交換家庭版本的父親（這是1938年的解決方案），它的　219　價值比他的死亡更令人信服。

　　順著他研究的思路；「知識論上」犯下謀殺家庭中的父親，絕對是拉岡為了不全盤否認黑格爾所採取的手段，同時也是他與佛洛伊德調停的標記，後者精準地辨識，調節愉悅（la jouissance）（已逐漸麻木的弒父）的操作機制，就是以亡父的名字組成的整體社會規範。

　　建基在黑格爾對死亡的斡旋，以及佛洛伊德的亡父理論，拉岡得以在1953年「官能症個人神話」的會議中，介紹死亡，還有亡父是治療要進步不可或缺的分析操作者。**父親的名字**這詞彙出現在這場會議，且是第一次出現，絕不是偶然的。

　　不過假使他是在這一天跟佛洛伊德的欲望結合，或者是跟拉岡說「要對他有信心」的這位精神分析亡父的欲望結合，這必然是因為這位分析師可以在亡父（遠遠超過臨床父親功能）的輪廓之外，看到了象徵功能原本的位置，是無意識主體欲望（從他者）醞釀的地方。

　　如果欲望就是他者的欲望，這時，還不能漏掉，主體誕生形式的變異，因為當鏡像階段的文章還將這個形式（或是**完形**）擺在區位這邊時，**回歸佛洛伊德**讓拉岡確信（在閱讀過佛洛伊德的個案朵拉之後），欲望的無意識由一種語言的形式推動，讓主體以反轉的形式從他者接收自己的訊息；他所依據的是受到李維史陀衝擊的公式。

　　用話語以及語言（特別是李維史陀的）取代拉岡－涂爾幹的

家庭律法，動搖了拉岡對佛洛伊德症狀理論的看法；在他身上，無意識主體的理論產生了真正的變化。

不過，還要觀察到，有種理論架構的縮影與此同時正在進行，因為僵局與（主體的）解決方案也可以用相同的方式建構──
220 人的欲望就是他者的欲望，在這裡還有他的回歸；拉岡將主體結構的分析範疇加倍（甚至到三倍），僵局（**人的欲望就是他者的欲望**）是在想像這一邊，然而解決方案（**人的欲望就是他者的欲望**）是在象徵的那一邊。因此，每當有人冒險使用這公式的時候，都應該註明是將它擺在想像（侵入的他者）那邊，還是象徵（語言的他者）那邊。

沒法看到這種結構的分割，就不能了解拉岡的回歸佛洛伊德要說些什麼，只能以青年黑格爾的單純方式閱讀這回歸。

不只這些。

檢視拉岡《觀點》（*doxa*），在拉岡藉由象徵回歸佛洛伊德這條路上，再次光顧《普遍語言學課程》，顯示出索緒爾對拉岡研究多次反覆的影響。

在這時期的分析中，拉岡修繕補強主體理論的依據，結合黑格爾跟索緒爾，以這種風格進行的閱讀處處可見。這也是為什麼多爾（Joël Dor）的著作[220-1]──如果想要了解L圖示在拉岡教學的後續發展，就一定要閱讀這本書──很快地就跟讀者聲明，想要理解拉岡的回歸佛洛伊德，就不應當忽略《精神現象學》以及《普遍語言學課程》。

不過我們也要指出，這篇重要的文章並沒有把拉岡對李維史

220-1　多爾（Joël Dor），《閱讀拉岡的引論》（*Introduction à la lecture de Lacan, vol. 1 et 2, 1992, op. cit.*）。

陀的參照列入，也沒有在索引、人名索引、更沒有在參考書目中出現，徹徹底底地忽略了李維史陀研究對拉岡研究帶來的影響。

這並不減多爾著作的品質以及應用價值，不過這本《閱讀拉岡的引論》中沒有提到李維史陀，反而回應了我們的看法：拉岡思考成形的過程，可以說是潛抑法國人類學（尤其是李維史陀的）理論存在的巨大症狀。對拉岡這位最優秀的讀者來說，在哲學以及語言學的陰影下，好像有種極大的分歧在那裡。

為了證實這點，我們在此多補充兩個參照：朱立恩（Philippe Julien）[220-2]於1985年出版的《拉岡的回歸佛洛伊德》，從來就沒有提到李維史陀的名字，波賀（Erik Porge）[221-1]的《拉岡身上的父親名字》這研究中也完全沒有提到。　221

對回歸佛洛伊德講座讀者（以及讀者的讀者）來說，這一切就好像是對黑格爾以及索緒爾主義震耳欲聾的參照，其作用像是一種理論般的理想，不斷地被提起；反過來，對李維史陀造成的影響，只是予以潛抑。

僅是震耳欲聾的參照？

讓我們稍安勿躁，因為朱翰維爾（Alain Juranville）從1986年起著手拉岡對黑格爾以及索緒爾的參照，以非常仔細的方式，將眾所週知的部分區分出來，朱翰維爾經常在他的文章《拉岡與哲學》一書中，以絕佳的表達手法提到：「大家都知道……」

「大家都知道拉岡在他精神分析理論的呈現上，是相當傾向黑格爾思想的，且人們也經常毫不遲疑地為此指責他。事實上，拉

220-2　朱立恩（Philippe Julien），《拉岡的回歸佛洛伊德》（*Le retour à Freud de Jacques Lacan,* Paris, EPEL, 1985）。

221-1　波賀（Erik Porge），《拉岡身上的父親名字》（*Les Noms du Père chez Jacques Lacan, op. cit.*）。

岡跟黑格爾的關係看起來並不是那麼地單純：如果說拉岡的觀點中有『欲望的辯證』（dialectique du désir），這還需要明確指出，因為欲望是符徵現象的『本體論』（ontologique）譯本；同樣地，這個辯證對黑格爾來說是無法開展的——辯證『顛覆的主體』（subversion du sujet）是分不開的，是它讓拉岡的主體以及黑格爾的主體有所區別。」（p. 121）[221-2]

就是這樣。

朱翰維爾將符徵的邏輯區隔出來，所以欲望是象徵他者的欲望，取代了黑格爾與拉岡理論的切割。朱翰維爾更在那裡與《觀點》對立，預告了：

「大家都知道，拉岡也這麼證實，他作為基礎的建構，來自於索緒爾的語言學理論。也知道語言學家最常嚷嚷被藐視。並且拉岡自己也會講到他的『語言遊戲』（linguisterie），好像他必須要察覺到理論方針的改變。這到底是什麼？」（*ibid.*, p. 41）

朱翰維爾回答說：「早在／如同索緒爾的主張／符旨在符徵之上，先致力的還是符徵。純粹的符徵（signifiant pur）」（p. 47）。「……符旨是由符徵所產生的。」（*ibid.*, p. 48）「如果想要理解拉岡，就必須接受這點。」（p. 47）朱翰維爾同時也測出了所有研究工作面對日常須知最適當的距離。「大家都知道……」把重點放在阻抗，甚至是放在掩飾無知、乃至於潛抑的偏見。

姑且不論朱翰維爾將李維史陀影響拉岡研究的部分置之不理，特別是拉岡如何使用符徵的邏輯，畢竟我們都看到了，這位分析師並不是優雅地回到索緒爾的演算法，以確定符徵在符旨之上，而是回到了李維史陀。就像拉岡自己在1956年，在沃爾哲學

222

221-2　朱翰維爾（A. Juranville），《拉岡與哲學》（*Lacan et la philosophie*, Paris, PUF, 1984）。

院與這位人類學家對話中講的那樣。

　　對李維史陀的潛抑被延續；真應該是索緒爾本人受拉岡的請益，而非李維史陀，因為在那裡拉岡實踐了認識論的豐功偉業——對精神分析以及對人類學而言，反轉了索緒爾的演算法，寫出符徵在符旨之上。

　　這豐功偉業絕對是理論的革命，賦予符徵最大的統轄權，讓「回歸的」拉岡得以重新閱讀佛洛伊德的理論，以及他的重要臨床案例。

　　就我們所知，關於這點，要注意到，在拉岡的讀者當中，高飛（Guy Le Gaufey）是少數的其中一位，因著、並且藉由拉岡對哲學－語言學參照的理想化，反對埋藏李維史陀的人，特別是關於象徵概念的延展。

　　「對拉岡來說，《普遍語言學課程》並非啟動元素，李維史陀所引介的跟他的象徵系統概念更具有決定性，兩者都連結到純粹的差異（這系統允許李維史陀跟杜魯貝司考〔Troubetskoy〕[222-a] 說明的語音學〔phonologie〕聯結），如果真這麼做，將會有個結構組織。」[222-1]

　　是真的；高飛沒多說些什麼，因為他一開始是著重在想像，他說，他的研究《思辯的套索》不是「用來開展拉岡細膩之象徵概念的系譜學的地方」。[222-2]

　　在這裡，我們要做的是用我們自己的分析，照亮暗處，因為

222-a　中譯註：杜魯貝司考（Nicolaï Troubetskoy 1989-1938），1928-1938年加入布拉格的語言學學術圈，創立了語音學，研究一特定語言之聲音單位的組織。

222-1　高飛（Guy Le Gaufey），《思辯的套索》（*Le lasso spéculaire*, Paris, EPEL, 1997, p. 225-226）。

222-2　*Ibid.*, p. 225-226

223　打從我們在拉岡的講座《觀點》診斷出社會科學被嚴重潛抑開始
——不管是涂爾幹的或是李維史陀的，我們就必須要指出它們的出
處，以及我們的期待。

　　我們不會再提到涂爾幹，拉岡因著李維史陀的關係，[223-1]也
在約十五年後把他擺在一旁了。

　　但李維史陀呢？

　　從李維史陀的「失敗」，更確切地說，從他那為了哲學理想的
研究，從那些關於拉岡體系的形成，特別是去分析對法國以及對
全世界的精神分析領域造成重大改變的回歸佛洛伊德，人們可以
了解到什麼？

　　拉岡具決定性之哲學標記的重要性，就可以掩飾社會科學所
帶來的影響嗎？

　　要克服這個困難，看來只有尋求有資格、公道地評量拉岡哲
學根基之正當性的哲學大師。

　　那就找阿圖塞？[223-2]

　　這個主意不錯，因為這位哲學家對拉岡有著開放的態度，早
就悉心檢視這位分析師在他的回歸佛洛伊德中對哲學領域所參照
的方式。

223-1　請參考本書作者的《拉岡與社會科學》。

223-2　阿圖塞（Louis Althusser 1918-1990）。阿圖塞的著作是哲學以及政治的重要參照，在
　　　　1960-1970年間，深深地擄獲法國共黨知識分子的心。他的研究基本上是對馬克思文本的
　　　　再閱讀，開啟了回歸馬克思（un retour à Marx），這跟拉岡回歸佛洛伊德的一致性是顯而
　　　　易見的。高等師範學院的哲學教授，是那些追隨拉岡的年輕學生的老師，包括米勒
　　　　（Jacques-Alain Miller），他對拉岡體系的推廣，不論是在國內，或是推向國際，都是有目
　　　　共睹的。因著被告謀殺妻子的判決改為不起訴，阿圖塞重新編寫了他的自傳：《未來常存》
　　　　（*L'avenir dure longtemps*, Paris, Stock/IMEC., 1992）。

阿圖塞的觀點

1964年，出現於《新批判》（*La Nouvelle Critique*）這份共黨知識分子雜誌的一篇文章，對那個時期法國知識分子圈來說相當　224重要。阿圖塞在這篇讓他有力取得回歸之地位的文章裡，寫到：

「在今日，回歸佛洛伊德強調的是：

一、不僅對人們止於把佛洛伊德反動地挖掘的層面視為荒唐的騙局，予以拒絕；

二、更是處心積慮地防止落入最巧妙的模稜兩可，縱使或多或少具有科學性且受到享有盛譽的領域所支持；

三、並且只專注在歷史－理論評判的嚴肅工作，為的是在佛洛伊德必須採用的概念中，辨識以及定義這些概念跟他思考的內容之間真實存在的認識論關係。

少了由拉岡在法國開啟的這三重思考體系評判（點一、二、），以及認識論的澄清（點三），我們勢必無法理解佛洛伊德發明這一切的獨特性。」[224-1]

這位哲學家在這裡，再次使用拉岡在1951年的用詞「回歸佛洛伊德」，並提及它命令式的意義，就好像他清楚知道，他會與拉岡一致，是因為後者走出了通往佛洛伊德著作的道路。

就這觀點，拉岡與阿圖塞在基礎上是一致的。

只是，在這裡，阿圖塞的基礎是什麼？

就是拉岡著手回歸「成熟期」的佛洛伊德，這時期的回歸擺

[224-1]　刊載於1964年十二月到1965年一月間的《新批判》（*La Nouvelle Critique*, nos 161-162），後重新收錄在阿圖塞的《立場》（*Positions*, Paris, Éditions Sociales, 1976, p. 10-11）一書。

脫了所有學科的「延伸」，精神分析自視為「新興科學，有著新的科學對象：無意識。」（p. 15）

阿圖塞明確地說：

「如果說精神分析是門科學，這是因為它有合宜的目標，根據所有科學的結構，它也算是門科學：有理論以及技巧（方法），在特定的操作下，促進對研究對象的認識與轉變。」（p. 15）

225 以他的風格，結合拉岡的戰鬥力，這位哲學家接著將他的筆尖浸潤在列寧編寫之《共產主義中左傾的幼稚病》[225-1]的墨水中，用來對付國際精神分析的支持者，並用他自己的說辭，廢除「……掉落在童年的兒童化理論，讓現代精神分析的一部分，特別是美國的精神分析，嚐到了被遺棄的甜頭。」（p. 17）

根據阿圖塞的看法，這種兒童化的標記在於國際精神分析不再把持它「正當研究對象」（無意識）的事實，反倒與「……心理學，像是行為主義（達比〔Dalbiez〕），現象學（梅洛龐帝〔Merleau-ponty〕），或是存在主義（沙特〔Satre〕）靠攏；向腦神經生理學，或多或少的傑克森學派（H. Ey）；向『文化學派』（culturaliste）或是『人類學派』（以美國的為主：卡汀那〔Kardiner〕、米德〔M. Mead〕等等）的『社會學』，以及跟哲學（先前提到沙特的『存在主義精神分析』、賓史旺格（Binswanger）的『存在分析』（Daseinanalyse）等等」有著不可靠的連結。（p. 17）

阿圖塞持反對的意見，堅稱：「拉岡第一句要說的話是：佛洛伊德用他的原則，創立了一門科學。一門新的科學，就是有著新對象的科學：無意識（p. 15）。

225-1　列寧（V. Lenine），《共產主義中左傾的幼稚病》（*La maladie infantile du communisme* [*le «gauchisme»*]），於1920年4-5月刊載，收錄在《列寧全集》第三冊（*Œuvres complètes*, vol. III, Moscou, Éditions du Progrès, 1962, p. 411-505）。

　　面對「……妥協－連結，以想像的方式囊括，雖說是想像的，卻有著相當真實的力量」（p. 17），根據阿圖塞的看法，拉岡介入了，「……為了防禦，為了要對付在今日主控大部分精神分析理論詮釋的那些人所帶來的『簡化』與偏差。精神分析理論的不可化約性，正是**其對象的不可化約性**。」（p. 19）在這連結點上，阿圖塞就像我們看到的那樣明確，在此要相當地小心，因為這位哲學家認為，對精神分析的對象（無意識）「不可化約的防禦」並不意味著佛洛伊德體系要求如此明顯的孤立，因為他這麼說：「拉岡並不否認，少了一門新的科學：**語言學**，他理論所企圖的將不可能實現……」（p. 23）

　　接著，阿圖塞再次閱讀拉岡無意識主體形成之理論文章——變得經常出現且正統，這些理論源自於對佛洛伊德的閱讀，使用的是索緒爾的眼鏡：

　　「毫無疑問地，這就是拉岡著作最具獨創性的部分：他的發現。從生理（全然限制）的存在過渡到人類的（人的孩童）存在，拉岡指出這些是在秩序的律法（la Loi de l'Ordre）之下運作，是我所謂的文化律法（Loi de Culture），並且，這個秩序的律法在它基本的形式上跟語言的秩序是混淆不清的」。（p. 24-25）

226

　　就是這方面，我們看到索緒爾跟李維史陀一樣被潛抑，然而這些研究是在後來才被提及的，當時阿圖塞問到：

　　「比方說：一方面是，要如何嚴格地思考語言的形式結構，生存必然的絕對條件，以及無意識信息之間的關聯；另一方面，親屬關係的具體結構，最後是意識形態的具體形構，讓那些特定的功能（父性，母性，童稚）被經歷，帶入親屬關係的結構裡？我們可以認定後面幾個結構（親屬關係、意識形態）的歷史變異可

以顯著地影響佛洛伊德區隔出來的幾個層級之中的某種面貌？」
（p. 32）

在此，阿圖塞似乎不了解拉岡聽完李維史陀後，就這方面所得出的觀點。

我們也注意到，他把伊底帕斯說成「……戲劇性的結構，文化律法強行置入所有人的『劇場機器』（machine théâtrale），非意願、被強迫地擺進人性中，一個不只是包含可能性，還是必然性的具體的變異結構，為所有的個體存在著，人們可以到達它的出口，經歷它，並存活下來〔……〕。這些變異可以在它的本質中，從伊底帕斯不變的結構中去思考，被看到……」（p. 31）

阿圖塞在這裡比與李維史陀一致的拉岡更加地佛洛伊德，認為伊底帕斯是個不變數。

不過，在基本上，阿圖塞與拉岡的佛洛伊德是一致的，他也在1963年的夏天，公開地給予支持。

就在他寫《佛洛伊德與拉岡》的前一年，當中提到：

「馬克思的理論建基在對『經濟學人類』（l'homo economicus）這神話的排斥，佛洛伊德的理論建基在對『心理學人類』（l'homo psychologicus）這神話的排斥。拉岡看到了，並理解了佛洛伊德企圖解放自由所造成的斷裂。他是逐字去理解的，嚴謹地對待每個字，努力不懈，堅決地得到他自己的結論。他可能像任何一個人那樣，在細節或是在選擇哲學的定位中，迷失了方向；但是我們在**最基本的**（l'essentiel）面向虧欠了他。」[227-1]

對他的敬意被加強。

[227-1] 出自1963年6-7月號的《哲學教育雜誌》（*la Revue de l'Enseignement philosophique*）第十四頁，後重新收錄於〈佛洛伊德與拉岡〉一文，詳見《立場》（*Positions, op, cit.*, p. 12）。

「我們在最基本的面向虧欠了他。」

那些次要的，對我們的研究來說卻是是主要的，因為阿圖塞一點兒也不馬虎地評估了拉岡選擇哲學定位的決定因素，並且，根據他的看法，這過程可是經歷了一翻擺盪。

最好聽仔細：基本上阿圖塞對拉岡的支持並不小氣。只是我們要看到的重點是，就算在激烈的政治鬥爭時期，拉岡聲稱被驅逐的時刻，阿圖塞依然在1963年六、七月審慎發布一篇關於拉岡哲學定位的文章，這對拉岡來說是有利的。

這文章與自動採信拉岡《觀點》有著極為強烈的對比，以一種近乎強迫的方式，召喚出孕育了拉岡研究的那些哲學大師。

我們的讀者或許會傾向認為阿圖塞這小小的篇幅，位於書頁下方註解的框框中，是可以被忽略的。

是啊，即使拉岡在這個時候與國際精神分析學會的分析師進行一番唇槍舌戰，退化到精神分析中的兒童立場，為了在多種形貌的科學權威陰影下找到庇護。關於精神分析將一切簡化的傾向，阿圖塞在次年（1964）表達了他的保留：「……黑格爾戰役的原初經驗，現象學中的為異己（pour autrui），或許海德格存在的『鴻溝』227-2也是如此。

再往前進些，阿圖塞又更明確了，畢竟在形容過一個拉岡「……往前的路被圍堵，被佔壓倒性的結構勢力、也被一些威脅要對他採取行動的同業給定罪……」（p. 19），他接著補充：

「也是在那裡，這些弔詭的手段，是向著對他的科學主張來說**全然無關的哲學（黑格爾、海德格）尋求擔保**（我們特別強調），就像是要人心生畏懼般地，將證據丟在那些人的臉上，要他們懂得　228

227-2　節錄自《立場》（*op, cit.*, p. 18）。

尊重；就像是有許多的客觀證據，很自然地跟他的思想結合，要教導或取信於他人。」（p. 19-20）

要被承認，是無望了，高等師範學院哲學教授的評估不會改變什麼：對拉岡來說，作為擔保的學者黑格爾以及海德格，跟他的科學主張全然無關。

就他的看法，他們之所以會存在這位精神分析師的筆下，無非是把這些學者丟到他死對頭的面前，至少可以讓他們放尊重些。阿圖塞又說：

「從圈外針對只有醫師的圈子，論述得要有憑有據，這些手段可以說是少不得的，儘管一般而言，醫學研讀過程中思維訓練的薄弱，但那些優秀的醫師對理論有迫切渴望，要一舉將他定罪，且無從上訴。」（p. 20）

是這樣沒錯，不過如果我們同意阿圖塞對拉岡哲學定位之投機心理的看法，就要小心不要「一舉將他定罪，且讓他無從上訴」，甚至比起那時，更是有過之而無不及。拉岡很有可能被迫使用這個策略，好讓人印象深刻，但不是對著哲學家們，而是那些被阿圖塞說成有著一致理論且相當中肯之醫學知識的醫師們。

難道我們不能在今日被我們稱為拉岡閱讀之**觀點**當中，較不具批判地找到一個類似這些哲學定位的理想？

這些觀念的創始者，或是這觀點的製造者，難到他們在理論上不比阿圖塞更具形式，更能評估拉岡向這些具象徵性的哲學大師求助的手段？

拉岡學派的分析師，他們多數為醫師或是心理師，在評估拉岡哲學定位的啟發範圍上，似乎能力上經常是不及阿圖塞的。

如果說我們的論文，特別是關於李維史陀的研究是公正的，

那麼關於拉岡的讀者對人類學參照的潛抑，我們就能夠在阿圖塞的筆下看到，我們在這裡對這些潛抑運作機制的控訴，以及對他們狀態的分析是可被接受的；拉岡文章當中對哲學定位的理想化，比較少是因著它們形成的象徵價值被這位分析師提及，反倒是像阿圖塞在當時所說的——為了定罪——「它們是一個妥協－連結，以想像的方式囊括，雖說是**想像的**，卻有著相當真實的力量……」（p. 17）

229

不只是在拉岡的文章，還有在他讀者的心中，對李維史陀的潛抑（因著哲學定位的理想化），當下像是事後想起來的影響，拉岡自己也控制不了，就阿圖塞的看法，事實上是因為他在1951年之後，為了取得國際分析學會當中醫師們的尊重，選擇使用哲學的權威性。

拉岡在那個時候很難料想這些哲學定位——它們真正的能力被這位分析師用來砌起一道尊重的壁壘，這對他的回歸佛洛伊德是不可或缺的——在許多年後會引起與他相同領域之「醫師們」的興趣，讓他們在閱讀他文章的同時也迷失了。

這裡還是得詳盡說明，畢竟把哲學為拉岡研究所帶來的，從黑格爾哲學還有比較不那麼閃耀的海德格得到的啟蒙，統統一筆勾消未免太簡化了。要強調的是阿圖塞的看法，把拉岡的哲學定位當成他的政治工具——並沒有在人們對這位分析師的閱讀中引起注意。阿圖塞的觀點是千真萬確的，鑑於跟李維史陀的研究相同的理由，被擺在拉岡思想之歷史內部，更廣泛地，就像我們想重建的，被擺在精神分析這領域的歷史當中。

因此，如果我們的論文是真確的，這些旨趣便顯得重要了。

所以我們要更審慎，回顧阿圖塞為拉岡站台的時代背景，確

認1964年的拉岡是否像阿圖塞所說的那樣。

最基本的面向：拉岡觀點

從「最基本的面向」著手，看到的是阿圖塞將重點擺在科學性的要求上，在他看來，這是拉岡回歸佛洛伊德的特質（這並不違背我們對這回歸的分析），不過不可忽略的是在1964年一月，也就是這位哲學家編寫《佛洛伊德與拉岡》的時候，這位分析師被國際精神分析學會「開除會籍」，當時他用準備好的主題取代第十一年的講座，**父親的名字**，好進行對精神分析根基的檢視，也就是認為，比起讓精神分析的科學性成為定論，更要讓它成為一個問題。

將精神分析的宗教性擺在一旁，拉岡並沒有撇清一個事實，那就是精神分析有個對象，並有著獨特的經驗，只差人們不會質問醫師給予生理科學特性的欲望。要強調的是，對他而言，一直以來，分析師在佛洛伊德經驗中實現欲望的行為方式在於，他必須要好好的作分析，才能理解這個欲望在分析的經驗中，甚至是在詳盡計畫它的對象，並且經由這工作將這對象製造成合乎科學的對象的過程中，什麼在發生、進行著。

關於這點，他在講座的前幾場，精準地指出「有些東西，在佛洛伊德裡，從來沒有被分析過」[230-1]（L XI, 16）；而拉岡以**父親的名字**宣布的講座將關注的，就是明確地澄清，在佛洛伊德的欲望中，讓他得以打開通往無意識這扇門的是什麼。

在分析精神分析的源點上停頓下來，拉岡由於佛洛伊德的欲

230-1　拉岡，《精神分析的四個基本概念》。

望，產生的精神分析經驗以及它的對象處在陰影之下。[230-2]

　　這個分析的缺點，同時也讓精神分析的科學性成為有待解決的問題，因為澄清它創始人的欲望，並不像拉岡宣告的那樣被區分清楚，而且，或許這樣的分析才能夠讓精神分析與它創始人的欲望切割開來，成為一門科學理論。

　　因而，在這裡，阿圖塞跟拉岡之間有了差距，一個必須注意的差距，因為在精神分析的科學理想上，1964年的拉岡並不像這位哲學家那樣地熱切，後者可是將拉岡的**回歸佛洛伊德**視為科學理想的實踐。 231

　　只是在這個時期，拉岡對他的回歸洛伊德還保有初衷嗎？

　　或許吧，不過比較偏向1951-1957年我們讀過的意義。

　　被國際精神分析學會開除會籍之後，1964年的拉岡反對用最簡易的說詞「精神分析是什麼？」來提起精神分析的地位，而是從一個「改變過的」位置，他說，「因為它已經不完全在其中，所以也不知道它是不是在其外。」（L XI, 9）

　　讓我們再強調一次：在這個對他而言相當艱難的局勢中，拉岡並沒有否認就像我們所看到的那個位置，不過他重新在分析裡著手精神分析的根基，讓我們不得不去想，這算不算是第二次的回歸佛洛伊德。

　　1964年一月的阿圖塞只能指出，「最基本的面向」所涉及的，是拉岡精神分析的科學性，也就是在這個時候，阿圖塞讓它的一部分像是「信差」（hérault），而這部分拉岡予以質疑。

　　這並不減阿圖塞在1964年一月以前，研究拉岡時所作之判斷

230-2　在那裡，就像我們先前所說的，對拉岡分析佛洛伊德的精神分析之源點所保留的缺口，衰敗父親有如神話建構這論文的永恆回歸，有著代理的價值。

的可靠性，而是指出當他提及拉岡的回歸佛洛伊德的科學價值時，確實檢視了拉岡早期的著作，只是拉岡在1964年將這位哲學家所知的，提出質疑。

感謝李維史陀

從這個觀點，我們可以說，1964年的拉岡比阿圖塞更加地擁護阿圖塞主義，也可以說，他讓精神分析成為一門科學的要求，比起這位哲學家視為擔保的**必要條件**更加地苛刻。

在他的回歸佛洛伊德，或是在他的「最基本的」，或許我們會說也許阿圖塞所說的是過去的拉岡，而拉岡自己呢？他看到的是未來，並且對這個科學理想提出具啟發性的懷疑。

232　　我們要說的是，拉岡進到哲學的競技場，並不是被騙了才與之靠攏，而是為了要那些將他開除會籍的人，那些阻礙他的研究、他的教導、他的分析經驗或是傳承的那些人學會尊重他。

我們不認為阿圖塞在這個情境下受到蒙蔽，與黑格爾跟海德格一樣，身負「貼身侍衛」一職，因為他使自己成為分析師，他很清楚地允許自己這麼做。

拉岡當時從阿圖塞那裡到底得到了什麼政治支援？

當胡迪涅司克（E. Roudinesco）聽到關於這時期的故事時指出，當拉岡在1963年十月仔細講述他與國際精神分析學會的決裂時，曾經請求阿圖塞「幫他的問題找到一個解決的方法」，[232-1] 也就是說，跟他保證將整個講座「移植到」高等師範學院。這位作

232-1　胡迪涅司克（Élizabeth Roudinesco），《法國精神分析史》卷二（*Histoire de la psychanalyse en France*, vol.II, Paris, Le Seuil, p. 386）。

者提醒大家，阿圖塞此時也將拉岡的著作放在他自己的教學計畫中，圍繞著拉岡的文章，動員了一批年輕學子們，將拉岡的盛名再次遠播。

　　讓拉岡得以成立巴黎佛洛伊德學派（l'école freudienne de Paris），並享有「文化盛名」得以重新出發，這位歷史學家下了個結論：「這一切多虧了阿圖塞。」[232-2]

　　這裡很準確地返回了阿圖塞的表達方式，指出拉岡「……可以像任何一個人，在細節中或是在選擇哲學的定位中，迷失了方向：但我們在最基本的面向虧欠了他。」

　　對債務（la dette）所做的分析，從這個觀點，拉岡並沒有反駁阿圖塞，因為就在他1964年的第一場講座裡，他特別感謝在他被驅逐會籍這段時間裡所有幫助過他的人，不過我們注意到，他沒有提到阿圖塞。[232-3]

　　在1964年的一月十五日，拉岡進入了一個嶄新的階段，他的 233 感謝事實上是對高等研究部門的負責人布勞岱（Fernand Braudel），為他的講座提供了一個架構。他高舉布勞岱的「高尚」，他說，因著高尚，「他想要改善」他的情境；他的感謝也對著高等師範學院（ENS）、高等社科院（EHESS）以及高等師範學院的負責人甫拉榭立（Robert Flacelière），樂意地將研究所的教室借給他的講座來使用，同樣特別地，就我們看來，在整個拉岡的回歸佛洛伊德脫穎而出，且在這時期（被開除會籍的時期）不曾出錯的那個

232-2　*Ibid.,* p. 388.
232-3　高飛認為，是費佛（Lucien Febvre）請求阿圖塞讓拉岡可以在位於烏爾姆（d'Ulm）這條街上的高等學院裡有間教室，名義是為了第六場的研究課程，費佛與布洛區（Marc Bloch）一起創辦了《年鑑》（*Annales*），也是百科全書的籌備主席，拉岡為這百科全書在1938年編寫了：「家庭情節」（Les complexes familiaux），我們之前的研究大量地提到這一篇。

人：李維史陀。

我們堅稱；拉岡高舉布勞岱的尊貴，當時他說，「接待某個有著我這種光景的人──逃難者，就是種高尚的行為。」並且細說：「在我友人李維史陀謹慎地提醒下，他很快就這麼做了，我很高興他今天肯賞光，而他也知道這樣對一個工作，就是我的工作──跟他自己的做對照──的注意所見證的，在我來說相當彌足珍貴。」（L XI, 8）

在他1964年第一場講座當時所做的感謝，他什麼都說了。只是，這並不意味拉岡並不重視他虧欠阿圖塞的，更確切的說他並沒有忽略那些，有助他研究進步的哲學氛圍，以及對它們的虧欠。只是，在這次啟動的時刻，這一切看起來好像是拉岡選擇要讓大家再次看到這十五年來，他的教導其實是受益於李維史陀的研究。

所以說，拉岡跟阿圖塞兩人在1963-1964年這期間，並沒有任何證據顯示他們之間任一個人，對於將他們連結起來的虧欠或債物是視若無睹的。

更何況，如果拉岡在為他的除籍找出路的關鍵時刻，漠視他從哲學界找到，讓他被重視、被看到的政治支持，而選擇了與李維史陀研究長久以來交織而成的呼應──這呼應成為此書的研究對象──當然這就不是對他們的未來存有任何偏見。

234　這還需要寫下這呼應的結局，證實了：

（一）拉岡與李維史陀的連結仍舊是那麼強而有力；

（二）在拉岡體系之閱讀者當中，這個聯結同樣是多麼強而有力的被潛抑；

（三）要揭開這個潛抑，是多麼地迫切，因為這潛抑一直到今天都

還絆住：

● 這裡的閱讀

● 對拉岡文章裡姻親象徵關係的分析

● 還有拉岡**回歸佛洛伊德**的分析，這回歸在法國以及國際的精神分析圈子裡，引起相當重要的騷動，不單只是這活動的理論－臨床標示，更是他所有機構的組成。

　　遠過於只是寫下拉岡思想的歷史，我們要求的是去除對社會科學以及拉岡文本之間呼應的潛抑。還有，為了理解這文本，漠視這呼應確實阻礙了對精神分析人類學的詳盡編寫，導致無法闡明個人、社會臨床的成因與苦難。所以說，只有這樣的詳盡編寫，才可以不只為拉岡的整體計畫背書，也為佛洛伊德在他最深入臨床的那時期，就像在他澄清社會症狀的時期的整體計畫背書。我們必須致力的就是這種詳盡編寫，只不過在一開始，還有在精神分析人類學奠基的前景當中，以考古學式的分析進行我們的研究，這裡更確切的說法是，就像我們的前一本書，分析拉岡對社會科學，對涂爾幹的虧欠，還有在這本書裡所看到的，對李維史陀的虧欠。

後　記

世界的不完整

　　當我們描繪出父親的名字，是藉由豐富的連結標號（trait unaire）[235-a] 參與主體認同穩定化的方式時，比方在鏡像經驗裡，我們可以寫說，主體是連結標號（trait unaire）之大寫他者的一個功能，或是換個說法，主體是亡父的兒子。這個穩定化的過程是經過臨床證實的，其事證為，就像我們先前看到的，經由父親的名字而降格的縫合重疊，我們在精神病中觀察到了當事者營造的代理（妄想），在畏懼症，我們觀察到神話型態的代理（比方說小漢斯的馬）。

　　神話與妄想在標號的連結失能時浮上檯面，就好像自己身體的連貫性散掉了。這就是為什麼在關於認同的講座裡，拉岡再度提到小漢斯，給了馬的出現一個符徵的價值，用來**防禦被母親世界套牢**，同時也是「拴住某些事物的定點，讓主體能夠構成。」[235-1]

　　不論是精神病的妄想，或者是畏懼症的神話以及它例外的符徵（比方說：馬），甚至是官能症「慣用的」父親的名字（框住標號的一致性），這一切就像是，分析的經驗一直都在發現一個「栓

235-a　中譯註：拉岡在講座系列第九冊《認同》（*L'identification*）中提出主體在語言中存在所仰賴的接合邏輯，trait unair 指出符徵功能勾住的位置，支撐住差異。

235-1　拉岡，講座系列第九冊《認同》（*L'identification*, Livre IX du Séminiaire [1961-1962]〔未出版〕）。

236 住點，主體自行建構的地方」，或是一個例外的符徵，甚至是連鎖的代理的符徵，像是神話或是妄想。

在佛洛伊德，這個特例符徵被寫為：亡父。

在李維史陀，這個讓象徵思考得以行使的符徵被賦予零的價值。

在拉岡，像我們先前看到的，這個符徵就是**父親的名字**。

以李維史陀閱讀佛洛伊德，可以輕易地指出佛洛伊德的亡父就是**零的制度**，讓官能症的象徵思考得以行使，也讓他們的社會得以運作。

李維史陀將這些社會的父親名字放成一系列（事物之靈魂的名字），有**瑪哪、歐倫達**等等。

依據我們的論文，拉岡在一神論者的官能症加進了**父親的名字**。

如果**父親的名字**是個操作機制，用來栓住主體，這麼一來，不論何時，只要有降格或是不在場的情境，就會被這操作機制代理，那麼，「永遠都」有必要在拉岡所使用的多重的詞彙中予以理解。

不過我們不希望讓我們的讀者停留在一個幻像，認為拉岡製造了一個無意識主體的理論，在大寫他者或者**父親的名字**的位置，看到的是一個牢固的拴繫，讓主體取得一個他能信服的認同。

這類型的認同定義了亡父之子，神聖大寫他者的信眾，**瑪哪**或是**歐倫達**的使徒，更普遍的說法，事物之靈魂的信徒。

在大寫他者當中的匱乏

不過拉岡可沒這麼輕易地被騙，他很快的將重點放在（不存在的）大寫他者的理想價值，然而實際上，在大寫他者的位置有種匱乏。

在他1960年的代數學，這個匱乏被寫成「……S（Ⱥ），讀作：在大寫他者當中匱乏的符徵」[236-1]（*E*, 818），並且略為勉強地指出：「我們只須在佛洛伊德的神話中置入亡父，這就夠了。」（*Ibid.*）

所以拉岡必須採取新的出發點：

「對我們來說，我們將從S（Ⱥ）這縮寫所聯結的出發，一開始是符徵。我們對符徵的定義（沒有其他的定義了）是：符徵，就是為另一個符徵所代表的主體。這個符徵就是讓所有其他的符徵可以代表主體的那個符徵：也就是說，這個符徵若是失效了，其它的就不具任何代表性。因為只能用這個做代表。

「然而，這整套的符徵，就自身而言，算是完整的了，這個符徵只能是個特徵，在它的圈圈外繞行，不被納入其中」（*E*, 819）

拉岡的特例符徵比起大寫他者（屬於父親的**名字**這個詞彙），更像是大寫他者當中的匱乏S（Ⱥ），甚至是大寫他者的匱乏。

這也是為什麼拉岡必須——在他理論的鋪陳下——回到李維史陀式的姻親關係，將我們讀者已經可以正確評估的那些名詞予以改造一番：

「我們清楚地觀察到，是什麼反對授予我們符徵S（Ⱥ）瑪哪

237

236-1　在〈主體的顛覆以及欲望在佛洛伊德之無意識當中的辯證〉（Subversion du sujet et dialectique du désir dans l'inconscient freudien），收錄於《文集》（*op. cit.*, p. 793-827）。

的意義（我們特別強調），或是同一類屬的意義。這是因為我們無法滿足於將它們與社會事實中的不幸連結，讓它們被所謂的全部的事實所納入。

「李維史陀如是評論：無疑地，毛斯想要在當中辨識零的象徵帶來的影響。不過，在我們的案例看來，更像是這零的象徵匱乏當中的符徵（signzifiant du manque）。這也是為什麼我們曾指出，即使蒙羞，我們也要長驅直駛，改變數學公式，以供我們使用：$\sqrt{-1}$ 這個符號，在許多複雜的理論也被寫成 i，只有在它日後的使用中，不硬把它視為可自由運作，才能被證實。」（E, 821）

拉岡的邏輯是難以被接納的。

就在撇清關係後，拉岡才將它攤在檯面上。

他在1960年這麼說，是的，有一個特例符徵。

是的，有這麼一個符徵：「無法被說出來，不過不是它的運作無法被道出，因為每當一個專有名詞被說出來，就會產生這麼一個運作：它的被宣告（énoncé）的跟它的意義（signification）是一樣的」（E, 819）——就像是猶太上帝的名字。

是的，有這麼一個符徵，少了它「其他所有的符徵就不具任何意義」——像是在精神病，當父親這個名字被除權。

是的，有這麼一個「標號」（trait）——像是連結標號，少了它，主體性會有所差錯，身體的連貫性也會支離破碎。

就像李維史陀在1950年寫的那樣，是的，有一個特例符徵，讓象徵思考得以行使。

只是，這個在結構分析中被發現的符徵，拉岡不像李維史陀，並沒有賦予它零的價值，因為對他來說，比起瑪哪或是同類別的，這個符徵並不是指亡父，反倒是它們的匱乏，在理想自我

238

之下，覆蓋於一扇「假窗戶」，不過，其中的一致性還是產生了無可辯駁的主體真實。

這麼一來，就不得將這個特例符徵安置在零的價值這個類別當中，而是要放在由許多複雜的理論解出來的想像價值：$i = \sqrt{-1}$。

這個公式是拉岡從十六世紀義大利代數學家形式邏輯的傳統中取得，主要是卡當（Cardan）[238-a]跟他的學生們，他們促使想像數字的發明，找到了取得「未知」數正確答案的演算方式。

因而，拉岡可以指出無意識主體呈現主體真實——他們的認同——的方式，至少有一部分像是一個不完整之自我理想的功能，又或者是，一個不完整他者的符徵 $S(\text{Ⱥ}) = \sqrt{-1}$，若非如此，日常的官能症就無從運作。

拉岡評論李維史陀

當時，自以為超越了李維史陀——冒著「蒙羞」的風險，拉岡證實了我們的研究，也就是對他而言危險的是，在這裡宗教的差異很明顯，不過他也特別證實了李維史陀的研究對他來說相當受用——至少直到那時，有如一個縫合點，如果少了這個，人們將無法理解他的**回歸佛洛伊德**，還有他**父親的名字**這個理論。這個理論一開始就只是李維史陀例外的符徵的局部理論（一神教徒）。

很自然地，拉岡在1960年仍保留例外的符徵這個概念，只不過給它一個全新的書寫——就是在大寫他者當中匱乏的符徵，跟讓他嚐到甜頭的（理論的，更多的）部分分開，他沒有略而不提分

239

238-a　中譯註：卡當（Jerome Cardan, 1501-1576），出生於義大利。1945年出版的《大術》（Ars Magra），在代數學上有著舉足輕重的地位，成就了三次與四次方程式的系統性解法。

離的時刻帶來的焦慮，不只是對大寫他者而言，意味著分離，同時也意味著他的匱乏，亦或是這裡更普遍的，不可能再被簡化的，大寫他者當中的匱乏。

無庸置疑，冒著「蒙羞」的風險，讓拉岡所匡正的主體有了宗教的光環，顯現了連結他與李維史陀的移情的力量，只是，用意味著空洞的姿態，指出「佛洛伊德的摩西石碑，如同黑格爾的基督」（*E*, 818），他選擇去除假像（faux-semblants）以及誘餌，依照1937年的佛洛伊德，將真理的愛擺在分析關係當中。[239-1]

對李維史陀文章的重新評論、閱讀得以開始。

在一個比較不完整的世界（S〔Ⱥ〕），開啟了一個新的紀元。

拉岡甚至評論了有種近乎幼稚的唯物論，使李維史陀以為思考的結構，是腦的結構，甚至是世界的結構，之間是「成雙對偶的」（講座系列第十冊：《焦慮》〔*L'angoisse*, 1962-1963〕）。[239-2]

239-1　佛洛伊德，〈有盡與無盡的分析〉（Analyse avec fin et analyse sans fin），《結果、念頭、問題》（*Résultats, idées, problémes*, II, *op.cit.*, p. 263）。

239-2　「……我認為我們在這裡為了強調構成使用精神分析理性這進步所論及的，正是對這個缺口（béance）所做的精準回答。這缺口讓你們當中不只一人停滯不前，這斷裂也反應在李維史陀的整個發展，被他稱為精神分析理性以及辯證理性（la raison dialectique）的某種對立……第一時間，要有個世界。而我們認為精神分析理性，就是被李維史陀論述擺在最前頭的，指的是原原本本的世界，並賦予它到頭來都是獨特的均質性，讓你們當中頭腦最清楚的人踢到鐵板而困惑不已，他們無法不歸納並指出，在所有可行的辦法折回來的，在這論述的限度中，同時也是結構的手法，都可以被稱為基本唯物論（matérialisme primaire）（我們特別強調），在藉由李維史陀之論述強而有力的連貫組合，不過是接合了例如大腦本身的結構，或者是物質的結構，根據十八世紀唯物論的形式，不過就只是同源詞（doublet），甚至稱不上是替角（doublure）……既然這個場景的維度，跟世俗與否、宇宙與否的劃分，是觀眾的所在地，供我們以我們的角度想像這位置最根本的差異，當中的事物，也就是世界的事物，當中世界所有的事物都在這場景中對話，然而，依據符徵的律法，我們沒有任何方法將之視為世界律法的均質性」（LX, 1982年十一月二十八號的那場講座）。
拉岡因著反對李維史陀的《基本唯物論》（*matérialisme primaire*）所做的評論調動了：

1. 佛洛伊德發現的無意識，因為，就他的看法，這個無意識，以一個單純的同源詞概念，呈現了逃避世界的大寫他者這場景（*l'Autre scène*），以及「我們用來克服世界場景」的規則，還有，

他向他的學生們指出研讀社會交換的好方法，就是從有時以　240
女人體現的陽具交流著手。[240-1]

移情的蜜月期就此終止。

---

2. 他自己版本的欲望客體，或是小a客體（l'objet (a)），從他關於認同的講座開始，就讓他
　　——從主體的角度——體會到，世界有如（a）－宇宙（(a)-cosmique）。

在這個時期，他火力全開，分離了世界以及他策劃的佛洛伊德的距離，用的是一真實客
體，在「世界之外」（hors-monde）建構（無意識的）主體與世界的（想像）關係所帶來的
能力。這時，拉岡同時指出，特別是在精神分析詮釋操作所涉及的世界，李維史陀在1949
年提出，與象徵效能原則相同之結構內的歸納理論（l'iduction intra-structurelle）的不足。

隔年被驅逐在分析師世界之外，他重新提出（在《精神分析的四個基本概念》一書中）對
體系的評論，根據他1962年六月二十日（L IX, L'identification）的說詞，編寫成「1962
年之最」（l'âme de l'année 1962），是從李維史陀在那一年出版的《今日圖騰》（*Le
totémisme aujourd'hui* [PUF]）以及《野蠻思想》（*La pensée sauvage*）的文筆得來的。

240-1 對世界的策劃是經由符徵這首要律法，給了——有如之前提到的——鏡像認同之想像區位
一個制度。

「對鏡中影響的挹注是想像關係的根本時刻，之所以根本，是因為當中有個限制，讓所有
力比多的挹注都不超過視覺影像。只差一個〔……〕陽具。

這是說〔……〕所有由想像定位出來的，陽具是以匱乏的形式出現，是個-φ〔……〕。陽
具與鏡子影像分割開來。

造成焦慮的，就是當有些事物，在一個機制下出現〔……〕在欲望客體的位置，不論是什
麼事物，就是-φ……」（《焦慮》1962年十一月二十八日那場講座）。

所以說，那裡有個社會交換系統，它運作的先決條件就是欲望客體-φ的交流被鏡像等同
物（女人）所遮蓋。

陽具「……在交換本身，在社會交換當中，體現了主體最異化的功能。主體在當中流通，
淪為陽具的持有人。在這裡剩下的，是性向社會化必要的閹割，是李維史陀要我們注意
的，貨真價實的禁制，同時也是，並且在所有之先的偏好。這是真的祕密，是李維史陀圍
繞著交換女人的結構所指向的真實。在女人的交換底下，陽具將會讓他們被充滿。不需要
被看到，陽具就是這一切的理由。假使看的了，焦慮〔……〕在這個領域，也會有兩種類
型的客體：可以共享的，不能共享的〔……〕。陽具〔……〕它的等同物〔……〕自然女
神希芭莉，乳頭〔……〕，當它們都以可被識破的自由進到這個領域，只能認命的將這領
域變成可分享的〔……〕焦慮向我們警示了它們身分的特殊性。

這些構成日常客體、相通客體，社會化客體的前身客體，就是（a）所指的。」（*ibid.*,
1963年一月九日的講座）

小a客體的發明（它的「發現」），徹徹底底地分割拉岡與李維史陀，因為此時的人類學家
在他眼中，猶如沒有匱乏之世界的導演，而擺在他面前的是個不完整的世界，因此體驗了
這部分的（身體）真實，平時只發生在世界的舞台，只能把它視為焦慮的理由。

241 ## 崇高地被驅逐

不過1964年當時，在與國際神分析學會對立的附屬關係底下，他處在被他學生「圍剿」的威脅中，拉岡——被佛洛伊德提醒過——憤怒的拒絕成為圖騰祭品，而他學生的團體中——許多是信奉天主教的醫師——已經準備好這麼對待他了。

他在高等社會科學院找到庇護所，因為李維史陀的好意在那時並沒有少過。

他的暴怒指向那些想要擺脫他的醫師與天主教徒：

「你們對所有事情的態度並沒有讓我訝異不已：你們幾乎全都是醫師，人們拿醫師沒轍。更何況你們也非猶太人，人們拿非猶太人也沒轍。你們跟你們的父親有著各種問題，因此你們一起跟我對立。要知道在未來我不會對拉格西（Lagache）以及兩位法費茲（Favez）做出反擊，卻會對你們這些從我得到好處又背叛我的

242 人這麼做。你們接受這一切的那一天，不要懷疑是出自誰的手。現在開始，我們之間沒有什麼好說的了。」[242-1]

我們所謂的**佛洛伊德提醒過**的是，指的是拉岡刻劃出兒子一夥人在圖騰的威脅下武裝自己往前進。他大發雷霆，並且不再繼續名為**父親的名字**的講座——一開始[242-2]並不是針對國際精神分析學會裡的猶太分析師，他們唯一的錯就是沒有在納粹的集中營裡喪生，而是針對那些天主教徒分析師，根據拉岡的說法，他們跟他們父親的關係一樣也是背叛，並無力地指出，他對他們沒什麼

242-1　拉岡對維勒謝（D. Widlöcher）說的話，由胡迪涅斯克（E. Roudinesco）在《拉岡》（*Jacque Lacan*, Paris, Fayard, 1993）一書第337-338頁中的講述。

242-2　猶如波賀（Erik Porge）先見之明的結論：「拉岡認定阻止他講述父親的名字的那些『人』，就是逃過集中營一劫的國際精神分析學會猶太籍分析師們。」

好說的了。

　　沒有什麼比起他在論父親的名字的講座中，想對他們說的，
更讓他認為這驅逐是崇高的，是猶太人當中的猶太人。

【附錄】參考書目

Althusser Louis, « Freud et Lacan », *La Nouvelle Critique,* n°ˢ 161-162, décembre-janvier 1964-1965, repris in *Positions,* Paris, Éditions Sociales, 1976.

Althusser Louis, *L'avenir dure longtemps,* Paris, Stock/IMEC, 1992.

Althusser Louis, *Écrits sur la psychanalyse,* Paris, Stock/IMEC, 1993.

Assoun Paul-Laurent, *Leçons psychanalytiques sur les phobies,* Paris, Anthropos/Economica, 2000.

Assoun Paul-Laurent, *Lacan,* Paris, PUF, « Que sais-je ? », 2003.

Assoun Paul-Laurent et Zafiropoulos M. (dir.), *Les solutions sociales de l'inconscient,* Paris, Anthropos/Economica, 2001.

Chemama Roland et Vandermersch Bernard (dir.), *Dictionnaire de la psychanalyse,* Paris, Larousse, 1998.

Delrieu Alain, *Sigmund Freud. Index thématique,* 2ᵉ édition augmentée, 1 568 pages, Paris, Anthropos/Economica, 2001.

Delrieu Alain, Lévi-Strauss lecteur de Freud, Paris, Anthropos/Economica, 1999.

De Saussure Ferdinand, *Cours de linguistique générale,* Paris, Payot, 1916.

Désvaux Emmanuel, *Quadratura Americana,* Genève, Éd. Georg, 2001.

Dor Joël, *Introduction à la lecture de Lacan,* vol. 1 et 2, Paris, Denoël, 1985 et 1992.

Furet François, *Le passé d'une illusion,* Paris, Robert Laffont / Calmann Lévy, 1995.

Freud Anna, *Le moi et les mécanismes de défense* (1946), Paris, PUF, 2001.

Freud Sigmund, Breuer J., *Études sur l'hystérie* (1895), Paris, PUF, 1956.

Freud Sigmund, « Lettre à Wilhelm Fliess », n° 52 du 16 décembre 1896, *La naissance de la psychanalyse,* Paris, PUF, 1973.

Freud Sigmund, *Abrégé de psychanalyse* (1938), Paris, PUF, 1985.

Freud Sigmund, *La technique psychanalytique* (1904-1919), Paris, PUF, 1953.

Freud Sigmund, *Métapsychologie* (1915), Paris, Gallimard, 1977.

Freud Sigmund, *Die Verneinung* (1925), republiée sous le titre *« La négation »,* in Sigmund Freud, *Œuvres complètes,* t. 17, Paris, PUF, 1992.

Freud Sigmund, *L'interprétation des rêves* (1926), Paris, PUF, 1967.

Freud Sigmund, *L'avenir d'une illusion* (1927), Paris, PUF, 1973.

Freud Sigmund, *Totem et Tabou* (1912-1913), Paris, PUF, 1998.

Freud Sigmund, « Fragment d'une analyse d'hystérie (Dora) », in *Cinq Psychanalyses,* Paris, PUF, 1954.

Freud Sigmund, « Le président Schreber », in *Cinq Psychanalyses.*

Freud Sigmund, « L'homme aux rats », in *Cinq Psychanalyses.*

Freud Sigmund, *Malaise dans la civilisation* (1930), Paris, PUF, 1971.

Freud Sigmund, « L'analyse avec fin et l'analyse sans fin » (1937), in *Résultats, idées, problèmes* (1921-1938), Paris, PUF, 1987.

Griaule Marcel, *Le mythe cosmogonique (la création du monde selon les Dogons),* Paris, 1965.

Hegel G. W. F., *La phénoménologie de l'esprit,* Paris, Montaigne, 1941.

Jakobson R., « Aspects linguistiques de la traduction » (1959), in *Essais de linguistiques générale,* Paris, Minuit, 1963.

Kojève Alexandre, *Introduction à la lecture de Hegel,* Paris, Gallimard, 1968.

Julien Philippe, *Le retour à Freud de Jacques Lacan,* Paris, EPEL, 1985.

Juranville Alain, *Lacan et la philosophie,* Paris, PUF, 1984.

Klein Melanie, *Essais de psychanalyse,* 1921-1945, Paris, Payot, 1968.

Kripke Saul, *La logique des noms propres,* Paris, Minuit, 1980.

Lemaire Anika, *Jacques Lacan,* Bruxelles, Pierre Mardaga, 1977.

Lacan Jacques, *Les complexes familiaux* (1938), Paris, Navarin, 1984.

Lacan Jacques, « Le stade du miroir comme formateur de la fonction du Je » (1936, 1949), in *Écrits,* Paris, Le Seuil, 1966.

Lacan Jacques, « Introduction théorique aux fonctions de la psychanalyse en criminologie », in *Écrits,* Paris, Le Seuil, 1966.

Lacan Jacques, « Intervention sur le transfert » prononcée au Congrès des Psychanalystes de langues romanes de 1951 – *La Revue française de psychanalyse,* t. XVI, nᵒˢ 1-2, janvier-juin 1952, in *Écrits,* Paris, Le Seuil, 1966.

Lacan Jacques, « Fonction et champ de la parole et du langage en psychanalyse », Rapport du Congrès de Rome tenu a l'Instituto Di Psicologica Della Università Di Roma les 26 et 27 septembre 1953, in *Écrits,* Paris, Le Seuil, 1966.

Lacan Jacques, « Situation de la psychanalyse et formation du psychanalyste en 1956, in *Écrits,* Paris, Le Seuil, 1966.

Lacan Jacques, « La Proposition du 9 octobre 1967 sur le psychanalyste de l'École », in *Autres écrits,* Paris, Le Seuil, 2002.

Lacan Jacques, « Lettre à Rudolph Loewestein du 14 juillet 1953 », in *La Scission de 1953,* supplément au nᵒ 7 d'*Ornicar ?*

Lacan Jacques, *Le mythe individuel du névrosé,* 1953, *Ornicar ?,* nᵒˢ 17-18, Paris, Lyse, 1979.

Lacan Jacques, « Subversion du sujet et dialectique du désir dans l'inconscient freudien », *Écrits,* Paris, Le Seuil, 1966.

Lacan Jacques, Livre I du Séminaire, *Les écrits techniques de Freud* (1953-1954), Paris, Le Seuil, 1975,

Lacan Jacques, Livre II du Séminaire, *Le Moi dans la théorie de Freud et dans la technique de la psychanalyse* (1954-1955), Paris, Le Seuil, 1978.

Lacan Jacques, Livre III du Séminaire, *Les psychoses* (1954-1955), Paris, Le Seuil, 1981.

Lacan Jacques, Livre IV du Séminaire, *La relation d'objet* (1956-1957), Paris, Le Seuil, 1994.

Lacan Jacques, Livre VIII du Séminaire, *Le transfert* (1960-1961), Paris, Le Seuil, 2001.

Lacan Jacques, Livre IX du Séminaire, *L'identification* (1961-1962), non publié.

Lacan Jacques, Livre X du Séminaire, *L'angoisse* (1962-1963), non publié.

Lacan Jacques, Livre XI du Séminaire, *Les quatre concepts fondamentaux de la psychanalyse* (1963-1964), Paris, Le Seuil, 1973.

Lacan Jacques, *Lettre de l'EFP*, 16, 1975, p. 177 à 203.

Laplanche Jean et Pontalis Jean-Baptiste, *Vocabulaire de la psychanalyse*, Paris, PUF, 1967.

Le Gaufey Guy, *Le lasso imaginaire*, Paris, EPEL, 1997.

Leenhardt Maurice, *Do Kamo*, Paris, Gallimard, 1947.

Lévi-Strauss Claude, *Les structures élémentaires de la parenté* (1947), La Haye, Mouton, 1967.

Lévi-Strauss Claude, « L'efficacité symbolique », *Revue de l'histoire des religions* (janvier-mars 1949), t. 135, n° 1, p. 5-27. Repris *in* Lévi-Strauss, *Anthropologie structurale*, vol. I, Paris, Plon, 1958 et 1974.

Lévi-Strauss Claude, Introduction à l'œuvre de Marcel Mauss, *Sociologie et anthropologie*, Paris, PUF, 1950.

Lévi-Strauss Claude, « Language and the analysis of social laws », *American Anthropologist*, vol. 53, n° 2, avril-juin 1951, p. 155-163, in *Anthropologie sociale*, vol. 1.

Lévi-Strauss Claude, « Les structures sociales dans le Brésil central et oriental » (1952), in *Anthropologie sociale*, vol. 1.

Lévi-Strauss Claude, *Tristes tropiques*, Paris, Plon, 1955, Pocket, 2001.

Lévi-Strauss Claude, « La structure des mythes », in *Journal of American Folklore*, octobre/décembre 1955, repris in *Anthropologie structurale*, vol. 1.

Lévi-Strauss Claude, « Sur les rapports entre la mythologie et le rituel », *Bulletin de la Société française de philosophie*, t. XLVIII, 1956.

London Arthur, *L'Aveu*, Paris, Gallimard, 1968.

Mauss Marcel, « Essai sur le don », in *Sociologie et anthropologie*, Paris, PUF, 1950.

Ogilvie Bertrand, *Lacan le Sujet*, Paris, PUF, 1987.

Porge Erik, *Les Noms du Père chez Jacques Lacan*, Paris, Érès, 1997.

Reich Annie, *International Journal of Psycho-Analysis*, n° 1, 1951.

Roudinesco Élisabeth, *Histoire de la psychanalyse en France*, vol. I, Paris,

Ramsay, 1982.

Roudinesco Élisabeth, *Histoire de la psychanalyse en France*, vol. II, Paris, Le Seuil, 1986.

Roudinesco Élisabeth, *Jacques Lacan*, Paris, Fayard, 1993.

Scubla Lucien, *Lire Lévi-Strauss*, Paris, Odile Jacob, 1998.

Todorov Tzevan, *Devoirs et délices une vie de passeur*, Paris, Le Seuil, 2002.

Vanier Alain, *Lacan*, Paris, Les Belles Lettres, 2000.

Vernant Jean-Pierre, *Mythe et société en Grèce ancienne*, Paris, La Découverte, 1974.

Zafiropoulos Markos, *Lacan et les sciences sociales (le déclin du père : 1938-1953)*, Paris, PUF, 2001.

Zafiropoulos Markos, *Tristesse dans la modernité*, Paris, Anthropos, 1996.

Psychotherapy 26

拉岡與李維史陀：
1951-1957回歸佛洛伊德
Lacan et Lévi-Strauss ou le retour à Freud 1951-1957
作者—馬可‧薩非洛普洛斯（Markos Zafiropoulos）
譯者—李郁芬　審閱—楊明敏
共同出版—財團法人華人心理治療研究發展基金會

出版者—心靈工坊文化事業股份有限公司
發行人—王浩威　諮詢顧問召集人—余德慧
總編輯—徐嘉俊　執行編輯—裘佳慧
內文排版—辰皓國際出版製作有限公司
通訊地址—10684台北市大安區信義路四段53巷8號2樓
郵政劃撥—119546215　戶名—心靈工坊文化事業股份有限公司
電話—（02）2702-9186　傳真—（02）2702-9286
Email—service@psygarden.com.tw　網址—www.psygarden.com.tw

製版‧印刷—彩峰造藝印像股份有限公司
總經銷—大和書報圖書股份有限公司
電話—（02）8990-2588　傳真—（02）2990-1658
通訊地址—248台北縣五股工業區五工五路二號
初版一刷—2009年5月　初版三刷—2024年2月
ISBN—978-986-6782-58-9　定價—350元

Lacan et Lévi-Strauss ou le retour à Freud 1951-1957 by Markos Zafiropoulos
© Presses Universitaires de France, 2003
Chinese Edition Copyright © 2009 by PsyGarden Publishing Company
ALL RIGHTS RESERVED

國家圖書館出版品預行編目資料

拉岡與李維史陀：1951-1957回歸佛洛伊德／馬可‧薩非洛普洛斯（Markos Zafiropoulos）
著；李郁芬譯. -- 初版. -- 臺北市：心靈工坊文化，華人心理治療研發基金會，2009.05
　面；　公分. -- （Psychotherapy；26）
譯自：Lacan et Lévi-Strauss, ou, Le retour à Freud, 1951-1957
ISBN 978-986-6782-58-9（平裝）
　1. 拉岡（Lacan, Jacques, 1901-1981）　2. 李維史陀（Lévi-Strauss, Claude）
　3. 佛洛伊德（Freud, Sigmund, 1856-1939）　4. 精神分析　5. 結構主義

170.189　　　　　　　　　　　　　　　　　　　　　　　　　98007771

心靈工坊 PsyGarden 書香家族 讀友卡

感謝您購買心靈工坊的叢書，為了加強對您的服務，請您詳填本卡，
直接投入郵筒（免貼郵票）或傳真，我們會珍視您的意見，
並提供您最新的活動訊息，共同以書會友，追求身心靈的創意與成長。

書系編號—PT 26　　　書名—拉岡與李維史陀：1951-1957回歸佛洛伊德

姓名　　　　　　　　　　　　　是否已加入書香家族？□是　□現在加入

電話 (O)　　　　　　　　(H)　　　　　　　手機

E-mail　　　　　　　　　　生日　　年　　　月　　　日

地址 □□□

服務機構（就讀學校）　　　　　職稱（系所）

您的性別—□1.女　□2.男　□3.其他

婚姻狀況—□1.未婚　□2.已婚　□3.離婚　□4.不婚　□5.同志　□6.喪偶　□7.分居

請問您如何得知這本書？
□1.書店　□2.報章雜誌　□3.廣播電視　□4.親友推介　□5.心靈工坊書訊
□6.廣告DM　□7.心靈工坊網站　□8.其他網路媒體　□9.其他

您購買本書的方式？
□1.書店　□2.劃撥郵購　□3.團體訂購　□4.網路訂購　□5.其他

您對本書的意見？
・封面設計　　□1.須再改進　□2.尚可　□3.滿意　□4.非常滿意
・版面編排　　□1.須再改進　□2.尚可　□3.滿意　□4.非常滿意
・內容　　　　□1.須再改進　□2.尚可　□3.滿意　□4.非常滿意
・文筆／翻譯　□1.須再改進　□2.尚可　□3.滿意　□4.非常滿意
・價格　　　　□1.須再改進　□2.尚可　□3.滿意　□4.非常滿意

您對我們有何建議？

▲您的意見，我們將轉貼在心靈工坊網站上，www.psygarden.com.tw

台北市 106 信義路四段 53 巷 8 號 2 樓
讀者服務組　收

（對折線）

加入心靈工坊書香家族會員
共享知識的盛宴，成長的喜悅

請寄回這張回函卡（免貼郵票），
您就成為心靈工坊的書香家族會員，您將可以——

⊙隨時收到新書出版和活動訊息
. . . .

⊙獲得各項回饋和優惠方案
. . . .